Não olhe para trás

Não olhe para trás

Elisa Masselli

LÚMEN
EDITORIAL

Não olhe para trás
Elisa Masselli
Copyright © 2014-2023 by
Lúmen Editorial Ltda.

3ª edição – outubro de 2023

Direção editorial: *Celso Maiellari*
Direção comercial: *Ricardo Carrijo*
Coordenadora editorial: *Sandra Regina Fernandes*
Revisão: *Sumico Yamada Okada*
Projeto gráfico e editoração: *Ricardo Brito* | *Estúdio Design do Livro*
Capa: *Cler Mazalli* | *ZAP Design&Publicidade*
Impressão e acabamento: *Renovagraf*

Dados Internacionais de Catalogação na Publicação (CIP)
(Câmara Brasileira do Livro, SP, Brasil)

Masselli, Elisa.
 Não olhe para trás / Elisa Masselli. – São Paulo : Lúmen Editorial, 2014.

 ISBN 978-85-7813-147-0

 1. Espiritismo 2. Romance espírita I. Título.

14-02038 CDD-133.93

Índice para catálogo sistemático:
1. Romances espíritas : Espiritismo   133.93

LÚMEN
EDITORIAL

Av. Porto Ferreira, 1031– Parque Iracema
Catanduva – SP – CEP 15809-020
(17)3531.4444 | (17) 99777.7413

www.lumeneditorial.com.br | atendimento@lumeneditorial.com.br
www.boanova.net | boanova@boanova.net

Proibida a reprodução total ou parcial desta
obra sem prévia autorização da editora

Impresso no Brasil – *Printed in Brazil*
03-10-23-100-7.240

Sumário

O reencontro, 7

Relembrando, 13

Encarando a realidade, 18

Violência, 25

Contando a história, 32

O desabafo, 45

Como tudo começou, 50

O início na cidade, 57

A primeira intervenção, 67

Procurando ajuda, 79

O início da empresa, 86

O preço da liberdade, 100

Lendo o caderno, 107

Mudança de vida, 115

Ansiedade sem fim, 122

Nova atitude, 129

Escolhas da vida, 139

Um sonho realizado, 146

Um encontro emocionante, 153

A história de Lindinha, 164

A história de Domingos, 196

A decisão, 213

Uma nova vida para todos, 217

A hora da vingança, 228

A surpresa, 240

Fim da história, 252

Outra surpresa, 271

Encontro inesperado, 276

A procura, 286

Conhecendo a verdade, 292

Atitude jamais pensada, 297

Atitude esclarecedora, 312

Segunda chance, 319

Revelação, 329

Recomeçando, 336

Epílogo, 349

O reencontro

Helena estava sentada, tomando café. Daquele lugar podia, através de uma enorme porta de vidro, ver seu imenso jardim com árvores frondosas e um gramado impecável. Olhou alguns segundos, depois levantou-se e caminhou até a porta, parou e viu, diante de si, uma linda piscina que ficava a alguns metros da porta. Ela era comprida, larga e rodeada por pedras ornamentais e várias cadeiras para que as pessoas pudessem deitar e tomar sol. Helena continuou olhando e pensando:

Este quintal, esta piscina e esta casa são maravilhosos. É tudo com que sempre sonhei, consegui...

Ficou assim, distraída, pensando, quando ouviu:

— Dona Helena.

Helena se voltou:

— O que foi, Eunice?

— Uma moça está aqui e diz ser sua amiga.

— Uma moça? Quem?

— Eu, Helena!

Ela olhou para a moça que entrava e, sorrindo, correu para ela. Abraçaram-se:

— Débora! Você voltou? Por que não me avisou que estava chegando? Eu teria ido ao aeroporto esperar por você!

— Queria que fosse uma surpresa e parece quer consegui meu intuito.

— Claro que conseguiu. Estou surpresa e feliz. Vou brigar com sua mãe.

— Por que, Helena?

— Conversei há alguns dias com ela e não me contou que você ia chegar!

— Perdoe a mamãe, Helena. Cheguei ontem pela manhã e pedi a ela que não contasse.

— Está bem. Fiquei feliz com a surpresa. Mas, vamos nos sentar aqui nesta cadeira perto da piscina. Quer tomar alguma coisa? Café, água ou refrigerante?

Helena olhou para o lado e viu Eunice que ainda estava ali. Débora também olhou e, sorrindo, perguntou:

— Pode ser as duas coisas, água e café?

Eunice também sorriu, encantada com Débora, e respondeu:

— Claro quer pode. Vou buscar!

Saiu rapidamente.

Helena e Débora sentaram-se junto à piscina. Helena, curiosa, falou:

— Conte-me, Débora, como foi sua vida em Roma? Conheceu alguém? Ficou lá por mais de nove anos, não foi?

— É verdade, fiquei lá por muito tempo. Roma é uma cidade linda. Andando pelas ruas, parece que estamos revivendo a história, mas, ao mesmo tempo, é uma cidade moderna com uma vida pulsante e, como em todas as grandes cidades, há muitos carros, comércio, pessoas e turistas, principalmente turistas.

— Eu conheço Roma, claro que como turista. Achei a cidade linda e interessante, mas quero saber da sua vida. Como foi, Débora?

Débora sorriu:

— Você me conhece, Helena. Como acha que foi minha vida lá? Trabalho, trabalho e mais trabalho. Não encontrei ninguém, sabe muito bem que, desde o que aconteceu com Paulo, não me interessei por nada além do trabalho.

— Foi muito triste o que aconteceu, Débora, mas você é jovem, linda e inteligente. Precisa encontrar alguém, ninguém pode viver só.

— Talvez você tenha razão, mas, no momento, essa não é a minha preocupação. Estou em férias e pretendo aproveitar, rever a cidade, familiares e amigos que aqui ficaram. Agora, quero que você me conte sobre sua vida. Como está?

Helena respirou fundo:

— Não tenho o que contar. Minha vida é sem graça. Não tem nada demais.

— Como não? Tem uma filha, que pelas fotografias é linda e mora nesta casa maravilhosa!

— Tem razão, minha filha é linda e esta casa é maravilhosa, mas, mesmo assim, não sou feliz.

— Por que não? Pelo que minha mãe me contou, Olavo é um empresário muito bem-sucedido. Como ele está?

— Ele está muito bem e é um empresário respeitado, porém não estou feliz.

— O que falta a você, Helena?

— Não sei, Débora, mas muitas vezes tenho vontade de desaparecer e só não faço isso por causa da minha filha. Vamos mudar de assunto, você acabou de chegar e não precisa ficar falando sobre mim, quero saber de você.

Débora tirou de dentro de uma sacola, que trazia consigo, uma caixa e, sorrindo, disse:

— Olhe o que trouxe para você. Vi em uma vitrine em Roma e achei sua cara!

Feliz, Helena pegou a caixa e, com ela nas mãos, perguntou:

— O que tem aqui, Débora?

— Abra e olhe, mas, se não gostar, não há problema algum, pego de volta.

Curiosa, Helena abriu a caixa e tirou de dentro dela um vestido longo, azul, sua cor preferida. Colocou diante do corpo e, rindo, disse:

— Ele é lindo, Débora! Sempre me conheceu muito bem. É realmente a minha cara! Amei!

— Claro que conheço você muito bem, Helena! Afinal, somos amigas desde crianças! Agora, vamos para o seu quarto. Quero que vista para vermos como vai ficar em você!

Uma sombra passou pelo rosto de Helena que, constrangida, disse:

— Não, Débora. Mais tarde eu experimento. Vamos colocar a conversa em dia.

— Mais tarde, por quê? Já sei, você não gostou do vestido...

— Gostei muito, Débora, ele é lindo!

— Acho que não gostou, pois, se tivesse gostado, ficaria ansiosa assim como eu para ver como fica no seu corpo. Vamos lá, Helena, vista para que eu possa ver como ficou!

Conhecendo Débora como conhecia, Helena sabia que a amiga não desistiria. Concordou:

— Está bem, vamos para o meu quarto.

Entraram por um corredor que as levou até uma porta. Helena abriu e Débora ficou encantada:

— Que lindo, Helena! Este quarto é maravilhoso! Foi você quem o decorou?

— Não, foi uma arquiteta contratada pelo Olavo.

— Olavo sempre teve bom gosto e sempre foi muito gentil com todas nós, suas amigas. Lembra-se do dia do seu casamento, como ele estava feliz?

— É, o dia do meu casamento foi maravilhoso.

— Este quarto é tão grande, pode-se fazer tudo aqui, até dançar — Débora disse, piscando um olho.

Helena sorriu, entendendo o que a amiga quis dizer. Débora continuou:

— Agora, vamos deixar de conversa. Tire o seu vestido e coloque o que eu trouxe.

— Tirar meu vestido na sua frente?

— O que tem demais? Quantas vezes nos trocamos juntas?

— Tem razão, muitas vezes.

— Então, tire logo esse vestido!

Helena, de frente para Débora, tirou o vestido e ia colocar o outro, mas Débora a interrompeu:

— Espere! Helena, o que é isso nas suas costas?

— O quê?

— Não se faça de sonsa, sabe bem do que estou falando. Embora tenha ficado de frente para mim, para que eu não visse, esqueceu-se do espelho.

Helena olhou para trás e se viu no espelho que estava na porta do armário. Rapidamente, colocou o vestido que havia tirado. Constrangida, disse:

— Tenho essas marcas desde que sofri um acidente há alguns anos.

— Que acidente, Helena? Embora eu tenha estado muitos anos fora, sempre nos comunicamos e você nunca me contou a respeito de acidente algum! Essas marcas são vergões, não podem ser resultado de acidente. Parece que você anda apanhando com chicote! Olavo tem batido em você?

— Está maluca, Débora? Ele jamais faria isso!

— Não estou maluca, embora você tenha sido rápida em colocar o vestido, deu para eu ver muito bem. Essas marcas são inconfundíveis. São, sim, o resultado de chibatadas ou cintadas.

— Está bem, você tem razão. Algumas vezes ele fica muito nervoso e me bate, mas isso é normal em qualquer casamento. Você não se lembra de como meu pai batia em minha mãe? Mesmo assim, o casamento deles durou mais de vinte anos e só acabou porque ele morreu.

Débora ficou possessa:

— Não, Helena, não é normal! Isso é uma agressão sem perdão! Hoje, o mundo mudou! As mulheres conseguiram se libertar. Elas têm seu trabalho e ganham seu próprio dinheiro e, por isso, podem se manter, sem depender de homem algum! Seu pai errou. Sua mãe, coitada, não tinha profissão, e tinha você para cuidar, por isso tinha pouco a fazer, mas você, não, Helena! Vamos até a delegacia! Você precisa denunciar essas agressões!

Helena, nervosa, gritou:

— Vá embora, Débora! Jamais vou à polícia para denunciar meu marido!

— Estou tentando ajudar você, Helena!

— Não pedi sua ajuda! Você não conhece minha vida! Tenho uma filha que precisa do pai! Diferente de você, sou uma mulher casada! Tenho um marido! Vá embora, Débora!

— Está bem, vou embora, mas vou ficar aqui no Brasil por dois meses, depois volto para Roma. Se precisar de alguma coisa, se quiser se livrar dessa vida, sabe onde me encontrar.

Débora, embora não entendesse aquela atitude, sem alternativa, saiu do quarto e caminhou em direção à porta de saída. Encontrou Eunice, que disse baixinho:

— Ela precisa da sua ajuda...

Tristemente, Débora sorriu e saiu pela porta que Eunice abriu.

Relembrando

Débora, nervosa, entrou em casa. Sua mãe, que estava na cozinha, ao vê-la percebeu que algo estava errado. Preocupada, perguntou:

— O que aconteceu, Débora? Está nervosa?
— Estou, mamãe! Muito nervosa!
— Por quê? Saiu daqui para visitar Helena. Ela não estava em casa? Bem que eu disse que seria melhor telefonar antes.
— Ela estava em casa, mamãe, me recebeu muito bem.
— Não estou entendendo a razão de todo esse nervosismo.
— A senhora nem imagina o que descobri.
— O quê?
— Vou contar, mas antes me dê um café.
— Está bem. Enquanto termino o almoço, sente-se. Pensei que fosse almoçar com Helena. Ela não convidou você?
— Não, mamãe, praticamente me expulsou de sua casa.
— O quê? Por quê?

Débora contou tudo o que havia acontecido e terminou, dizendo:

— Quando disse a ela para irmos até a delegacia, ela insinuou que, por eu não ter me casado, queria acabar com o casamento dela. O que mais me irritou foi ela dizer que sua mãe apanhou a vida inteira, mas ficou casada por mais de trinta anos. Como pode ser isso, mamãe? Quantas vezes ela veio, desesperada, para a nossa casa, enquanto sua mãe apanhava? Como ela pode achar que é normal apanhar do marido?

Clélia começou a rir.

— Do que está rindo, mamãe?

— É tão trágico que chega a ser engraçado.

— Não entendo o que está querendo dizer.

— Apesar de estarmos no ano dois mil, depois de tantas conquistas, algumas mulheres ainda precisam de um homem ao seu lado para serem protegidas. Ainda precisam ter um marido para mostrar à sociedade. É trágico, Débora. Penso em quanto as mulheres lutaram para serem livres, para poderem tomar conta do próprio nariz...

— A senhora sempre disse isso, sempre me incentivou a estudar para poder trabalhar e ter o meu próprio dinheiro. Agradeço muito por isso.

— Fiz isso por causa da minha própria história e por ver a vida que a Ondina, mãe de Helena, tinha ao lado daquele marido. Ondina não tinha profissão. Além disso, havia os filhos. Ela só podia mesmo se sujeitar àquela situação.

— A senhora não se sujeitou...

— Não. Quando descobri que seu pai, além de não gostar de trabalhar, também me traía, peguei você e seu irmão e fomos morar em um quarto. Trabalhei como doméstica, lavei roupa para fora, catei papelão e, apesar de tudo, consegui criar vocês longe da violência, das brigas e do sofrimento. Estou feliz por isso.

— Também estou e acredito que o Rafa também esteja feliz e orgulhoso. O seu exemplo foi definitivo em nossas vidas. Obrigada, mamãe.

Clélia ficou vermelha e, abraçando a filha, disse:

— Sou eu quem deve agradecer por vocês serem quem são. Tiveram sempre vontade de estudar e trabalharam muito para isso. Vocês são filhos maravilhosos.

— Foi o exemplo, mamãe.

— Está bem. Agora, vamos almoçar. Depois do almoço tenho um compromisso.

— Compromisso? Que compromisso?

— Faço parte de um grupo de mulheres que ensina uma profissão para mulheres. Eu, como não tenho muito talento para trabalhos manuais, apenas converso. Converso não, ouço suas mágoas e queixas e procuro ajudar. Sei que não é muito, mas é o que sei fazer, ouvir.

— Sei que a senhora sempre tem uma palavra de consolo e outra de incentivo.

Clélia riu e se voltou para o fogão. Débora ficou pensando por alguns instantes. Depois, disse:

— Já sei o que vou fazer, mamãe.

— O quê?

— Vou conversar com Olavo. Vou dizer que, se ele continuar batendo em Helena, vou dar parte na delegacia.

Clélia voltou-se e, nervosa, disse:

— Você não vai fazer isso, Débora!

— Por que não, mamãe! Ela precisa de ajuda!

— Ela, se quiser, vai pedir ajuda. Enquanto isso não acontecer, ninguém pode fazer coisa alguma.

— Ela não tem coragem. Percebi isso quando ela viu que eu descobri seu segredo. Ela tem medo dele.

— Ilusão sua, minha filha. Ela sabe muito bem o que fazer, só que não quer.

— Como pode não querer? Como pode se sujeitar a uma humilhação como essa?

— Você mesma disse que para ela é normal. Portanto, nada se pode fazer. Se você for falar com Olavo, ele pode, com razão, mandar você cuidar da sua vida. Depois, pode se vingar em Helena e dar outra surra nela.

— Como pode dizer que a reação dele pode ser essa? Ele pode também ficar com medo da minha denúncia e parar de bater nela.

— Não, Débora. Tenho experiência própria. Como já disse, acompanhei a Ondina, mãe de Helena, ser surrada muitas vezes. Assim como você, tentei ajudar. No final, ela continuou com aquele marido e, por um longo tempo, ficou sem falar comigo.

— Eu era criança mas me lembro, mamãe. Quantas vezes, Helena, assim que os pais começavam a brigar, assustada e chorando, corria lá para casa e, abraçadas, ficávamos esperando a brigar terminar. Por isso é que não me conformo.

— Não se conforma com o quê, Débora?

— Como ela pode não só aceitar apanhar dele, mas, principalmente, que os filhos passem por tudo o que ela passou?

— Para ela, já que sua mãe apanhou, é normal que ela apanhe também. Não foi o que ela disse? Fique calma, Débora. Cada um tem sua vida e precisa fazer suas escolhas. Ela está fazendo as suas.

— Está dizendo que não posso fazer coisa alguma para ajudar Helena?

— Infelizmente, essa é a realidade. Você mesma viu a casa e a maneira como ela vive. Acredita que ela vai deixar tudo aquilo e ir trabalhar como doméstica, lavar roupa ou catar papel como eu fiz? Não. Ela não vai fazer isso, Débora. Por tudo o que o marido lhe dá, ela acha que ele tem direito de cobrar e ela, de pagar.

— Não pode ser, mamãe. Isso é um absurdo!

— Pode ser e é, Débora. Também acho um absurdo, mas fazer o quê? Você sempre foi sua amiga e vai continuar sendo. Se ela quiser ajuda, vai pedir e você estará pronta para ajudar. Até que esse dia chegue, continue cuidando da sua vida e não se preocupe com Helena. Você lutou muito para chegar aonde chegou. Tem sua profissão, um bom salário e vive por sua própria conta. Isso é uma vitória, minha filha. Assim como eu, sabe que sua vida não foi fácil. Por isso, merece ser feliz.

— Tem razão, mamãe. Nunca me preocupei com a vida de ninguém. Sempre achei que todos devem viver como querem, mas eu gosto da Helena e não acho justo o que Olavo está fazendo com ela...

— Não há nada que você possa fazer, Débora. Agora venha, limpe esta salada. Seu irmão vem almoçar conosco.

— O Rafa vem? Isso é ótimo, mamãe! Estou morrendo de saudade!

— Ele telefonou dizendo que vinha. Eu disse que você não estaria aqui e que, provavelmente, não viria para almoçar. Mesmo assim, ele quis vir. Disse que era o único dia que poderia me ver.

— Ver a senhora...

Uma sombra passou pelos olhos de Clélia. Débora continuou:

— Será que ele nunca vai me perdoar, mamãe? A senhora disse que eu estaria com Helena?

— Claro que vai perdoar. Você não teve culpa pelo que aconteceu com ele!

— Tive, mamãe. Tive e a senhora sabe disso.

— Claro que não teve, Débora! Você foi apenas um instrumento. Acredito que as pessoas que conhecemos, com quem convivemos e as coisas mais importantes da nossa vida já estejam marcadas. Acredito que algumas coisas que nos acontecem dependem apenas de nossas escolhas. Um dia, seu irmão vai entender isso.

— Acredita que ele ainda pensa nela?

— Acho que tudo o que houve entre eles terminou. O tempo se encarrega de colocar as coisas nos seus devidos lugares.

— Ele gostava muito dela, mamãe...

— Sim, mas o tempo cura tudo.

— Agora, vamos terminar o almoço. Logo mais ele estará aqui e, queira Deus que a abrace como fazia antigamente.

Débora respirou fundo e disse:

— Tomara, mamãe... tomara...

Encarando a realidade

Débora e a mãe terminaram de preparar o almoço. Estavam terminando de colocar a mesa, quando ouviram:

— Mamãe! Cheguei!

Clélia caminhou em direção à porta da cozinha que dava para a sala e entrada da casa. Assim que viu o filho, sorriu e disse:

— Estamos aqui na cozinha, filho.

— Estamos? — ele perguntou, admirado.

Débora apareceu por detrás da mãe e respondeu:

— Estamos, sim, Rafa. Como você está?

Ele olhou para ela e respondeu, secamente:

— Muito bem.

Em seguida, ele olhou para a mãe e, demonstrando decepção, voltou a perguntar:

— A senhora não disse que estaria sozinha?

— Ela não sabia que eu ia estar aqui. Pensou que eu ia almoçar fora, mas o meu almoço não deu certo e, sem saber que você viria, voltei para casa. Sinto muito, mas acho que você não vai deixar de comer a comida que mamãe fez, pois, além de ter sido preparada com muito carinho, tem tudo o que você gosta.

Ele olhou para a mãe, que o olhava com apreensão. Ainda com o semblante sisudo, disse:

— Vou ficar, mamãe. Nada neste mundo faria com que eu não comesse a sua comida.

Clélia abriu os braços e disse:

— Que bom, meu filho! Venha para a cozinha. A mesa está quase pronta.

Ele caminhou alguns passos, abraçou e beijou a mãe. Depois, sem olhar para Débora, que permanecia parada, entrou na cozinha e sentou-se em uma das cadeiras que havia em volta da mesa.

Débora também se sentou. Clélia colocou a comida que havia preparado sobre a mesa, sentou-se e, em silêncio, começaram a comer.

O ambiente estava pesado. Clélia falou:

— Não podem continuar assim. São irmãos, precisam ser amigos.

Débora, ao ouvir a mãe, olhou para o irmão que estava e continuou com a cabeça abaixada. Nervosa, perguntou:

— Você nunca vai me perdoar, Rafa? Depois de quase nove anos, ainda guarda tanta raiva?

Ele levantou a cabeça e, demonstrando muita raiva, respondeu:

— Perdoar? Como posso perdoar? Você destruiu a minha vida! Quanto à raiva, não se preocupe, não sinto raiva, pois você não existe para mim.

— Não fale assim, Rafael! Ela é sua irmã e não teve culpa pelo que aconteceu entre você e Helena!

— Como não teve culpa, mamãe! Mesmo sabendo que eu estava com o meu casamento marcado, que estava tudo pronto, ela o apresentou a Helena!

Com lágrimas nos olhos, Débora disse:

— Ele era meu amigo da faculdade, jamais poderia imaginar que Helena fosse se apaixonar por ele e, muito menos, que fosse abandonar você...

— Como não imaginou, Débora? Olavo, além de ser um rapaz bem apresentável, era filho de um milionário e poderia dar a ela tudo o que eu nunca conseguiria. Você destruiu a minha vida e nunca vou perdoar o que você fez!

Clélia, ao ouvir aquilo, bateu, com força, a mão sobre a mesa e gritou:

— Pare com isso, Rafael! Deixe de ser criança!

— Não sou criança! — disse Rafael, levantando-se.

— Não é, mas está agindo como se fosse! Deixe de ilusão e de procurar um culpado onde não existe! Sua irmã não teve culpa de Helena ser uma interesseira e trocar você pelo outro só porque ele tinha mais dinheiro! Débora não teve culpa! Coloque isso na sua cabeça de uma vez!

— Helena gostava de mim, mamãe. Se essa aí não tivesse nos apresentado Olavo, ela jamais o conheceria e ele não a teria iludido e, hoje, estaríamos juntos!

Ainda com lágrimas nos olhos, Débora disse:

— Sei que é difícil para você, Rafael, mas, por favor, me perdoe. Podemos voltar a ser como éramos antes de tudo isso acontecer.

— Nunca! Nunca e nunca! Você morreu pra mim!

Clélia respirou fundo e, procurando demonstrar uma calma que não estava sentindo, disse:

— Vamos procurar nos acalmar e conversar como pessoas civilizadas que sempre fomos.

Depois de dizer isso, sentou-se e, olhando para Rafael, falou com a voz firme:

— Sente-se, Rafael!

Ele, como um autômato, sentou-se e abaixou a cabeça novamente.

Clélia, embora furiosa com tudo aquilo, falou com a voz calma:

— Rafael, desde que tudo aconteceu, respeitei seu sofrimento, sua dor e sua desilusão. Quando tentei falar com você a respeito de Débora e da culpa que ela não teve, você não quis conversar. Como ela havia ido para Roma, achei melhor não insistir. Outra vez, respeitei sua vontade. Porém, agora, chega. Ela está aqui e pedindo perdão por algo que não teve culpa e, mesmo assim, você se nega a dar esse perdão.

Ele, levantando-se, disse:

— Não quero falar sobre isso! Vou embora!

— Não vai a lugar algum! Sente-se! Chegou a hora e agora você, queira ou não, precisa e vai ouvir algumas coisas! Sente-se!

Ele, vendo a mãe de uma maneira como nunca havia visto antes, voltou a se sentar.

— Em primeiro lugar: essa aí, além de ser sua irmã, é minha filha e tem um nome lindo. Portanto, espero que a respeite! Ficou claro?

Ele voltou a abaixar a cabeça.

Clélia sorriu e continuou:

— Quando tudo aconteceu, Débora quis ir embora para Roma, eu não a impedi. Você quis se mudar, também não o impedi, por não querer interferir na vida de vocês, pois sempre acreditei que cada um tem um destino que deve seguir, mas agora, infelizmente, vou ter que dizer algumas coisas que você precisa ouvir. Quando seu casamento se desfez, achei que o tempo se encarregaria de colocar as coisas em seus lugares. Achei que você, com o tempo, encontraria outra moça que o amasse de verdade e a quem você amasse também, se casaria e seria feliz, mas isso não aconteceu. Você se mudou, começou a dar aula em três faculdades. Nunca mais namorou. Sua vida parou naquele dia. Isso não está certo, meu filho. O pior é que até hoje culpa sua irmã. Está todo esse tempo tentando se enganar que a culpa foi dela, mas não foi. Não foi! Entendeu?! Helena, você e Débora foram criados praticamente juntos e sempre foram amigos como se fossem irmãos. Helena sempre gostou de você como irmão, Rafa. Nunca da maneira que você pensou.

— Como não, mamãe? Íamos nos casar!

— Ela se casaria com qualquer um que a tirasse daquela casa violenta. Aceitou se casar com você por saber que era um bom moço e que faria de tudo para que ela fosse feliz. Assim que, por uma ironia do destino, Débora lhe apresentou Olavo, ela se apaixonou por ele e desfez o casamento.

— Ela foi iludida!

— Não, Rafa. Ela é inteligente, sabia que ao seu lado teria uma vida simples, enquanto que ao lado dele teria luxo e riqueza. Foi ela quem fez a escolha. Ninguém teve culpa. Sua vida parou naquele dia. Está na hora de se esquecer do passado, de recomeçar e de andar sem olhar para trás. Está na hora de ser feliz, Rafa. Acorde para a vida!

Ele ficou olhando para a mãe como se estivesse pensando. Depois, começou a rir.

Clélia olhou para Débora e, surpresa, perguntou:

— Por que está rindo, meu filho?

— A senhora voltou a me chamar de Rafa, significa que não está mais com raiva de mim...

Clélia também quis rir, mas se manteve firme e continuou:

— Nunca tive raiva de você, Rafa. Ao contrário, estou triste por ver você desperdiçar sua vida por uma ilusão. Estou triste por ver vocês, dois irmãos, de mal, sem se falarem. Isso precisa acabar.

Rafael olhou para Débora, que continuava com lágrimas correndo pelo rosto. Levantou-se e a abraçou com muito carinho.

— Desculpe-me, Débora. Durante todo esse tempo, fiz questão de não ver a realidade.

Débora, sem conseguir dizer uma palavra, abraçou-se a ele e ficaram assim por um bom tempo.

Clélia, ao ver os filhos daquela maneira, pensou:

Obrigada, meu Deus. Obrigada por este momento de felicidade. Obrigada pela paz ter voltado à minha casa.

Após se abraçarem, voltaram aos seus lugares. Rafael voltou a abaixar a cabeça. Clélia, nervosa, perguntou:

— O que foi agora, Rafael?

Ele levantou a cabeça:

— Você tem razão, Débora. Tenho sido um cretino todo esse tempo. Tentei me enganar, mas lá no fundo eu sempre soube que ela havia se casado por interesse, pelo dinheiro e pela boa vida que ele podia lhe proporcionar. Bem, conseguiu. Soube que tem até motorista para levá-la aonde quiser.

— Aí é que você se engana, meu irmão.

— Débora, não!
— Por que não, mamãe? Ele precisa saber!
— Saber o quê?
— Agora não é hora, minha filha.
— Claro que é, mamãe. É a melhor hora.
— Pelo amor de Deus, conte logo, Débora!
— Hoje estive com Helena e vou contar o que aconteceu.
— Esteve com ela? Foi àquela mansão onde ela mora?
— Fui e você não imagina o que descobri.
— Descobriu o quê, Débora? Vai me deixar nessa agonia até quando?
— Vou contar.

Ela contou tudo o que havia acontecido e terminou, dizendo:

— Ela não quis admitir, até me colocou para fora da sua casa, mas senti que está sofrendo muito e que precisa da nossa ajuda.

Ele, nervoso e rindo muito, se levantou:

— Nossa ajuda? Você está delirando, Débora? Quero que ela morra coberta com todo o dinheiro que ele lhe deu. Por mais que seja surrada, nunca será o suficiente!

— Acalme-se, Rafael. Você não está bem, não é assim...

— Estou muito bem, mamãe, e feliz. Enfim, a justiça foi feita! A senhora, por mais que tente, não vai conseguir imaginar o que tem sido a minha vida nesse tempo todo! A vingança é maravilhosa!

— Não foi isso que ensinei a vocês. A vingança causa mais mal a quem a deseja do que a quem é enviada. Esqueça-se de tudo. Retome sua vida. É jovem, bonito e tem uma vida toda pela frente. Está na hora de, ao invés de se deixar prender pela vingança, pelo ódio, caminhar sem olhar para trás, em direção a um futuro maravilhoso.

— Sei que esse seria o melhor caminho, mas, sinto muito, mamãe, não consigo.

— Mamãe tem razão, Rafael, mas não podemos nos esquecer de nossa infância, o quanto éramos amigos, como a mamãe disse, quase irmãos.

— Eu não quero lembrar, mas, se você quiser ajudá-la, faça isso. Contudo, não me peça para acompanhar você. Agora, preciso ir embora. Tenho uma aula para dar. Meus alunos esperam por mim.

Os três se levantaram. Elas o acompanharam até a sala. Ele beijou a mãe e a irmã e foi embora. Quando ele fechou a porta de entrada, Débora perguntou:

— O que achou da reação dele, mamãe?

— Não sei. Ele me pareceu outra pessoa. Talvez tenha sido a emoção de descobrir o inimaginável, não sei. Só o tempo nos dirá qual vai ser a sua verdadeira reação. Agora, vamos arrumar a cozinha. Temos muito que conversar, mocinha.

— Mocinha? Já vi que vai sobrar pra mim!

Riram e, abraçadas, voltaram para a cozinha.

Violência

Assim que Débora saiu, Helena ficou algum tempo parada, olhando para o espelho. Baixou o vestido e olhou para suas costas marcadas. Pensou:

Ele só bate nas costas para que ninguém possa ver. Até quando isso vai continuar? Será que ele nunca vai me perdoar?

Pelo espelho, viu o armário que ficava à sua frente. Foi até ele, abriu a porta e viu diante de si uma pilha de vários álbuns de fotografia. Pegou aquele que parecia ser o mais antigo. Levou-o até a cama, deitou-se de bruços e abriu na primeira página.

Estava assim, quando Eunice, carregando uma bandeja, bateu de leve à porta e disse:

— Posso entrar, dona Helena?

— Pode, Eunice, claro que pode.

Eunice entrou, colocou a bandeja sobre o criado-mudo:

— Sua amiga saiu muito nervosa, calculei que a senhora também deveria estar. Por isso, preparei este chá de melissa. Espero que a senhora não se incomode.

— Obrigada, Eunice. Eu estava mesmo precisando.

— Que fotografias são essas?

Helena olhou, com carinho, para as fotografias e disse:

— Todos os anos, no dia do meu aniversário, minha mãe fazia uma festa e todas as crianças do bairro eram convidadas. Lembro-me deste dia como se fosse hoje. Eu completei sete anos.

Colocou o dedo sobre uma fotografia:

— Eu, Débora e seu irmão Rafa estamos aqui nesta fotografia. Éramos muito unidos. Onde um estava o outro estava também. Ela é dois anos mais velha do que eu. Rafa tem minha idade. Eu estava animada com a festa. Os convidados começaram a chegar. Os primeiros, como não poderia deixar de ser, foram Débora e Rafa. Débora, sorrindo, me entregou uma caixa:

— *Helena, minha mãe comprou este presente. Abra, veja se gosta.*

Rasguei o papel que envolvia a caixa e fiquei parada. Dentro dela havia uma boneca de plástico, sem roupa. Mesmo assim, eu a achei linda.

— *Gostou, Helena? Fui eu que escolhi. Eu queria outra que era maior, que tinha cabelo e roupas, mas minha mãe disse que não tinha dinheiro para comprar. Então, troquei por esta. Minha mãe disse que tem retalhos e que vai fazer um vestido pra ela!*

— *É linda, Débora! Precisamos batizar. Vamos fazer uma festa só nossa e ela vai se chamar Lili! Sei que sua mãe vai fazer um vestido lindo para o batizado!*

— A festa continuou, Eunice, e foi muito animada. Meus pais pareciam felizes.

Fiquei sentada no chão da sala, olhando para todos os presentes que havia ganhado. Gostei de todos, mas o de que mais gostei foi da Lili. Enquanto isso, meus pais conversavam na cozinha com alguns amigos. Depois de olhar todos os presentes, peguei Lili e fiquei conversando com ela. Eu não tinha irmãos e, olhando nos olhinhos dela, disse:

— *Você vai ser a minha filhinha e Débora, sua madrinha. Sendo assim, o Rafa vai ser o seu padrinho. Espere um pouco. Como, quando eu crescer, vou me casar com ele, ele vai ser o seu pai.*

Eunice sorriu:

— A senhora gostava dele? Por que não se casaram?

— Essa é outra história. Bem, vamos voltar para o dia da minha festa. Os amigos dos meus pais foram embora e eles continuaram na cozinha. De repente, não sei por que começaram a brigar. Fui para a cozinha e vi meu pai batendo com muita força no rosto da minha mãe. Bateu com tanta força que o sangue começou a escorrer. Corri para junto dela, mas ele me empurrou, gritando:

— *Saia daqui, Helena! Eu e sua mãe estamos conversando!*

— Olhei para minha mãe que, chorando, fez com a cabeça que sim. Meu pai voltou a gritar:

— *O que está esperando, menina? Vá embora!*

— Eu estava assustada e com medo, Eunice. Nunca tinha visto meus pais brigarem tanto, menos daquela maneira. Peguei Lili e fui correndo para a casa de Débora. Quando entrei, sua mãe percebeu que eu estava assustada:

— *O que aconteceu, Helena? Por que está assim?*

— Eu estava tão nervosa que não conseguia falar, Eunice, apenas apontei em direção à minha casa e, entre soluços, falei:

— *Meu pai está batendo na minha mãe.*

— *O que está falando, Helena?*

— Não consegui responder, Eunice. Corri para junto dela e me abracei às suas pernas. Ela se sentou em uma cadeira, pegou-me no colo e, abraçando-me, disse:

— *Não fique assim, Helena. Isso é coisa de adulto. Logo vai passar. Eles devem estar só conversando um pouco mais alto.*

— *Eles estavam gritando, dona Clélia... ele bateu na cara dela e saiu muito sangue...*

— Tentando me animar, olhou para a boneca que estava em minha mão e disse:

— *Parece que gostou da boneca que Débora escolheu para você.*

— *Gostei muito! Ela é linda e se chama Lili.*

— *Já deu um nome para ela? Que ótimo!*

— *Eu quero fazer uma festa no dia do seu batizado.*

— *Vai fazer e eu vou costurar um vestido lindo para ela. Está bem?*

— Eu conversava com ela entre soluços e lágrimas correndo pelo meu rosto. Ela beijou a minha testa:

— *Vamos fazer o seguinte: você vai parar de chorar, vai ficar aqui em casa brincando com a Débora e com o Rafa e eu vou até sua casa para ver o que está acontecendo. Está bem assim?*

— Eu, ainda chorando muito e sem conseguir falar, apenas balancei a cabeça. Ela saiu e voltou algum tempo depois. Sorrindo, disse:

— *Agora, está tudo bem. Pode voltar para casa. Seus pais não vão brigar mais.*

— Eu não queria mais voltar para minha casa, mas ela insistiu:

— *Precisa voltar. Não se preocupe, nunca mais vai ver o que viu hoje. Essas brigas são coisas de adultos. Vai ficar tudo bem.*

— Nunca mais seus pais brigaram, dona Helena?

— Aquela foi a primeira de muitas outras vezes. Brigavam quase todos os dias e as surras que minha mãe levava foram ficando cada vez mais violentas. A cada briga que acontecia, eu pegava Lili e corria para a casa de Débora. Lá eu me sentia muito bem, queria ficar ali para sempre. A mãe de Débora foi sempre muito boa comigo.

Parou de falar e ficou com os olhos parados no horizonte. Depois, disse:

— Não consigo me lembrar do que aconteceu com Lili. Fui crescendo e me esqueci dela. Gostaria tanto de que ela estivesse aqui comigo...

— A senhora, agora, tem uma boneca de verdade. A Narinha...

— É verdade. Ela é a minha boneca...

— Posso saber o que está acontecendo aqui?

Ao ouvir aquela voz, Eunice, que estava sentada ao lado de Helena, levantou-se rapidamente. O coração de Helena começou a disparar e ela respondeu, gaguejando:

— Nada, Olavo. Eu não estava bem e Eunice me trouxe uma xícara de chá.

Olavo olhou para Eunice, que entendeu e saiu dali rapidamente. Ele se voltou para Helena que, paralisada de medo, continuava sentada sobre a cama:

— Posso saber sobre o que estavam falando?
— Sobre nada. Ela só veio me trazer o chá...
— Que fotografias são essas?
Ela segurou o álbum na mão e, baixinho, respondeu:
— São de quando eu era criança, do dia do meu aniversário de sete anos...
— Está se lembrando do seu passado? Posso saber por quê?
— Não sei, me deu vontade...
— Desde quando você tem vontade?
Ao ouvir o tom da voz dele, ela começou a tremer.
Ele se aproximou:
— Está tremendo, Helena. Por quê?
Ela, sem olhar para ele, respondeu:
— Por nada...
Para desespero dela, ele viu sobre a cama o vestido que Débora lhe dera.
— Onde você arrumou esse vestido? Não fui eu quem escolheu nem quem comprou!
Ainda sem olhar para ele, falou:
— Eu ganhei de presente.
— Presente? De quem?
— A Débora esteve aqui e me trouxe de presente. Ela comprou em Roma.
— A Débora esteve aqui? O que ela veio fazer?
— Já disse, ela chegou de viagem e veio me visitar. Somos amigas desde criança.
Ele ficou furioso:
— Como sempre você está mentindo! Ela veio trazer um recado dele, não foi? Levante os olhos e responda!
Ela, com muito medo, levantou os olhos:
— Não, nem falamos a respeito do Rafa... ela só queria me ver, saber como eu estava...

— Você deve ter rezado um rosário de dor. Contou a ela como somos felizes?

Pegando em seus ombros e chacoalhando com força, gritou:

— Contou tudo a ela, não contou?

— Não... não contei...

Ele, violentamente, virou-a de costas, tirou a cinta que usava e começou a bater com toda a força que possuía.

— Mentirosa! Você é uma mentirosa!

Ela, acostumada com aquilo, sabia o que ia acontecer, por isso nem tentou se defender. Apenas chorou baixinho.

Olavo procurava fazer com que a cinta batesse sobre os lugares em que ele havia batido alguns dias atrás, o que fez com que o sangue jorrasse.

Depois de bater muito, ele parou e, enquanto colocava a cinta novamente, disse:

— Agora, vou pegar esse vestido, mandar minha secretária colocar no correio e mandar de volta!

Com os olhos baixos, ela disse, chorando:

— Não pode fazer isso, foi um presente...

Com muita raiva e usando as mãos, levantou a cabeça de Helena e gritou:

— Não precisa que ninguém dê coisa alguma a você! Eu cuido de você e de tudo o que precisa! Está sentindo falta de alguma coisa?

Com muita dor e sentindo que o sangue corria por suas costas, fez com a cabeça que não.

— Ainda bem, mas, se precisar, basta me avisar! Não quero que falte coisa alguma a você!

Ela acenou com a cabeça, concordando.

Ele, com o vestido na mão, disse:

— Não perguntou o que estou fazendo a esta hora aqui em casa. Não preciso dar satisfação alguma a você, mesmo assim, vou dizer. Vim pegar algumas roupas. Estou indo viajar no fim de semana.

Agora, ela conseguiu levantar a cabeça, olhar para ele e perguntar:

— Para onde está indo? Está indo viajar com ela?

— Não interessa a você com quem vou viajar ou para onde! Tem esta casa linda, pode usar a piscina de que tanto gosta!

Ele pegou o vestido e, furioso, saiu do quarto.

Eunice esperou que ele saísse e, após constatar que ele havia entrado no carro e fora embora, pegou uma pequena bacia e foi para o quarto de Helena, que permanecia deitada e chorando. Ela se aproximou e, ajudando Helena a se levantar, começou a tirar seu vestido, que estava todo sujo de sangue.

Depois, foi até o banheiro, colocou água na bacia, pegou uma toalha e voltou para o quarto. Helena, sem o vestido, havia se deitado novamente de bruços. Assim, suas costas estavam viradas para o alto.

Eunice começou a limpar o sangue. De seus olhos, lágrimas corriam. Helena, envergonhada, mesmo sem ver o rosto de Eunice, sabia o que ela estava pensando.

Depois de limpar bem os ferimentos e passar um desinfetante, Eunice fez com que Helena se sentasse novamente. Sentou-se à sua frente, olhou bem dentro de seus olhos e disse:

— Estive pensando uma coisa, dona Helena...

— O quê, Eunice?

— Por que não pega sua boneca e vai embora?

— Embora para onde, Eunice?

— Para a casa da sua amiga, como fazia quando era criança. Sei que tanto ela como a mãe a receberão com carinho, como sempre fizeram...

Helena arregalou os olhos e, antes que conseguisse dizer qualquer coisa, Eunice se levantou e saiu do quarto.

Contando a história

Sorrindo, Rafael saiu da casa de Clélia. Estava feliz. Na rua, entrou no carro, ligou o motor e saiu. Enquanto dirigia, pensava:

Como foi boa a notícia que Débora me deu! Helena merece isso e muito mais!

Parou o carro em um semáforo e continuou pensando:

Helena merece o que está acontecendo! Ela, apesar de saber o quanto eu a amava, me abandonou, me trocou por ele só porque tinha dinheiro! Ela não presta, não presta!

Mexeu no retrovisor e olhou para seu rosto que se modificou imediatamente:

A quem estou tentando enganar? Eu ainda a amo como sempre amei...

O semáforo abriu e ele continuou dirigindo. Em poucos minutos, chegou à faculdade onde dava aula. Parou o carro e saiu. Após fechá-lo, começou a andar.

Enquanto andava, pensava:

Sei que Helena me fez muito mal, mas mulher alguma deve ser espancada por um homem! Ainda mais uma mulher frágil como ela...

Estava distraído e não percebeu que uma moça também descia de seu carro. Ia passando, quando ela perguntou:

— Está preocupado, professor?

Ele olhou, sorriu e respondeu:

— Desculpe, não vi a senhorita, professora. Estou perdido em pensamentos.

— Não se preocupe, eu percebi e, pelo visto, aposto que os pensamentos não são bons.

Ele voltou a sorrir:

— Ganhou a aposta.

Ela olhou o relógio, sorriu e disse:

— Ainda é cedo para começar a nossa aula, podemos ir até a cantina e, enquanto tomamos café, podemos conversar. O que acha?

Ele olhou para o relógio que estava em seu braço e também sorriu:

— Temos tempo, sim, professora. Vamos?

Foram até a cantina. Pediram café e se sentaram.

Após alguns segundos de silêncio, ela perguntou:

— Então, professor, quer conversar a respeito de seus pensamentos ruins?

Ele sorriu:

— Acredito, professora, que os meus pensamentos não alegrarão este nosso momento.

— Acho que o melhor que temos a fazer é deixar de nos chamarmos como professor e professora. Nós nos conhecemos há muito tempo, sei que o seu nome é Rafael e você sabe que o meu é Angélica.

— É a força do hábito, mas tem razão. Vamos nos chamar pelos nossos nomes.

— Assim é melhor. Então, Rafael, não quer dividir seus pensamentos? Ouvi dizer, não sei onde, que conversar sobre um problema é muito bom.

Ele ficou pensando. Depois disse:

— Hoje recebi uma notícia que deveria me deixar feliz. A princípio até fiquei, mas agora, não sei se estou...

— Não estou entendendo. Que notícia foi essa?

— Para entender eu preciso contar uma história que não sei se vai interessar a você.

— Também não sei, mas já que temos tempo, pode tentar. Prometo que vou ouvir com atenção.

— Está bem, mas, se ficar entediada, basta falar que eu paro.

Ela voltou a sorrir:

— Prometo.

— Quando eu era criança, minha mãe resolveu abandonar meu pai.

Ela o interrompeu:

— Por quê?

— Ele não gostava de trabalhar e tinha muitas mulheres. Ao menos é isso que minha mãe diz. Não me lembro muito bem dele, eu tinha apenas seis anos e minha irmã, oito. Não sei muito bem o que aconteceu entre eles, só sei que minha mãe levou, a mim e a minha irmã, para morarmos em um pequeno quarto que havia nos fundos do quintal de uma casa. O quarto era pequeno, mas, mesmo assim, minha mãe disse:

— *Sei que vocês vão estranhar a mudança, mas precisam saber que aqui, embora pequeno, teremos paz.*

— Eu não entendi o que ela quis dizer, mas de uma coisa tenho certeza, ela tinha razão. No começo, eu e minha irmã ficamos deslocados, pois não conhecíamos ninguém, mas, depois de algum tempo, conhecemos Helena, uma menina da minha idade que morava em uma casa muito grande que ficava ao lado da nossa. Assim que nos conhecemos, passamos a fazer parte um da vida do outro. Íamos para a escola, fazíamos lição juntos e brincávamos. Como brincávamos...

— Você fala dela com tanto carinho, Rafael.

— É verdade, Angélica, mas estou falando daquela menina que fez parte da minha vida, em um tempo em que fui muito feliz. Crescemos assim. As meninas escolhiam a maioria das brincadeiras e sempre que brincávamos de casinha, eu era o marido e Helena, a mulher. Ela dizia:

— *Quando a gente crescer, a gente vai casar, Rafael.*

— Eu ria e sempre dizia:
— *Nunca vamos nos casar, Helena, somos como irmãos.*
— Ela ria e voltávamos a brincar. No dia em que ela fez sete anos, seus pais brigaram e o pai bateu em sua mãe. Ela, assustada, foi lá para casa e ficou conosco até que a briga terminasse. Aquilo se tornou rotineiro. Conforme o tempo foi passando, nós fomos ficando mais amigos. Na escola, eu sempre a protegia de outras meninas. Quando completamos dezoito anos, eu comecei a me preparar para ir para a faculdade. Ela, ao contrário, não quis ir e disse:
— *Vamos nos casar, Rafael. Você é quem vai cuidar do dinheiro da nossa casa. Eu vou cuidar de você, da casa e dos nossos filhos.*
— Ela disse isso, Rafael?
— Disse, Angélica. Eu voltei a dizer:
— *Não brinque, Helena. Sabe que nunca vamos nos casar, por isso é melhor escolher uma faculdade e estudar. Minha mãe diz que a mulher precisa estudar para ter ótimo salário e ser independente. Assim, nunca vai ter que viver sob a dependência de um homem. Precisa fazer como a Débora, que trabalha e estuda. Quando se formar, vai encontrar um bom emprego, poderá ter o homem que quiser.*
— *Acha que vou fazer como a Débora, que trabalha durante o dia inteiro lá no banco, depois vai para a faculdade e, como o dinheiro que ganha não é suficiente para suas despesas, precisa vender bijuterias que ela e sua mãe fazem? Não, Rafael, não quero ter essa vida. Quero ter meu marido, minha casa e meus filhos. Quero cuidar de tudo, ser uma verdadeira dona-de-casa.*
— Como ela pôde dizer isso, Rafael? Não posso acreditar! Hoje, a mulher estuda, trabalha e cuida da sua própria vida! Eu estudei e não me arrependo disso!
— Também penso assim, embora não possa negar que tenha sido muito difícil, para mim e para Débora, estudar. Eu trabalhava como *oficce-boy* em um escritório de advocacia. Débora trabalhava em um banco e, à noite, estudávamos. Minha mãe trabalhava em uma fábrica e, quando voltava para casa, fazia bijuterias que ela aprendeu em um curso. Débora vendia as bijuterias tanto no banco quanto na faculdade.

— Para mim também não foi fácil, Rafael. Assim como vocês, também consegui e estou feliz por isso.

— Está feliz por ser professora?

— Claro que estou. Adoro dar aula, poder ensinar e saber que de mim dependem os futuros doutores de amanhã. Acho que nasci para ser professora...

— Você é totalmente diferente de Helena. Estudei e consegui entrar na faculdade. Quando disse a ela que ia estudar Matemática, para ser professor, ela ficou furiosa:

— *Professor, Rafa? Você sabe quanto ganha um professor?*

— *Sei que o salário não é muito, Helena, mas é disso que eu gosto e vou me preparar para fazer. Se todos, por pensarem no salário, deixarem de ser professores, o que será das nossas crianças e dos jovens, assim como de nós, que precisamos nos preparar? Por isso, penso que ser professor é um dom divino. Sem o professor, as crianças não aprenderiam a ler e não teríamos mais profissão alguma.*

— Também acho isso, Rafael. O professor é o profissional mais importante, pois, sem ele, realmente, não haveria outra profissão. Quem deveria pensar assim são os governantes, mas, na lista de prioridades, o professor está em último lugar. A propósito, alguém me disse que, no Japão, todos precisam fazer reverência para o Imperador e que este só faz reverência quando está diante de um professor.

— Será verdade, Angélica?

— Não sei se é verdade, Rafael, só sei que, se não for verdade, deveria ser. O povo japonês dá muito valor às suas tradições e respeita seus velhos, por isso acho que o que me contaram pode ser verdadeiro.

— Você tem razão, Angélica. Por isso é que digo que ser professor é um dom divino, mas Helena não pensava assim, ficou revoltada:

— *Tudo bem, Rafa! Quer ser professor, seja, mas sabe que nunca terá uma vida boa.*

— *Depende do que você acha que seja uma vida boa.*

— *Vida boa, Rafa, é ter dinheiro para poder comprar tudo o que queremos! Ter uma casa bonita e um carro maravilhoso!*

— Cada um enxerga a vida de uma maneira. *Nunca tive muito dinheiro, nem por isso fui ou sou infeliz.*

— Também penso assim, Rafael.

Ele sorriu e continuou:

— Mesmo contra a vontade dela, entrei para a faculdade de Matemática e aqui estou eu, um professor e, apesar de todas as dificuldades, estou feliz. Nessa época, Débora estava no quarto semestre da faculdade de Administração. Nos fins de semana, fazia um curso de inglês.

— E Helena, estudou?

— Não, ela não quis, não achava importante. Queria ser dona de casa e mãe. Ela foi convidada para o casamento de uma prima e fez questão que eu e Débora a acompanhássemos. Eu não queria ir, mas, após insistência dela e de Débora, fui. As duas se enfeitaram toda. Débora estava linda e Helena, bem, Helena...

— O que quer dizer?

— Pela primeira vez, eu a vi não mais como minha irmã, mas como uma linda moça.

— Já sei, se apaixonou por ela!

— Foi mais que paixão, Angélica. Embora eu não quisesse aceitar, estava realmente vendo-a de uma maneira diferente de até então.

— Nossa!

— Depois da igreja, fomos para a recepção. Eu não queria, mas não conseguia tirar os olhos de Helena. Ela estava, realmente, deslumbrante. Como sempre fazíamos quando íamos a uma festa, começamos a dançar. Enquanto dançávamos, ao tomá-la em meus braços, senti meu corpo estremecer como se uma corrente elétrica tivesse passado por ele. Para minha surpresa, ela apertou minha mão e me olhou de uma maneira como nunca tinha olhado. Assim que a música terminou, fomos para o jardim e, pela primeira vez, nos beijamos. Daquele dia em diante, começamos a namorar. Depois de um ano de faculdade, saí do escritório onde trabalhava e consegui um emprego como professor de matemática em uma escola infantil. A vida continuou. Eu e Helena fazíamos planos para o futuro, pois, com meu diploma e a experiência que adquiri dando aula para as crianças, poderia dar aula em uma ou mais faculdades, em cursinhos. Enfim, eu teria um leque enorme de opções. Minha mãe ficou feliz com o nosso namoro, a mãe dela, não. Fez de tudo para que nosso namoro terminasse, mas, apesar de todas suas artimanhas, não conseguiu.

— A mãe dela, Rafael?

— Sim, Angélica, ela não me suportava. Dizia que eu era pobre e que nunca poderia dar a sua filha uma vida digna. Argumentava que Helena era bonita e merecia alguém que pudesse lhe dar uma casa linda e uma vida com todo conforto.

— Incrível, Rafael!

— É verdade, mas nem eu nem Helena nos importávamos com ela e só pensávamos que, assim que eu terminasse a faculdade, nos casaríamos e seríamos felizes para sempre.

— Vocês se casaram?

— Não...

— Por que não?

— Débora se formou e, além da colação de grau, sua turma organizou uma festa de formatura. Fomos à festa. Nesse dia, que foi o mais infeliz da minha vida, Débora se aproximou de mim, de Helena e de minha mãe. Ela vinha acompanhada de um rapaz. Sorrindo, disse:

— *Este é Paulo, um amigo especial.*

— Ele estendeu a mão, primeiro para minha mãe e, rindo, falou:

— *Amigo? Nada disso! Eu sou o amor da vida dela e ela da minha! Muito prazer, senhora.*

— Ao ouvir aquilo, Débora ficou vermelha, mas riu também.

— *O prazer é todo meu, meu rapaz. Já ouvi falar muito ao seu respeito.*

— *Espero que tenham sido coisas boas.*

— Minha mãe também riu e disse:

— *As melhores possíveis.*

— Ele abraçou Débora e deu um beijo em seu rosto. Após as apresentações, começamos a conversar e a dançar. Eu estava dançando com Helena e, quando a música terminou, voltamos para a mesa onde estávamos sentados. Assim que nos aproximamos, Débora disse:

— *Quero apresentar a vocês meu amigo, Olavo. Ele é meu colega de classe e também está se formando hoje.*

— Apertamos as mãos e notei que Olavo olhou para Helena de um modo especial, mas não me incomodei, já estava acostumado, pois ela, por ser muito bonita, chamava a atenção. Continuamos conversando e dançando. Olavo me pediu se podia dançar com Helena e eu, sem me preocupar, consenti. Eles dançaram algumas músicas. No final da noite, nos despedimos. Assim que saímos, percebi que Helena estava diferente, mas pensei ser o cansaço.

— Já posso imaginar o que aconteceu, Rafael.

Aconteceu exatamente o que está pensando, Angélica. Nos dias que se seguiram, notei que ela estava diferente, mesmo. Todas as noites, antes de ir para a faculdade, eu passava pela casa de Helena e namorávamos um pouco. Uma semana depois do baile, assim que cheguei, percebi que ela estava diferente. Ela, que sempre ria e falava muito, estava calada e com o resto sério. Fiquei preocupado:

— *O que aconteceu, Helena?*

— *Precisamos conversar, Rafa.*

— *Conversar sobre o quê?*

— *Precisamos terminar.*

— *Terminar, por que, Helena? Estou quase acabando a faculdade e poderemos nos casar e realizar tudo o que planejamos.* — *disse, assustado.*

— *Exatamente por isso. Estive pensando e cheguei à conclusão de que sou muito jovem para me casar. Tenho muito para ver, para conhecer...*

— *Não pode ser, Helena. Você está confusa.*

— *Talvez seja isso, mas preciso de um tempo para pensar. Por isso, peço que não venha me ver mais. Com o tempo, se eu descobrir que estava errada, vou procurar você.*

— Ela falou assim, Rafael? Não acredito!

— Falou assim, Angélica. Estava fria, distante e parecia outra pessoa. Alguém que nunca havia conhecido.

— Como você ficou? O que fez?

— Pode imaginar. Fiquei desesperado e sem entender o que havia acontecido. Fui para a faculdade e, quando voltei para casa, minha mãe notou que eu estava diferente:

— *O que aconteceu, Rafa?*

— Comecei a chorar e contei o que havia acontecido. Quando terminei de falar, minha mãe me abraçou e, com carinho, falou:

— *Não fique assim. Você conhece Helena, ela é movida pelo impulso. Está assustada com a aproximação do casamento e, realmente, é muito jovem. Ela vai pensar bem e vai descobrir que gosta de você e tudo vai ficar bem.*

— *Será, mamãe?*

— *Espero que sim, mas, se não voltar, você precisa continuar sua vida.*

— *Não tenho vida sem ela...*

— *Claro que tem! É bonito, jovem e trabalhador! Tenho certeza de que vai encontrar uma moça que goste realmente de você! Você merece ser feliz, meu filho, e vai ser!*

— Não pode negar que ela tinha razão, Rafael.

— Pode ser que tivesse, mas eu não me conformei. Tentei falar com Helena várias vezes. Fui a sua casa, telefonei, mas de nada adiantou, ela nunca mais falou comigo. Sempre que podia, ficava parado em frente à sua casa. Um mês depois de ela haver terminado tudo comigo, eu estava na esquina da sua casa e vi que, diante do portão, havia um carro, muito bonito, parado. Fiquei olhando e pensando:

— *De quem será esse carro?*

— Não demorou muito para eu ter a resposta. A porta da casa de Helena se abriu e ela saiu acompanhada por Olavo. Levei um susto, fiquei parado, parado não, paralisado. Assim que desceram os quatro degraus que havia diante da porta, Olavo passou o braço em volta do ombro dela. Caminharam até o carro e um motorista, que eu ainda não havia visto, saiu do carro, abriu a porta traseira e os dois entraram.

— Meu Deus! O que você fez, Rafael?

— Fiquei parado, tentando entender o que estava acontecendo. Assim que o carro desapareceu, sem pensar no que estava fazendo, fui para casa de Helena, toquei a campainha e a mãe dela apareceu na porta. Desesperado, falei:

— Dona Ondina, o que está acontecendo? Vi Helena saindo com um rapaz que conhecemos no baile!

— Ela, do alto da pequena escada, sorrindo, respondeu:

— Está acontecendo o que precisava acontecer. Minha filha, finalmente, encontrou o homem que merecia. Ela vai se casar com ele e vai ter tudo o que sempre quis! Ele é muito rico, diferente de você, que sempre foi e é um pobretão!

— Ao ouvir aquilo, senti minha perna fraquejar e quase caí. Ela olhou para mim, entrou e bateu a porta.

— Não acredito, Rafael! Helena conseguiu o homem rico que queria?

— Conseguiu, Angélica. Mais tarde, fiquei sabendo que ele era e é muito rico. Sua família possui uma empresa de calçados de muito sucesso.

— O que você fez?

— Fiquei ali, parado, olhando para a casa de Helena, depois, com muito custo, consegui chegar ao meu carro. Entrei e fui para casa. Quando cheguei, contei a minha mãe o que havia acontecido. Depois de me ouvir, ela disse:

— Isso só demonstra que ela não gosta de você, meu filho...

— Ela gosta, mamãe! Só está entusiasmada com o dinheiro dele!

— Não se iluda, Rafael! Se ela gostasse, nada faria com que trocasse você por ele.

— Ela disse furiosa e me chamando de Rafael, coisa que só fazia quando estava braba.

— Então, você sabe quando sua mãe está nervosa?

Ele riu:

— Sei, Angélica, como sei. Ela é a melhor mãe do mundo, mas não a tire do sério.

— O que fez em seguida, Rafael?

— Estava conversando com minha mãe, quando Débora chegou. Olhei para ela, que estava entrando. Apontando o dedo, fui ao seu encontro e comecei a gritar:

— Você! Você é a culpada! Você estragou a minha vida!

— Ela, perplexa e assustada, olhou para minha mãe e depois para mim:
— *O que eu fiz?*
— *Destruiu a minha vida!*
— *Não estou entendendo, Rafa!*
— Minha mãe, vendo que eu estava fora de mim, colocou-se no meio de nós dois e gritou:
— *Pare com isso, Rafael! Sua irmã não teve culpa!*
— Eu, olhando Débora por detrás de minha mãe, continuei gritando:
— *Teve culpa, sim, mamãe! Claro que teve!*
— Débora, sem entender o que estava acontecendo, perguntou:
— *Culpa do quê, Rafa?*
— Quem respondeu foi minha mãe:
— *A Helena vai se casar com Olavo.*
— Débora, ao ouvir aquilo, caminhou alguns passos e sentou-se em uma cadeira.
— *Não pode ser, Rafa... não pode ser...*
— *Pode e vai acontecer. Ela vai se casar e você é a única culpada!*
— *Eu? Por quê?*
— *Porque, sabendo que ela era rico, apresentou-o à Helena.*
— *Ele é rico?*
— *Você não sabia?*
— *Não, Rafa! Ele é apenas meu colega de faculdade! Não era meu amigo e, geralmente, quem estuda à noite são pessoas como nós, que trabalham durante o dia. Eu não sabia!*
— *Mentira! Você sabia e fez de propósito!*
— *Por que eu faria isso, Rafa?*
— *Porque queria a minha infelicidade! Eu a odeio e nunca mais, em minha vida, vou olhar para você! A partir deste momento, morreu para mim e não tenho mais irmã!*
Angélica interferiu:
— *Sua irmã não teve culpa, Rafael!*

— Hoje sei disso, Angélica, mas naquele dia eu estava nervoso, desnorteado e precisava encontrar alguém para culpar.

— Encontrou sua irmã para culpar...

— Sim, e minha mãe ficou furiosa:

— *Não fale assim, Rafael! Ela é sua irmã e sempre só quis o seu bem! Ela não tem culpa de a Helena ser gananciosa, interesseira e muito menos de ela não gostar de você!*

— Fiquei mais furioso ainda, saí da sala e fui para meu quarto. Daquele dia em diante, até hoje, nunca mais conversei com minha irmã.

— Até hoje, por quê?

— Algumas coisas aconteceram na vida de Débora e ela resolveu aceitar a oferta de um emprego em Roma. Segundo minha mãe, ela queria ficar longe daqui e de tudo o que havia acontecido. Durante todo esse tempo, nunca mais voltou. Minha mãe foi para lá algumas vezes e ficou um tempo com ela.

— E você?

— Também queria ficar longe daqui e aceitei um convite para dar aula em uma faculdade no interior. Fiquei lá por quatro anos e me acostumei a viver sozinho. Quando voltei, não poderia mais voltar para a casa de minha mãe. Aluguei um apartamento e moro sozinho, mas, duas ou três vezes por semana, vou almoçar com minha mãe. Hoje, sem saber que Débora havia voltado, telefonei para minha mãe avisando que eu ia almoçar lá. Quando cheguei, encontrei Débora. Pode imaginar o clima.

— Sua mãe não contou a você que ela estava em casa?

— Não, conhecendo minha mãe, como conheço, ela quis provocar esse encontro. Bem, encontrei Débora e tentei ficar distante, mas ela me contou algo que, a princípio, me fez muito feliz. Vou contar a você.

Contou tudo o que Débora havia contado. Quando terminou de falar, Angélica, abismada, disse:

— Quer dizer que Helena, mesmo tendo sua linda casa, empregados e um motorista ao seu dispor, apanha do marido?

— Sim, Angélica. Pelo que Débora disse, ela não apanha, é surrada. Tem costas marcadas, como acontecia com os escravos.

— Não posso acreditar que, ainda hoje, isso possa acontecer. Que ainda hoje as mulheres se sujeitem a isso! Agora entendo por que disse que ficou feliz. Você se sentiu vingado, não foi?

— Tem razão. Eu, naquele momento, enquanto Débora me contava o que havia acontecido, tive uma sensação jamais imaginada. Achei que era a justiça sendo feita, mas, depois, me senti muito mal, pois acredito que não existe motivo algum que faça com que um homem bata em uma mulher. Seria melhor se separarem.

— Por que será que ela não faz isso, Rafael? Por que será que se sujeita a essa humilhação?

— Não sei, Angélica. Também não entendo...

— Por outro lado, acho muito bom que você pense assim, Rafael. A mágoa, o desejo de vingança, só fazem mal a quem tem esses sentimentos. Acredito que tudo está sempre certo e que Deus, como dizem, escreve certo por linhas tortas. Acredito que a vida se encarrega de colocar as coisas em seus devidos lugares.

— Sabe, Angélica, também estou começando a pensar assim.

Ela voltou a olhar para o relógio e se levantou:

— Nossa, Rafael, conversamos tanto que nem vimos o tempo passar. Está na hora de começarmos a nossa aula.

Ele também olhou para o relógio:

— É verdade, Angélica. Desculpe por ter tomado seu tempo.

— O que é isso, Rafael? Gostei da sua história e, se quiser, estarei sempre pronta a ouvi-lo e, na verdade, quero muito saber como isso vai terminar. Se quiser, se confiar, estarei sempre pronta para ouvir você. Na realidade, desculpe, mas estou curiosa...

Ele também se levantou e, rindo, respondeu:

— Claro que sim, Angélica. Você é uma ótima ouvinte. Embora ache que não há mais nada para acontecer. Acho que a vida já colocou as coisas em seus lugares.

— Não sei, não, Rafael. Acho que falta muita coisa para acontecer.

Ela também sorriu e, juntos, caminharam para as respectivas salas onde dariam suas aulas.

O desabafo

Quase uma hora depois, Eunice voltou ao quarto de Helena. Bateu e entrou. Helena, ainda chorando, permanecia deitada com as costas voltadas para o alto.

Com a bandeja nas mãos, Eunice se aproximou da cama e falou:

— Achei que a senhora não ia querer comer, mesmo assim preparei esta sopa. A senhora precisa se levantar. Vou colocar a bandeja aqui sobre a penteadeira e a senhora poderá se sentar no banquinho. Assim, não vai encostar as costas.

Helena levantou os olhos e, tentando sorrir, disse:

— Você me conhece muito bem, não é, Eunice?

— Estou com a senhora desde que cheguei do Nordeste.

— Estive pensando naquilo que você falou, Eunice.

— Desculpe-me, senhora. Eu não tinha o direito de me intrometer na sua vida.

— Não diga isso. Você é a única amiga que tenho e teve razão em tudo o que disse.

— Sua única amiga?

— Sim, sabe que Olavo me proibiu de frequentar a casa das minhas amigas e de recebê-las aqui.

— Hoje, a senhora recebeu aquela moça e parece que é muito sua amiga.

— Ela chegou de surpresa e eu não tive como não a receber. É minha amiga de muito tempo, mesmo depois do que fiz contra seu irmão, ainda continuou minha amiga.

— O que a senhora fez?

Helena contou o que havia acontecido. Eunice, após ouvir, perguntou:

— A senhora se casou por cauda de dinheiro?

— Não sei, Eunice. Confesso que a vida de luxo que Olavo me oferecia me atraiu, pois foi sempre o que desejei, mas ele era bom, me tratava com carinho e eu me sentia amada e protegida. Sempre gostei do Rafael, mas ele não tinha ambição. Queria ser professor, o que, na época, para mim, era uma loucura.

— Dona Helena, professor é uma profissão linda! Já imaginou se não existisse professor? O que seria de todos? As crianças não aprenderiam a ler e a gente não ia ter nem médico.

— Hoje entendo isso, mas naquele tempo eu não pensava assim, só queria ter uma casa linda para morar, muitas roupas bonitas, filhos e um carro lindo com motorista...

— Tudo o que tem hoje?

Outra vez o rosto de Helena se crispou:

— Sim, Eunice, tudo o que tenho hoje...

— Será que valeu a pena, senhora? Será que não teria sido mais feliz se tivesse se casado com o professor?

— Acha que já não pensei nisso um milhão de vezes? Mas não adianta pensar. Eu fui a culpada de tudo, até da mudança de atitude de Olavo para comigo...

— O que a senhora fez para ele?

Helena parou de falar, ficou com vontade de contar para Eunice o que havia feito, mas achou melhor não dizer:

— Talvez algum dia eu conte a você, mas, hoje, não estou com coragem. Foi terrível demais. Olavo me surra, mas tem razão. Eu mereço muito mais.

— Não, senhora! Não existe motivo algum para que um homem bata na mulher, ainda mais da maneira violenta como ele faz com a senhora!

— Existe, Eunice... existe sim...

— Já que pensa assim, só posso dizer que, mesmo que tenha feito algo tão grave contra ele, já pagou, já sofreu todos esses anos. Portanto, está na hora de se libertar. Sua amiga saiu daqui muito nervosa. O que aconteceu? Ela viu suas costas?

— Viu, Eunice, e eu quase morri de vergonha...

— A senhora não tem que ter vergonha. Já pedi desculpas por ter me intrometido na sua vida, mas vou me intrometer novamente. Vá embora, dona Helena. Seu marido tem muito dinheiro e, com a separação, vai ter que dar uma boa pensão e a senhora vai viver muito bem, com a Narinha.

— Não posso fazer isso, Eunice...

Eunice, mesmo tentando e reconhecendo o seu lugar, não conseguiu esconder sua indignação:

— Não pode, por quê? Mulher alguma precisa se sujeitar a viver da maneira como a senhora vive! Desculpe-me, senhora, mas não importa o que tenha feito para ele, seu marido é um monstro!

— Você sabe que ele nem sempre foi assim. Ele era bom e fazia de tudo para que eu fosse feliz.

— Eu me lembro, vim trabalhar aqui, cinco ou seis meses antes de a senhora engravidar. A senhora tem razão, ele era carinhoso. O que aconteceu para que ele mudasse dessa maneira?

A sombra voltou a passar pelos olhos de Helena. Ela ficou calada, pensando no passado.

Eunice, vendo que Helena estava distante, perguntou:

— Ele mudou depois que a senhora ficou grávida. Já estavam casados há muito tempo, dois ou três anos, não é?

— Quase quatro anos...

— Será que ele tem ciúmes da filha? Tem homem que sente muito ciúme dos filhos. A senhora vivia só para ele, depois teve de dividir sua atenção com ela. Será que é isso, dona Helena?

Helena sorriu e respondeu:

— Não, Eunice, esse não é o motivo, pois, apesar de tudo o que aconteceu, ele gosta muito de Narinha. Tanto que nunca sequer brigou comigo ou me bateu na sua frente. Ele bate nas minhas costas para que ela não veja as marcas. Já me disse isso muitas vezes.

— É por isso que ele quis que a menina ficasse na escola durante o dia inteiro, assim poderia bater na senhora sempre que quisesse...

— Você tem razão, Eunice, é por esse motivo que ela fica na escola durante o dia todo.

— Não sei o que a senhora fez de tão grave, mas, seja o que for, não existe motivo para continuar com ele. Está na hora de tomar uma atitude.

— Desde que conversamos, estive pensando sobre isso. Ele vai passar todo o fim de semana com a outra, vou ter tempo de pensar no que fazer. Talvez você tenha razão em outra coisa. Para fugir da violência, posso pegar minha boneca e procurar abrigo no lugar a que sempre fui: a casa de Débora e da sua mãe...

Eunice sorriu, colocou as mãos nos ombros de Helena e, emocionada, disse:

— Faça isso, senhora. Pense muito e tome uma atitude.

— Vou pensar, Eunice. Não estou com fome, mas, mais tarde, posso sentir. Prepare alguma coisa para o jantar e pode ir embora. Hoje é sexta-feira, trabalhou a semana toda, merece descansar.

— Tem certeza de que vai ficar bem, senhora?

— Tenho. Pode ir sossegada. Vou ficar bem, mas, se precisar de alguma coisa, sabe que tanto o Juarez como a Valdice estão logo aí, na casa dos empregados.

— Está bem, senhora. Sendo assim, vou preparar o jantar.

Dizendo isso, Eunice saiu do quarto. Helena olhou para a travessa de sopa. Com o auxílio de uma concha, lentamente, colocou um pouco de sopa em um prato e começou a tomar.

Algum tempo depois, Eunice voltou ao quarto. Helena ainda continuava sentada em frente à penteadeira, olhando para o espelho. Eunice entrou e disse:

— Seu jantar está pronto, senhora. Tem certeza de que posso ir embora?

Helena se voltou, olhou para ela e, sorrindo, respondeu:

— Pode ir, Eunice, estou bem. Não se preocupe.

Eunice sorriu e saiu. Helena tornou a se voltar, olhou para o espelho e falou:

— Vou pensar... vou pensar...

Como tudo começou

Olavo, nervoso e carregando uma maleta onde havia colocado algumas roupas, saiu de casa e caminhou em direção ao carro que estava estacionado em frente à porta principal da casa. Assim que se aproximou dele, abriu o porta-malas e colocou a maleta, depois, fechou-o. Entrou no carro, colocou a chave, ligou o motor e saiu.

Tremendo e nervoso, enquanto dirigia, pensava:

Sei que bater em uma mulher é errado, mas não consigo me controlar!

Ela merece o que fiz e o que vou fazer outras vezes! Eu sempre fui sincero, dei a ela tudo o que nunca teve e muito mais! Como pôde fazer o que fez? Eu a odeio e vou continuar batendo pelo resto de nossas vidas.

Continuou dirigindo, prestando atenção no trânsito.

Quando chegou ao estacionamento da empresa, respirou fundo e pensou:

Preciso me acalmar, pois tenho uma reunião importante com vários vendedores que foram contratados recentemente. O Carlos me critica, dizendo que, como sou presidente da empresa, não deveria me preocupar com esses assuntos, mas gosto de ter essas reuniões com os novos funcionários para contar a história da empresa, como ela nasceu e no que se tornou. Quero que, assim como eu, eles tenham orgulho de trabalhar aqui. No final, gosto de contar a história da minha família, tenho orgulho dela.

Assim que entrou, um rapaz veio sorridente ao seu encontro:

— Ainda bem que chegou, Olavo! Todos os vendedores estão na sala à sua espera. Tem certeza de que quer mesmo fazer essa reunião?

— Sabe que sim, Carlos. Essa é a primeira e talvez a última vez em que vou me encontrar com eles. Quero contar a história da empresa.

— Não acha que essa história pode deixá-los entediados?

— Não sei se isso vai acontecer, mas acho importante que saibam que qualquer pessoa, independente de classe, pode se transformar em um empresário de sucesso. Quero demonstrar que tudo depende, claro, de um pouco de sorte, mas, sobretudo, da vontade de trabalhar.

— Está bem, já que insiste, vamos para lá.

Entraram em uma sala tipo um auditório. Na frente, havia uma grande mesa e em frente a ela várias poltronas confortáveis, onde estavam mais ou menos vinte pessoas, entre homens e mulheres. Após ser apresentado por Carlos, Olavo sorriu e sentou-se, ficando de frente para as pessoas que o olhavam, curiosos.

Olavo olhou para todos e, calmamente, começou a falar:

— Todos vocês foram contratados para trabalharem como vendedores na nossa empresa. Como já sabem, sou o presidente desta empresa, que é familiar. Vou contar uma história que foi contada ao meu pai que contou a seus filhos, inclusive a mim, com o compromisso de que fosse contada para nossos filhos. Pretendo contar a minha filha para que ela conte aos seus filhos. Para vocês, que querem trabalhar aqui, é importante que a conheçam. Meu avô, Giuseppe, nasceu em um pequeno vilarejo, nos arredores de Milão, na Itália. Seu pai era um sapateiro e ensinou a profissão aos filhos, que eram três homens e duas mulheres. No final do século dezenove, como aconteceu com muitos europeus que viviam no meio de conflitos e pobreza, resolveu vir ao Brasil, pois a escravidão estava terminando e o país precisava de trabalhadores para trabalhar nas fazendas de café. Como tantos outros, a família se preparou e tomou um navio que traria a todos para a terra de dinheiro farto. Meu avô tinha vinte anos. Durante a viagem, conheceu uma moça, Beatrice, com dezesseis anos, que também viajava com a família. Assim que se encontraram, sentiram que algo diferente aconteceu. Fugindo à vigilância dos pais, conversaram muitas vezes e ele se declarou. Juraram amor eterno e que se casariam assim que fosse possível. Quando chegaram, foram enviados para a mesma fazenda. Meu avô começou a trabalhar como agricultor. O trabalho era quase escravo, mas nada podia ser feito. Em pouco tempo, o sonho de riqueza fácil terminou.

Olavo parou de falar e, enquanto tomava um pouco de água, pensava:

Carlos disse que eles poderiam ficar entediados, mas parece que estão gostando, ao menos estão prestando atenção.

Terminou de beber a água e continuou:

— Dois anos após, ele e Beatrice se casaram. Algum tempo depois do casamento, resolveram ir morar na Capital. Seus pais ficaram preocupados. Sua mãe disse:

— *O que vai fazer na Capital, meu filho? Não conhece ninguém, vai trabalhar com o quê?*

— *Não se preocupe, mãe, aqui não temos futuro. O que ganhamos, depois de trabalhar tanto, fica quase tudo com o dono da fazenda. Quero tentar outra vida que seja diferente desta. Quando eu conseguir bastante dinheiro, mando buscar todos.*

— *E se não der certo, meu filho?*

— *Se não der certo, vamos voltar para cá.*

Olavo respirou fundo e continuou:

— Depois de conversarem muito, ambas as famílias concordaram. Meu avô conseguiu guardar um pouco de dinheiro e as famílias deram outro tanto. Não era muito, mas o suficiente para que pudessem pagar um lugar para morar e viver até que ele encontrasse trabalho. Despediram-se de todos e, carregando duas malas com roupas e uma sacola com comida para a viagem, felizes e confiantes, partiram em um trem que os levaria até a cidade grande. Quando chegaram à estação do Brás, em São Paulo, ficaram tontos e assustados com tantas pessoas que andavam de um lado para outro. Meu avô, carregando as malas, e minha avó, com uma mão carregava a sacola com os restos de comida da viagem e, com a outra, segurava no braço de meu avô. Começaram a caminhar em direção à saída da estação. Quando chegaram à rua, ficaram olhando de um lado para outro, sem saberem para onde ir. Um carregador de malas, ao perceber que estavam perdidos, se aproximou:

— *Quer que eu carregue as malas, senhor?*

— Meus avós olharam para ele, que começou a rir. Meu avô, intrigado, perguntou:

— *Do que está rindo, senhor?*

— *Desculpe. É que todos os imigrantes que chegam aqui à estação, quando me ouvem falar pela primeira vez, ficam com a cara que vocês estão.*

— Meu avô também riu:

— *Realmente, o senhor fala de uma maneira estranha, como eu nunca tinha ouvido antes. Embora eu tenha entendido o que disse, fala diferente dos negros que conhecemos na fazenda de onde viemos. Também não é tão negro como os escravos que conhecemos.*

— *Embora seja negro, meu pai é branco, por isso sou um pouco mais claro. Sou mulato. Nunca fui escravo. Quando nasci, já existia a Lei do Ventre Livre.*

— *Lei do Ventre Livre? Que Lei é essa?*

— *Quando essa lei surgiu, todos os negros nascidos dali para frente seriam livres. Portanto, nasci livre. Minha mãe era escrava na casa de um barão do café. Vivi naquela casa com ela até que, quando eu ia fazer oito anos, ela morreu. Por ter vivido sempre na cidade, não conheço uma fazenda. Minha mãe sempre disse que, já que eu não era escravo, não devia viver nem falar como tal. Disse que eu precisava falar direito. Meu pai, o barão, conversava muito comigo. E me ensinava a falar. Por isso não falo como os escravos.*

— Meu avô olhou para minha avó e estranhou aquele homem que mal conheciam contar tantas coisas de sua vida. O mulato, parecendo saber o que eles pensavam, disse:

— Desculpem-me por falar demais. Sou assim mesmo, gosto de ter muitas amizades, de conversar com todos que conheço.

— Meus avós sorriram. Ele estendeu a mão e continuou:

— Meu nome é Domingos. Meu pai me deu esse nome, por ser o nome do pai dele. Eram portugueses.

— Meu avô apertou a mão dele e, sorrindo, respondeu:

— Meu nome é Giuseppe e esta é minha mulher, Beatrice.

— Após apertarem as mãos, Domingos perguntou:

— Quer que eu leve vocês para algum lugar? Conheço tudo por aqui. Trouxe um papel com o endereço?

— Meu avô olhou para minha avó e respondeu:

— Não temos endereço algum.

— Domingos arregalou os olhos:

— O que está dizendo? Vieram sem um endereço ou a casa de um amigo para ficar?

— Sim. Pensamos em procurar um lugar, assim que chegássemos aqui. Sabe de algum lugar para alugar, onde poderemos ficar?

— Domingos pensou por algum tempo, depois respondeu:

— Eu moro em um cortiço que fica aqui perto. Se quiserem, posso levar vocês até lá. Sempre tem um quarto vago.

— Cortiço, o que é isso?

— Os imigrantes, vindos da Europa, começaram a chegar aos montes. A maioria, quando chegou, foi trabalhar nas fazendas, outros resolveram ficar por aqui e outros, assim como vocês, ficaram por algum tempo nas fazendas e resolveram vir tentar a vida aqui. Os moradores locais que possuíam terrenos grandes começaram a construir quartos e cozinhas para alugar e oferecer aos que chegavam. Um vizinho contou ao outro e, hoje, existem muitos cortiços espalhados pelos arredores da estação.

— É um bom lugar para se morar?

— Bem, Giuseppe, é um lugar pobre, sem conforto.

— As pessoas que moram lá, como são?

— Pessoas pobres, imigrantes e negros que, após o fim da escravidão, começaram a trabalhar como domésticos em sua antiga casa ou em outras. Existem *alguns que, posso dizer, não gostam do trabalho nem das leis, mas a maioria é gente honesta e trabalhadora. Quer conhecer?*

— Meu avô olhou para minha avó que apertou seu braço e falou em italiano:

— *Giuseppe, nós não conhecemos esse homem, mesmo assim que ir com ele? Se for um bandido, vai roubar as nossas coisas.*

— Ele, também em italiano, respondeu:

— *Não temos o que fazer. Não temos para onde ir e não conhecemos ninguém...*

— Domingos olhou para os dois e, rindo, disse:

— *Trabalho há muito tempo aqui. Converso com muitas pessoas de todos os lugares, por isso entendo um pouco de italiano. Não precisa se preocupar, senhora. Embora seja mulato, todos me consideram um negro. Sofro toda espécie de preconceito. Conheço as dificuldades que estão enfrentando. Não sou bandido, só quero ajudar.*

— Meus avós se olharam. Minha avó sorriu, meu avô disse:

— *Obrigado, Domingos, vamos com o senhor.*

— *Pare com isso de senhor! Garanto que temos mais ou menos a mesma idade. Vamos até o cortiço onde moro, se não tiver um quarto ali vamos procurar em outro lugar. Posso garantir que, hoje, vão ter um lugar para ficar. Esperem um pouco que vou encontrar um amigo que deve estar me esperando. Este ponto é dele, mas divide comigo. Eu, por ser solteiro, trabalho durante a noite e ele, durante o dia. Começo a trabalhar às oito horas da noite e paro às oito horas da manhã.*

— Pegou o carrinho e saiu. Meu avô abraçou minha avó e disse:

— *Estamos começando uma nova vida. Vai dar tudo certo, Beatrice.*

— Ela encostou sua cabeça no ombro dele e, sorrindo, disse:

— *Sinto que vai mesmo, Giuseppe. Mas, no final, Deus é quem sabe. Não é?*

— Ele, rindo, a abraçou com mais força. Algum tempo depois, Domingos voltou e disse:

— *Agora, podemos ir. Gostei de vocês. Tomara que tenha um quarto no cortiço onde moro, mas, se não tiver, encontraremos outro! Garanto que, hoje mesmo, vão ter um lugar para ficar!*

— Meus avós se olharam, sorriram. Ele pegou uma das malas, Domingos a outra e minha avó a sua sacola com os restos de comida.

Olavo parou de falar. Olhou para a plateia e, sorrindo, disse:

— Já falei por muito tempo, acho que estão cansados.

Todos moveram a cabeça dizendo de não.

— Vocês podem não estar cansados, mas eu estou. Carlos mandou preparar um lanche. Vamos parar por meia hora. Depois, continuaremos.

Todos gostaram da ideia. Um a um foram se levantando e caminhando em direção a Carlos que, com um sorriso, indicava a direção que deveriam seguir.

Olavo foi para sua sala, entrou e sentou-se em sua cadeira. Ficou pensativo com o olhar perdido no horizonte.

O início na cidade

Meia hora depois, Carlos entrou na sala onde Olavo estava e, sorrindo, disse:
— Que boa ideia você teve, Olavo!
Olavo se voltou e perguntou:
— Que ideia, Carlos?
— A de contar a história da empresa, desde o início. Durante o lanche, conversei com alguns dos ouvintes e ouvi de outros que estão interessados em saber o resto da história. Pensei que ficariam entediados, mas, ao contrário, querem saber como um imigrante que chegou sem esperança alguma, a não ser a de trabalhar em uma fazenda como lavrador, conseguiu montar uma empresa tão grande e respeitada como a nossa.
Olavo levantou-se e, rindo, disse:
— Até parece que você não conhece a história, Carlos!
— Conheço! Claro que conheço, mas contada por você parece ser outra história! Você tem um dom, Olavo.
Olavo continuou rindo:
— Que dom é esse?
— O da comunicação! Você sabe como falar e o momento exato de respirar ou de se calar. Parou de contar

em um momento em que todos estavam interessados em saber do resto.

— Você sabe que a história é interessante e só parei porque estava na hora do lanche.

Olavo olhou para o relógio em seu pulso e falou:

— Falando em horário, está na hora de voltarmos. Se você estiver certo, todos devem estar sentados nos esperando.

Foram para a sala. Como Carlos havia dito, todos, ansiosos, os esperavam. Olavo sentou-se em sua cadeira no centro da mesa e Carlos, ao seu lado.

Após se sentar, Olavo perguntou:

— Como foi o lanche, estava bom?

Todos riram, demonstrando satisfação, e ele continuou:

— Isso é muito bom. Agora, vamos continuar com a história da empresa.

A plateia ficou calada e Olavo começou a falar:

— Meus avós seguiram Domingos. Não sabiam quem era aquele rapaz, mas, mesmo não sabendo o motivo, meu avô confiou nele. Caminharam por mais de meia hora e chegaram a um armazém. Meu avô percebeu que ali era vendido de tudo. Domingos, sorrindo, disse:

— *É aqui. O cortiço pertence a um português. Ele é um tanto avarento, mas uma boa pessoa. Vamos entrar?*

— Entraram. Por detrás de um balcão, estava um senhor gordo e com um enorme bigode. Assim que viu Domingos, disse:

— *Olá, Domingos! Não diga que veio me dizer que não vai pagar o aluguel!*

— Domingos olhou primeiro para meu avô, depois para o português e disse rindo:

— *Não é isso, senhor Pedro. Estamos no meio do mês e eu só pago no dia trinta.*

— Pedro também riu:

— *Tem razão, mas sabe como é, sempre que algum inquilino vem falar comigo antes do dia do pagamento, quer que eu espere mais um pouco e eu não posso esperar. As despesas com a minha propriedade são muito altas.*

— Domingos olhou para meu avô, piscou um olho e, ainda rindo, falou:

— *Sei disso, senhor Pedro. Suas despesas são muito altas.*

— Pedro estava curioso:

— *Pois bem, a que devo a sua visita?*

— *Este é meu amigo, Giuseppe. Chegou hoje do interior e precisa de um lugar para morar. O senhor tem algum quarto vago?*

— Pedro continuou rindo:

— *Veja como são as coisas. Olhe esta placa, agora mesmo eu ia colocar aí na frente.*

— Mostrou uma placa, onde estava escrito: "Aluga-se um quarto e cozinha."

— Após mostrar a placa, continuou falando:

— *Domingos, você conhece a Leda, não conhece?*

— *Claro que conheço, ela é a minha vizinha de porta!*

— *Ontem à tarde, ela se mudou. Sabe que ela trabalha na noite. Disse que arranjou um coronel que quer que ela more em um lugar melhor e se mudou. Portanto, tenho um quarto vago. Embora esteja um pouco triste.*

— *Triste por quê?*

— *Ela é muito bonita e eu gostava de ver quando ela passava por aqui com aquele corpo maravilhoso e aquele rebolado.*

— Olhou para minha avó e continuou:

— *Ela é tão bonita quanto a senhora.*

— Meu avô, ao ouvir aquilo, colocou o braço sobre o ombro de minha avó e, ríspido, disse:

— *O senhor tenha respeito! Esta senhora se chama Beatrice e é minha esposa!*

— Domingos, percebendo que meu avô estava nervoso, interferiu:

— *Acalme-se, Giuseppe. Com o tempo, vai se acostumar. O senhor Pedro gosta de brincar.*

— Meu avô respirou fundo e, tentando disfarçar seu nervosismo, disse:

— Está bem, desde que suas brincadeiras não sejam em relação à minha esposa.
— Pedro, constrangido, olhando para Domingos, perguntou:
— Domingos, já falou para ele o valor do aluguel e a forma de pagamento?
— Não. Não sei se vai cobrar o mesmo que cobra pelo meu.
— São setenta mil réis e mais vinte tostões pela água. Se quiser luz elétrica, precisa pagar mais cinquenta tostões.
— Meu avô se assustou:
— Tudo isso? Não é muito caro?
— Não, senhor, não é! Um quarto como esse deve custar mais de oitenta mil réis e não fica perto da estação como aqui.
— Está bem. Vou olhar e, se gostar, vou alugar o quarto e a cozinha.
— O senhor tem três meses para pagar adiantado?
— Ríspido, meu avô respondeu:
— Sim e vou pagar em dia todos os meses.
— Assim sendo, está bem. Domingos, leve o senhor, mostre o quarto, os tanques e os banheiros. Se ele gostar, faremos um papel com todas as normas.
— Domingos segurou o braço de meu avô que, ainda com os braços em volta do ombro de minha avó, o acompanhou. Enquanto caminhavam, meu avô, ainda muito nervoso, disse:
— Esse homem é um atrevido!
— Tem razão. Acontece que todos os seus inquilinos são pessoas pobres que não têm dinheiro para pagar um aluguel mais caro em outro lugar. Por ele ser muito rico, algumas mulheres se oferecem para receber seus favores.
— Algumas podem fazer isso, mas Beatrice não!
— Entraram por um pequeno portão que ficava ao lado do armazém. Chegaram a um corredor. Meu avô calculou que o corredor devia ter mais ou menos quatro metros de largura. Domingos, apontando com a mão, disse:
— Do lado esquerdo ficam os quartos e do direito, em frente, as cozinhas.
— Caminharam e pararam em frente a uma porta que estava aberta. Domingos disse:
— Este era o quarto de Leda. Fica ao lado do meu.

— Entraram e viram um quarto não muito grande. Perceberam que ali não caberia muita coisa, talvez uma cama, um pequeno guarda-roupa e uma cômoda. Domingos, que entrou por último, disse:

— *Como podem ver, não é muito grande, mas o suficiente para que possam ficar por um tempo até conseguirem se mudar para um lugar melhor.*

— Meu avô olhou para minha avó e perguntou:

— *O que acha, Beatrice?*

— *Está bom, Giuseppe. Não é maior daquele que tínhamos na fazenda e, como o moço falou, vai ser por pouco tempo. Sei que vai conseguir um bom trabalho e logo poderemos nos mudar.*

— *Está bem, só tem um problema, como vamos dormir? Não tem cama!*

— *Vai precisar comprar. O senhor Pedro tem uma loja de móveis. Ele vende à prestação. Vamos falar com ele e ver se tem uma cama e colchão para que possa ser entregue ainda hoje.*

— Não tendo alternativa, meu avô aceitou a oferta. Saíram do quarto e foram para a cozinha que ficava em frente. A porta também estava aberta. Entraram. Igual ao quarto, também não era grande. Em um dos cantos, havia um fogão a lenha, onde algumas brasas ainda ardiam. Aquele fogão não causou surpresa, pois era igual ao que tinham na fazenda. Construído com tijolos, havia sobre ele uma chapa de ferro onde eram colocadas as panelas. Embaixo, havia um buraco onde se colocava a lenha para queimar. Minha avó olhou para o fogão, atentamente. Ao ver o interesse dela pelo fogão, Domingos disse:

— *Vejo que a senhora está olhando para o fogão. Como deve saber, as brasas nunca podem se apagar totalmente, pois é difícil acender novamente. Se precisar acender, acho que deve saber que, embora tenha uma chaminé, ela não funciona muito bem. Sempre que a senhora precisar acender ou estiver cozinhando, é preciso deixar a porta aberta e ficar do lado de fora, pois a fumaça é intensa.*

— Meus avós sorriram e continuaram olhando. Viram que havia uma pia, também construída com tijolos, assim como a cuba, e sobre ela uma camada de cimento queimado. Meu avô abriu a torneira e, dela, saiu um fio de água.

— *Essa pia está imunda, Beatrice!*
— *Sabe que não é fácil limpar esse cimento, Giuseppe.*
— *É verdade, mas sei que você vai conseguir melhorar.*
— Continuaram olhando e viram que somente caberia uma mesa e um armário para guardar a louça. Nada além disso. Saíram dali e acompanharam Domingos até os fundos do quintal. Assim que chegaram, ele falou:
— *Olhem o terreno imenso que ainda está vazio. Com certeza, o senhor Pedro vai construir mais quartos. Ele disse que logo vai ter vinte quartos alugados. Descobriu uma mina de ouro.*
— Ao lado do último quarto, havia dois banheiros para as cinco famílias que moravam ali. Domingos parou de andar e falou:
— *Só há estes dois banheiros. Como podem ver, é difícil encontrar vaga na hora da necessidade, por isso todos têm nos quartos um urinol e uma bacia grande para tomarem banho. Há dois tanques que também são usados por todos. Cada um tem um horário certo para poder lavar suas roupas.*
— Após ver tudo, meu avô disse:
— *Não é o que pensei, mas é o que posso pagar e preciso de um lugar para morar. Vamos falar com o português, alugar, comprar uma cama e um colchão. As outras coisas que precisamos vamos comprar mais tarde.*
— *Precisam comprar alimentos. O senhor Pedro também vende, assim como a lenha para o fogão.*
— Meu avô, rindo, disse:
— *Ele ganha de todas as maneiras.*
— *É verdade, mesmo assim diz que tem prejuízo com o cortiço.*
— Riram e foram conversar com o português.
Olavo parou de falar, olhou para Carlos e pediu um copo com água. Depois de beber a água, continuou falando:
— Assim que chegaram ao armazém, combinaram tudo. Meu avô disse que queria alugar o quarto. O português entregou um papel ao meu avô, perguntando:
— *O senhor tem filhos?*
— *Não, por quê?*

— *Porque, se tivesse, eu não poderia alugar o quarto.*
— *Não poderia, por quê?*
— *Já tive muitos problemas com crianças. Os inquilinos reclamaram porque elas gritavam, corriam e jogavam bola no corredor. Para evitar problemas, resolvi não alugar para famílias com crianças.*

— Meu avô não entendeu, mas, mesmo assim, assinou um papel alugando o quarto, comprou uma cama, colchão, dois travesseiros, um lençol, duas fronhas, um cobertor e uma toalha de banho que seria dividida pelos dois. Compraram também duas panelas grandes, um escorredor de macarrão, um bule, uma chaleira, uma leiteira e um coador de café feito de pano e o pedestal de alumínio para que o café pudesse ser coado. Pedro prometeu que entregaria tudo naquela tarde. Meu avô comprou, também, lenha, alguns alimentos e, lembrado por Domingos, uma bacia para o banho e um urinol. Pedro marcou em uma caderneta e, depois de tudo certo, falou:

— *O senhor é o primeiro italiano que vai morar em uma das minhas propriedades, espero que se dê bem com seus vizinhos.*

— Meu avô ficou calado. Apenas olhou, tentou sorrir e pensou:
— *Definitivamente, não gosto desse homem.*

— Depois que saíram dali, voltaram para o quarto. Enquanto caminhavam até ele, meu avô, preocupado, disse:
— *Estou com um problema, Domingos.*
— *Que problema?*
— *Não vim com muito dinheiro e gastei quase tudo com o aluguel e a compra das coisas. Preciso encontrar um trabalho. Não teria uma vaga na estação?*
— *Não, na estação não tem. Como eu disse, divido o turno com meu amigo e as outras pessoas que trabalham lá fazem a mesma coisa, dividem o turno. O que sabe fazer, além de plantar?*
— *Na Itália eu era sapateiro, assim como meu pai e meu avô.*
— *Você é sapateiro?*
— *Sim, por que o espanto?*
— *No momento, não tem profissão melhor!*

— *Por quê?*

— *Depois da libertação dos escravos, muitos vieram para a cidade e trabalham como domésticos nas casas de pessoas ricas. Os imigrantes começaram a chegar e a trabalhar como pedreiros, pintores e tudo o que diz respeito à construção. O salário dessa gente é muito pequeno.*

— Domingos parou de falar e, rindo, continuou:

— *Assim como eu, essas pessoas não têm muito dinheiro, mal ganham para comprar comida e pagar o aluguel, muito menos comprar roupas e calçados, que estão pela hora da morte. Garanto que vão ficar felizes quando eu disser que conheço alguém que pode consertar seus sapatos para que possam usar por mais algum tempo. O que acha? Olha que conheço muita gente!*

— Meu avô ficou empolgado:

— *Isso seria muito bom, Domingos! Eu trouxe da Itália algumas ferramentas. Não são muitas, mas vai dar para eu começar!*

— *Está bem. Agora, preciso dormir. Como sabe, trabalhei a noite toda, mas, quando for trabalhar à noite, vou falar com algumas pessoas. Garanto que você vai ter muito trabalho!*

Só tem um problema, Domingos.

— *Qual?*

— *Onde vou trabalhar e onde vou comprar o material de que vou precisar?*

— Domingos pensou um pouco. Depois, disse:

— *Pode começar no quintal, em frente à sua cozinha. Claro que só quando sua mulher não estiver cozinhando, pois aí não vai ter fumaça. Depois, quando conseguir uma boa freguesia, pode alugar um comércio pequeno. Há muitos lá pelos lados da estação. Quanto ao material, não sei onde pode comprar, mas vou me informar.*

— Meu avô, comovido, disse:

— *Sabe de uma coisa, Domingos, você é um anjo da guarda que Deus colocou na nossa vida.*

— Minha avó, que ouviu, sorriu e acenou com a cabeça, concordando com o marido. Chegaram junto à cozinha de Domingos, que falou:

— *Vamos entrar? Deve ter leite e café, pão e mortadela. Depois de comer, preciso dormir.*

— Meus avós, só naquele momento, lembraram-se de que estavam sem comer há muitas horas. Meu avô tentou não aceitar:

— *Não, Domingos, você já nos ajudou tanto, não é justo comermos da sua comida.*

— Domingos, que tinha sempre um sorriso, disse:

— *Deixe para lá, amigo. Estou ajudando você, porque, quando precisei, encontrei um anjo, que, como disse, também me ajudou muito. Outra hora, eu conto minha história para vocês. Garanto que, assim como estou fazendo, hoje, vocês vão ter a oportunidade de ajudar muita gente que está chegando por aí. Vamos comer?*

— *Está bem. A que horas você costuma acordar, Domingos?*

— *Lá pelas quatro horas da tarde.*

— *Quando acordar, Beatrice já deve ter cozinhado alguma coisa. Você é nosso convidado para o jantar. Aceita?*

— Outra vez o rosto de Domingos se iluminou.

— *Claro que sim. Faz muito tempo que não como uma comida feita em casa e por uma mulher!*

— Meus avós também riram. Entraram na cozinha e, realmente, em um canto da chapa do fogão, que só tinha pequenas brasas, havia uma leiteira, uma chaleira com água quente e um pão italiano que estava quente. Domingos colocou a água no lugar em que a chapa estava mais quente. Tirou um pedaço de mortadela do armário, que estava enrolada em um pano branco. De dentro de um pote, pegou um pouco de pó de café, colocou no coador de pano e sobre o pedestal de alumínio e disse:

— *Agora, é só esperar a água ferver e o café passar pelo coador.*

— Depois de coar o café, tomaram-no e comeram pão. Quando terminaram, meus avós foram para o quarto que haviam alugado e Domingos para o seu. Meu avô abraçou minha avó e disse:

— *Hoje vamos dormir aqui, mesmo com esse cheiro de mofo, mas amanhã bem cedo vou comprar cal, uma brocha e vou pintar o quarto para ver se esse cheiro some.*

— *Depois que fizer isso, vou lavar com sabão. Este quarto está muito sujo, Giuseppe!*

— *Parece que tudo vai dar certo, Beatrice.*

— *Vai sim, Giuseppe. Isso vai acontecer porque nós estamos com vontade e nossos anjos da guarda devem estar aqui.*

— Meu avô beijou a esposa, sorriu e foram para a cozinha e, após minha avó terminar de fazer um macarrão com molho vermelho, comeram.

Resolveram sair para conhecer a rua e os arredores de onde iam morar. Andaram, viram tudo e aproveitaram para comprar cal, uma lata de óleo grande e uma brocha. Quando voltaram, Domingos já havia acordado. A comida estava pronta sobre a chapa do fogão. Mesmo tendo comido antes, meus avós estavam prontos para comer novamente. Comeram e Domingos foi para o trabalho. Como o prometido, dois negros chegaram até o quarto e entregaram o que meu avô havia comprado. Como já estava escurecendo, meu avô montou a cama e colocou o colchão. Minha avó arrumou a cama. Deitaram-se e, abraçados, adormeceram.

Olavo olhou para a plateia, respirou fundo e, sorrindo, disse:

— Falando em comer, está na hora do almoço. Falei tanto que nem percebi a hora passar. Espero que estejam gostando.

A plateia se levantou e o aplaudiu. Ele agradeceu e, acompanhado por Carlos, saiu da sala.

A primeira intervenção

Assim que entraram na sala de Olavo, rindo, Carlos disse:

— Até aqui você está indo muito bem, Olavo. Está contando a história como nos contaram, mas, daqui para frente, vai contar o outro lado, isto é, os problemas da família?

Olavo olhou para Carlos e, rindo, respondeu:

— Claro que não, Carlos! Só vou contar a respeito da empresa. Sei que, quando minha vó morreu, minha mãe encontrou um caderno. Não sei o que tinha escrito nele, só sei que minha mãe ficou arrasada com o que leu. Ela e meu pai comentaram por vários dias.

— Seja o que for que esteja escrito nele, aconteceu há tanto tempo que não faz parte da nossa vida.

— Tem razão, Carlos. Nada temos a ver com o que aconteceu no passado. Precisamos viver as nossas vidas, aqui e agora.

— Embora nada tenha a ver com a nossa vida, confesso que estou curioso. O que será que aconteceu para que minha mãe ficasse daquela maneira?

O telefone tocou. Olavo atendeu:

— Alô!

— Sou eu, meu amor. Podemos conversar?

Olavo olhou para Carlos que, curioso, desejava saber quem era. Com a mão, Olavo fez um sinal para que Carlos saísse e respondeu à pergunta:

— Olá, Hortência! Podemos conversar, sim.

Carlos, assim que ouviu o nome dela, rindo, saiu da sala.

Olavo também riu e continuou falando:

— Por que está telefonando, Hortência?

— Como assim? Estou muito empolgada com a nossa viagem. Vai ser um fim de semana maravilhoso! Como você pediu, o hotel está reservado e o avião saíra às oito da noite. Quero saber se você vai passar aqui em casa ou prefere me encontrar no aeroporto.

Olavo ficou em silêncio. Hortência estranhou:

— O que está acontecendo, por que se calou?

— Não vamos viajar, Hortência.

— O quê? Por quê?

— Estou dando uma palestra para os novos vendedores. Não sei a que horas vai terminar.

— Você deve estar brincando, Olavo!

— Não, Hortência, não estou brincando.

— Não pode fazer isso! Esperei tanto por este fim de semana...

— Sei disso, mas, infelizmente, vamos ter de deixar para outra vez.

— O que vou fazer com o hotel e com as passagens de avião?

— Tente cancelar. Se não conseguir, diga quanto é que eu pago.

— Não pode estar fazendo isso comigo, Olavo...

— Sinto muito! Agora, preciso ir almoçar para poder voltar a minha palestra. É importante motivar os vendedores, sem eles não haveria empresa. Mais tarde eu vou telefonar para você.

Sem dar chance a ela para que dissesse alguma coisa, desligou o telefone, ficou olhando para ele e pensando:

Por que não quis ir viajar? Claro que não vou segurar os vendedores por muito tempo. Teria tempo suficiente para ir até o aeroporto. Estive contando a história da empresa, que é vitoriosa, para os vendedores, mas, como Carlos disse, não posso me esquecer do que aconteceu no plano familiar. Será que estou cometendo os mesmos erros que meu avô cometeu?

Nesse momento, Carlos voltou para a sala e perguntou:

— Já terminou de falar com Hortência?

Sem empolgação, Olavo respondeu:

— Terminei. Ela ficou nervosa.

— Nervosa, por quê? Vocês não vão viajar hoje? Não vão passar o fim de semana, juntos?

— Não, eu disse que não ia e esse é o motivo do nervosismo dela.

— Não vão viajar, por quê? Você estava tão empolgado!

— Não sei. Perdi a vontade...

— Deve ter algum motivo. Ninguém muda de pensamento sem motivo.

— Estive em casa, briguei com Helena e bati nela.

Carlos perguntou, quase gritando:

— Outra vez, Olavo? Isso não pode continuar! Você precisa parar!

— Sei disso, e sempre que bato nela juro que vai ser a última vez, mas não consigo me controlar. Porém, desta vez, eu tive motivo.

— Não existe motivo algum para que um homem bata em uma mulher, ainda mais em uma mulher como Helena! Ela é amável e sei que gosta muito de você. Ela não merece isso, Olavo! Qual foi o motivo, desta vez?

— Fui para casa para pegar a minha mala. Assim que cheguei, vi sobre a cama um vestido. Perguntei para Helena que vestido era aquele e ela me disse que ganhou da nossa amiga, Débora, que estava em Roma. Fiquei nervoso e bati nela, acho que com muita violência.

— Ficou nervoso, por quê?

— Você sabe que Débora é irmã do Rafa, aquele que foi noivo de Helena.

— Isso é motivo, Olavo? Débora é uma amiga que estava longe! Não é o irmão!

— Sei disso, mas tenho certeza de que ela fez essa visita somente para dar algum recado do irmão!

— Como pode ter certeza disso, Olavo? Já está casado há tanto tempo e ainda está inseguro em relação ao amor de Helena! Precisa parar! Ela não reagiu?

— Não! Não reagiu e isso é que me deixa mais nervoso! Ela só chora, e quanto mais chora mais sinto vontade de bater!

— O melhor seria que você saísse de casa.

— Não vou sair de casa! Aquela casa é minha!

— E se ela sair?

— Ela não vai fazer isso. Tem Narinha. Ela sabe que nunca vou deixar que ela leve a menina e ela nunca vai abandonar a filha!

— Em uma disputa judicial, a mãe sempre fica com os filhos.

— Isso não vai acontecer! Ela não tem coragem nem o direito de ficar com a filha!

— Você não pode decidir isso! Sempre quem fala mais alto é a lei e ela está ao lado de Helena, ainda mais se ela disser que você é violento e que a espanca.

Olavo ficou nervoso. Levantou-se, com a mão bateu com força na mesa e gritou:

— Eu já disse a ela que, se me deixar e tentar levar a menina, eu a mato, mato Narinha e depois me mato! Ela nunca vai sair do meu lado! Nunca!

— Pare com isso, Olavo! Sabe que, embora sejamos primos, gosto de você como se fosse meu irmão, mas não aceito a sua atitude! Até hoje não sei qual é o motivo de ter mudado tanto! Vocês foram felizes por tanto tempo. Helena sempre foi uma boa esposa! O que aconteceu?

— Isso não importa! Ela sabe que tem culpa, por isso não reage! Tem vezes que eu a odeio!

— O que pretende fazer? Vai continuar batendo nela?

— Juro que não quero, mas a vontade que sinto de bater é maior do que tudo!

— Espero que mude. Qualquer que seja o motivo, precisa parar. Agora, está na hora do almoço, você precisa voltar para a palestra.

Garanto que nenhum dos vendedores que está ouvindo você falar com essa voz de locutor de rádio imagina o que você é em casa.

— Nem eles nem ninguém. Vamos almoçar.

Saíram e foram ao restaurante que ficava a uma quadra dali.

Depois do almoço, voltaram para a sala, onde os vendedores já os esperavam.

Olavo, completamente refeito, sorriu, sentou-se e perguntou:

— Estão prontos para ouvir o resto da história?

Todos acenaram com a cabeça, dizendo que sim.

Olavo recomeçou a contar a história:

— No dia seguinte, meus avós acordaram cedo e foram para a cozinha. Ele colocou lenha sobre algumas brasas que ainda ardiam. A fumaça invadiu o ambiente e eles foram obrigados a sair e esperar até que as brasas se formassem e a fumaça terminasse. Foram para os fundos do quintal e chegaram aos tanques. Àquela hora, todas as portas estavam fechadas. Minha avó perguntou:

— *Será que todos estão ainda dormindo, Giuseppe?*

— *Não sei, talvez sim, ou já foram para o trabalho.*

— Lavaram o rosto e a boca. Estavam ali, quando uma senhora negra se aproximou, trazendo nas mãos uma toalha pequena. Aproximou-se:

— *Bom dia. Vocês são novos por aqui?*

— Meu avô respondeu:

— *Somos. Nós nos mudamos ontem.*

— Ao ouvir meu avô falar, ela se admirou:

— *O senhor fala diferente. De onde é?*

— Meu avô olhou para minha avó e, sorrindo, respondeu:

— *Somos italianos, viemos da Itália.*

— *Itália? Onde fica isso?*

— *Na Europa.*

— *Na Europa... sei...*

— Meus avós perceberam que ela não tinha a mínima ideia do que era Europa e onde ficava:

— *Meu nome é Giuseppe e esta é minha mulher, Beatrice.*
— *Muito prazer, madama. Meu nome é Justina. Moro naquele quarto com meu velho. Eu trabalho na casa de uma família muito rica e ele arruma os trilhos dos trens. Acordou bem cedo e só vai voltar de noitinha.*
— Minha avó sorriu e disse:
— *A senhora também fala diferente, mas nós a entendemos, pois, na fazenda onde a gente morava, havia muitas pessoas que falavam assim igual à senhora:*
— *Fui escrava toda minha vida e só fui libertada com a abolição. Nunca aprendi a ler nem fui à escola, moça, mas sei muito da vida.*
— *Saber da vida é a melhor coisa que uma pessoa pode ter.*
— *É verdade. Agora, preciso ir embora. Tá na hora de eu ir para o trabalho. Bom dia!*
— Dizendo isso, afastou-se. Meus avós ficaram olhando para ela e riram. De repente, minha avó disse:
— *Guiseppe, você viu como ela anda com dificuldade, por que será?*
— *Não sei, Beatrice, deve ser por causa dos sapatos que está usando. São muito grandes para os pés dela.*
Beatrice, rindo, disse:
— *Só mesmo você para olhar para os sapatos e perceber o defeito.*
— *Sou sapateiro, mulher!*
— Riram e, após meu avô encher a lata com água, voltaram para o quarto. Minha avó foi para a cozinha e, como a fumaça ainda estava muito densa, saiu. Meu avô estava colocando água na cal que estava em uma lata e mexia com o cabo de uma vassoura que encontrou por ali. Entraram no quarto, tiraram e dobraram o lençol e o cobertor. Meu avô desmontou a cama e levou-o para fora, juntamente com o colchão, e começou a pintar com a cal. Estava fazendo isso, quando Domingos chegou. Trazia, em suas mãos, um saco de estopa bem cheio. Aproximou-se e, virando o saco, esparramou pelo chão cinco pares de sapatos masculinos. Rindo, disse:
— *Foi só eu dizer que conhecia um sapateiro, todos os meus amigos que trabalham à noite e que moram perto da estação foram buscar seus sapatos que precisavam de conserto. Olha, meu amigo, você vai ter muito trabalho!*

— Meu avô foi pegando os sapatos, um por um e olhando qual era o conserto que precisava ser feito. Depois de olhar todos, disse:

— *Todos eles têm conserto. Só não sei como vou fazer isso, pois não tenho o material necessário.*

— *Não se preocupe com isso! Um amigo meu que trabalha na estação disse que tem uma loja que recebe material de couro que vem do Rio Grande do Sul. Disse que eles têm tudo lá. Agora mesmo, antes de eu dormir, vamos até lá ver se tem o que você precisa. Vejo que está terminando de pintar o quarto. Enquanto faz isso, vou tomar café e comer pão. Trabalhei a noite toda e estou morrendo de fome.*

— *Está bem, faça isso. Beatrice tem leite, café e pão.*

— *Obrigado, Giuseppe. Eu ainda ia ter de coar o café. Estando pronto é bem melhor. Só vou buscar a minha mortadela.*

— Assim dizendo, entrou em sua cozinha e minha avó foi para a sua ver se o leite estava quente. Meu avô continuou pintando o quarto. Assim que ele terminou de pintar o quarto e Domingos acabou de comer, os dois saíram. Minha avó permaneceu em casa. Chegaram à loja de couros. Meu avô disse ao vendedor tudo o que precisava. O vendedor foi pegando e colocando sobre o balcão. Quando o material estava todo sobre o balcão, meu avô perguntou pelo preço. O vendedor foi anotando em um papel o preço de cada coisa e apresentou ao meu avô, que olhou e falou:

— *Não posso levar, Domingos.*

— *Não pode por que, Giuseppe?*

— *Gastei quase todo o dinheiro que eu tinha para alugar o quarto. O que tenho, agora, é muito pouco e preciso guardar para uma emergência.*

— Domingos pensou um pouco e disse:

— *Pode levar, Giuseppe, tenho algum dinheiro guardado e vou emprestar a você.*

— Meu avô, incrédulo, perguntou:

— *Emprestar? Você mal me conhece.*

— *Você também não me conhece nem aos portugueses. Fique sabendo que quase todo português tem um tino para o negócio. Estou vendo que você, com a sua profissão, vai ganhar muito dinheiro e, com certeza, vai devolver o que estou emprestando hoje. Sinto que você vai crescer muito e, quem sabe, no futuro, eu não possa ser o seu sócio. Não é?*

— Meu avô, rindo, respondeu:

— *Antes de me emprestar o dinheiro, precisa saber que a profissão de sapateiro não dá muito dinheiro, mas, se der, e eu ganhar muito, você vai ser meu sócio, sim!*

— Domingos assinou uma nota promissória que foi aceita sem restrição, quando ele disse que trabalhava como carregador na estação. Todos sabiam que os carregadores recebiam boas gorjetas. Depois que o vendedor embrulhou todo o material, Domingos disse:

— *Aí está, meu amigo! Agora é só trabalhar e ganhar muito dinheiro!*

— Feliz e esperançoso, meu avô pegou o material e voltou para o cortiço. Antes de entrar pelo corredor, passou no armazém e comprou um banquinho que ia precisar para trabalhar. Quando chegaram, já estava na hora do almoço. Como minha avó sabia que Domingos estava com sono e que levaria muito tempo para preparar o almoço, resolveu fazer uma quantidade que daria para os três. Enquanto a comida cozinhava no fogão, ela, com muita dificuldade, montou a cama, carregou o colchão que não era pesado, pois fora feito com palha de milho, e colocou-o sobre a cama. Depois, afofou a palha, colocou o lençol, as fronhas e o cobertor. Quando meu avô viu o que ela havia feito, não se admirou, pois sabia que ela não era mulher de esperar pelo marido. Desde pequena, fora criada trabalhando muito e, por isso, era forte. Ao ver que eles carregavam vários pacotes, ela perguntou:

— *Encontrou tudo de que vai precisar, Giuseppe?*

— *Encontrei, Beatrice. Naquela loja tinha tudo! Comprei até um suporte de ferro que eu não tinha para que possa pregar a meia sola. Só preciso preparar a cola, mas vou fazer depois. Ainda bem que você montou a cama, assim já posso começar a trabalhar.*

— Minha avó sorriu e abraçou o marido. Domingos, vendo a felicidade dos dois, sorrindo, disse:

— Agora vou preparar o meu almoço e vou dormir. Estou cansado e preciso ficar pronto para voltar ao trabalho.

— Eu sabia que vocês iam chegar tarde, por isso preparei a comida para nós três. Vamos almoçar juntos, Domingos.

— Ao ouvir aquilo, Domingos respirou fundo e disse:

— Obrigado, dona Beatrice. Giuseppe, sua mulher vale ouro!

— Meu avô rindo beijou a esposa na testa e disse:

— E eu não sei?

— Almoçaram, Domingos foi dormir. Meu avô sentou do lado de fora da cozinha e começou a trabalhar. Minha avó pegou um pedaço de sabão feito de cinzas, que havia comprado no armazém, algumas roupas que estavam sujas e foi lavar em um dos tanques nos fundos do quintal. Às seis horas da tarde, quando Domingos acordou, meu avô já havia consertado cinco pares de sapatos. Domingos se admirou:

— Fez tudo isso, Giuseppe?

— O conserto não foi difícil. O pior foi estender o couro no chão da cozinha e ter de me abaixar para poder cortar uma meia sola para um par de sapatos, uma sola para outro par e saltos para o outro. Passei cola e, enquanto a cola secava para que eu pudesse pregar, costurei, a mão, os outros dois pares. Depois voltei aos sapatos que estavam secando e estou terminando de pregar os últimos pregos. Esses pares de sapatos vão durar por muito tempo.

— Se continuar assim, vai ganhar muito dinheiro!

— Não sei se vou ganhar muito dinheiro, mas preciso ganhar algum para sobreviver.

— Vai conseguir isso e muito mais. Falando em dinheiro, já pensou no preço que vai cobrar?

— Já calculei. Vou cobrar apenas o material que usei e um pouco de mão de obra. Vou cobrar o mais barato possível. Quero fazer uma boa freguesia.

— Se fizer isso, vai ter uma freguesia maior do que está pensando.

— É isso que quero!

— Minha avó, depois de recolher as roupas que havia lavado e que já estavam secas, encontrou dona Justina que voltava do trabalho. Esta, sorrindo, disse:

— Boa tarde! Está tudo bom com a senhora?
— Está tudo bem. E a senhora, como está?
— Um pouco cansada. Mas depois que eu fizer a comida, vou descansar.
— Também vou fazer a minha comida.
— As duas continuaram andando, uma para cada lado. Minha avó se voltou e pensou:
Ela tem dificuldade para andar.
— Minha avó continuou andando e, depois de cumprimentar Domingos, entrou na cozinha e começou a cozinhar. Domingos pegou uma toalha e entrou na cozinha. Meu avô continuou consertando os sapatos. Depois que o macarrão estava pronto, meu avô convidou Domingos para jantar. Ele se recusou:
— Desculpe, mas não posso aceitar. Não é justo vocês comprarem comida e eu aproveitar. Já estou com minhas batatas cozidas. Vou colocar um pedaço de carne sobre a chapa do fogão. Falando nisso, no dia da minha folga, vocês vão comer uma comida portuguesa. Vou fazer um bacalhau de dar água na boca.
— Meus avós riram e agradeceram. Estavam conversando, quando passou por eles um senhor negro que olhou para eles e falou:
— Boa noite, seu Domingo.
— Boa noite, seu Benedito.
— O senhor continuou andando. Ele caminhava cambaleando. Estava descalço, carregando sobre os ombros dois sapatos amarrados pelo cardaço. Minha avó estranhou:
— Ele está bêbado, senhor Domingos?
— Esta sim, dona Beatrice. Ele bebe quase todos os dias.
— Por que ele está descalço e carregando os sapatos?
— Foi escravo, nunca usou calçado, por isso não se acostumou com sapatos, mas é obrigado a usar para poder trabalhar. O pior vai começar daqui a uns dez minutos.
— Pior? O que é?
— Espere, não vai demorar.
— Meus avós, intrigados, ficaram esperando. Não precisaram esperar muito. Após alguns minutos, ouviu-se uma discussão e, em seguida,

umas pancadas e dona Justina chorando e gritando. Minha avó, assustada, perguntou:

— O que está acontecendo, senhor Domingos? Ele está batendo nela?

— Está, dona Beatrice. Sempre que bebe, quando ele vem para casa, começam a brigar e ele sempre faz o que está fazendo agora. Bate nela com uma cinta. Amanhã, ela vai estar toda machucada.

— Precisamos ir até lá e impedir, Giuseppe!

— Minha avó disse isso, olhando para meu avô, que começou a caminhar em direção ao quarto de Justina, mas foi impedido por Domingos:

— Espere, Giuseppe! Não faça isso!

— Como não, Domingos? Ele vai matar a pobre mulher!

— Todos os que moram aqui já tentaram e foram rechaçados. Eles não admitem que ninguém se envolva nos problemas deles.

— Nem ela?

— Nem ela, dona Beatrice. Amanhã, se a encontrar, ela vai dizer que estavam brincando.

— Não pode ser. Homem algum tem o direito de bater em uma mulher dessa maneira...

Ao dizer essas últimas palavras, Olavo olhou para Carlos que também olhava para ele. Engoliu fundo, respirou e falou:

— Bem, pessoal. Já conversamos bastante. Prometo que está quase no fim, mas, agora, precisamos parar por uns quinze minutos. Vamos tomar café e ir ao banheiro. O que acham?

Alguns reclamaram, pois queriam ouvir o fim da história, mas Olavo saiu da sala e foi seguido por Carlos. Enquanto caminhavam para a sala de Olavo, Carlos perguntou:

— O que aconteceu lá dentro, Olavo? Por que falou sobre a negra que apanhava do marido? Isso não tem nada a ver com a história da empresa.

— Não sei, Carlos. Não sei por que contei essa parte. Quando me dei conta, estava falando tudo aquilo e não consegui parar. No momento em que repeti as palavras de minha avó, senti um aperto no coração, um calafrio e me lembrei de Helena, dos momentos em que bati nela. Não consegui ficar lá dentro, precisei sair para tomar um pouco de ar.

— Vai parar de bater em Helena?

— Não sei, Carlos. Não sei. Preciso pensar...

Entraram na sala. Olavo sentou-se em sua cadeira e Carlos na que estava em frente à mesa. Ficaram em silêncio. Logo depois, a secretária entrou, trazendo café que os dois, ainda em silêncio, começaram a tomar.

Procurando ajuda

Depois que Eunice saiu do quarto, Helena ficou, por algum tempo, pensando em tudo o que havia se passado em sua vida. Olhou para o relógio e pensou:

Eunice tem razão, preciso tomar uma atitude. Já sofri muito. Fui surrada, humilhada e, se cometi algum erro, já paguei. Para que eu possa tomar essa atitude, preciso de ajuda. Não posso fazer o que Eunice sugeriu, não posso ir para a casa de Débora, embora saiba que, se fizesse isso, seria bem recebida como sempre fui. Não, não posso ir para lá. A única pessoa que pode me ajudar é minha mãe, mas duvido muito que o faça. Mesmo assim, preciso tentar, pois se ela não me estender a mão, não sei o que fazer.

Levantou-se e abriu a porta do guarda-roupa. Escolheu uma saia preta e uma blusa, também preta, com estampas em rosa e azul. Jogou-as sobre a cama, saiu do quarto e foi até a cozinha, onde Eunice provavelmente estaria. Tinha razão. Ela estava junto da pia, lavando a louça. Aproximou-se e disse:

— Vou tentar fazer o que sugeriu, Eunice. Vou conversar com minha mãe e, se ela aceitar, vou pegar a minha boneca e deixar esta casa e Olavo.

— Será que ela vai ajudar a senhora, dona Helena?

— Penso que não, mas não custa tentar.

— E se ela não ajudar?

Helena, respirando fundo, respondeu:

— Não sei, Eunice. Não sei o que vou fazer.

— Não se preocupe com isso. No momento em que resolver se libertar nada vai impedir. Acho até que vai ter ajuda do céu.

— Ajuda do céu? O que está dizendo, Eunice?

— Sigo, há muito tempo, uma doutrina que nos ensina que somos espíritos livres e, por isso, não devemos nos deixar aprisionar por nada nem por ninguém. Graças ao que aprendi, tive coragem de tomar a atitude mais terrível da minha vida, mas, hoje, posso dizer que sou livre.

— Que doutrina é essa?

— A Doutrina Espírita de Alan Kardec.

— Deus me livre! Aquela do diabo?

Eunice começou a rir.

— Não sei se ela é do diabo, mas se for, o diabo é muito bom, porque, através do que aprendi com ela, sou outra pessoa. Ela nos ensina que tudo está sempre certo, que nascemos para cumprir uma missão, resgatarmos erros passados, sermos felizes e, o mais importante, que nunca estamos sós, principalmente nos momentos difíceis.

— O que é tudo isso? Como não vamos nos sujeitar a alguém se somos mulheres e sempre dependemos de um homem? Nosso pai, irmão, marido e, no final, os filhos? Resgatar erros passados? Talvez eu tenha cometido algum erro nesta vida, mas garanto que não foram tão graves assim e, por último, que missão é essa da qual fala? Está dizendo que tenho uma missão, mas qual? Onde esteve ou está essa ajuda da qual está falando, sempre que Olavo me espanca?

— Ainda é muito cedo para ter essas respostas. Quando chegar a hora, a senhora vai encontrá-las sem fazer muita força. Elas virão até a senhora. O que precisa saber, agora, é que a senhora é um espírito livre e que não pode nem deve se sujeitar a nada nem a ninguém.

Helena sorriu:

— Tem razão, hoje não estou com cabeça para pensar essas coisas elevadas. Tenho um problema que preciso resolver agora. O que fiz ou o que deixei de fazer vai ficar para outra hora. Agora, avise ao Juarez que traga o carro. Vou até a casa da minha mãe e, quando chegar a hora, vou com ele buscar a Narinha na escola. O Olavo não vai telefonar, mas, se o fizer, diga a mesma coisa. Vou ao meu quarto trocar este vestido e volto em seguida.

— Está bem, senhora. Vou fazer isso.

Quando Helena voltou, Juarez já estava com o carro em frente à porta principal da casa. Helena colocou a saia e a blusa que havia escolhido e saiu. Juarez, que já a esperava, abriu a porta traseira do carro. Ela entrou e tomou cuidado para não encostar as costas no banco. Ele fechou a porta, entrou e saiu com o carro.

Enquanto o carro andava, Helena pensava:

No íntimo, sei que estou perdendo meu tempo. Minha mãe não vai me ajudar. Para ela, nunca existiu homem melhor do que Olavo. Mas nunca disse a ela que ele me espanca. Talvez sabendo disso ela mude de ideia.

Vinte minutos depois, o carro entrou em uma rua com casas grandes e bonitas. Juarez parou o carro em frente a uma delas. Ele desceu do carro, abriu a porta para que Helena pudesse descer. Ela desceu e falou:

— Não vou me demorar muito, Juarez.

— Está bem, senhora. Estarei aqui esperando.

Com pisadas firmes, Helena caminhou até o portão e tocou a campainha. Logo depois, a porta se abriu. Uma senhora muito bem-vestida e penteada, ao ver Helena, abriu os braços e sorriu:

— Helena! O que está fazendo aqui? Por que veio sem me avisar?

Helena, enquanto retribuía o abraço da mãe, disse:

— Calma, dona Ondina. A senhora já vai saber o motivo da minha visita sem avisar.

Enquanto entravam, Ondina perguntou:

— Aconteceu alguma coisa?

— Aconteceu, mamãe, mas antes vamos nos sentar e eu vou contar tudo.

— Está me deixando nervosa, Helena!

— Garanto que vai ficar ainda mais.

Sentaram-se em um sofá que havia na sala.

— Fale logo, Helena! O que aconteceu?

— Vou me separar de Olavo.

Ondina se levantou e, quase gritando, perguntou:

— O quê? Ficou maluca? Como pode pensar em abandonar um homem como ele que não deixa faltar coisa alguma a você e a sua filha? Um homem que deu a você uma casa linda como a sua? Um homem que colocou à sua disposição um carro maravilhoso com motorista e tudo? Um homem que me deu esta casa linda, neste bairro? Já imaginou o que os vizinhos pensaram quando o seu carro chegou e você desceu dele? Garanto que muitas das minhas vizinhas estão morrendo de inveja.

Helena sorriu:

— Tudo isso tem um preço, mamãe. E garanto que o preço é muito alto.

— Não tem preço algum, Helena, e, mesmo se tiver, você tem de pagar com muito gosto.

— Não consigo mais, mamãe. Tentei, mas agora não dá mais.

— O que ele fez para que você ficasse tão revoltada?

Helena se levantou e tirou a blusa. Depois, voltou-se e mostrou as costas, onde ainda havia algumas gotas de sangue.

Ondina, assustada, perguntou:

— O que é isso, Helena?

Helena começou a chorar:

— São cintadas que Olavo me deu hoje, sobre outras que vem dando há muito tempo. Não suporto mais essa vida, mamãe...

Ondina, ainda assustada, perguntou:

— Quando começou isso, Helena?

— Desde que fiquei grávida.

— Por quê?

— Não sei, mamãe. Ele nunca me disse o motivo. Fica dizendo que eu só me casei com ele por causa do dinheiro, que sou mentirosa...

— Não, Helena, você está me escondendo alguma coisa. Ele não pode, depois de tanto tempo de casados, ter mudado dessa maneira! O que você fez?

— Não sei, mamãe, mas, mesmo que eu tivesse feito alguma coisa, nada é motivo para eu continuar sendo espancada quase todos os dias...

Com a voz irônica, Ondina mudou de atitude:

— Então, por causa disso, quer abandonar seu marido e tudo o que ele deu a você e a sua filha?

— Não posso mais viver assim e preciso da sua ajuda...

— Quer que eu a ajude a abandonar seu marido? Como posso fazer isso, se ele é um homem tão maravilhoso, que, além de dar a você tudo, ainda me deu esta casa? Apanhar não é motivo para isso. Apanhei durante toda minha vida e estou aqui, enquanto seu pai já está queimando no fogo do inferno há muito tempo.

— Não quero ter a vida que a senhora teve, mamãe. A senhora não pode imaginar o quanto eu sofria, sempre que eu via aquelas brigas lá em casa.

— Sofria, mas gostava mais de morar naquela casa, ter uma cama e comida boa!

— Eu era uma criança, mamãe...

— Uma criança que cresceu e que, graças a minha ajuda, encontrou um homem maravilhoso pelo qual deveria agradecer a Deus todos os dias.

— Eu preferia não ter nada e ter a paz e o amor que só vi na casa da dona Clélia. Foi ela quem sempre me acolheu enquanto a senhora era surrada e eu chorava sem parar.

— Paz e amor? Você se lembra daquele quartinho onde eles moravam? Em que pobreza eles viviam e em como ela trabalhava para dar comida aos filhos? Eu não! Nunca faltou nada em nossa casa. Seu pai podia ter o defeito que tivesse, mas sempre nos deu tudo! Nunca precisei trabalhar fora!

— O preço que a senhora pagou não conta? Foi surrada durante a vida toda...

— Nunca me preocupei com isso e nunca me passou pela cabeça a ideia de deixar o seu pai.

— Admiro a senhora, mas eu não aguento mais...

— O que aconteceu para que ele ficasse tão brabo e fizesse isso?

Helena contou da visita de Débora. Quanto terminou de falar, Ondina, revoltada, disse:

— Está vendo? Eu sabia que ele tinha razão!

— Razão, por que, mamãe?

— O que ela foi fazer na sua casa? Levar um recado do irmão?

— Claro que não, mamãe! Nem falamos dele! Ela sempre foi minha amiga, mesmo depois que cancelei o casamento com o Rafa. Esteve fora por muito tempo, chegou e veio me visitar. Nada além disso!

— Você é ingênua mesmo, Helena! O que acha que aquela solteirona foi fazer na sua casa? Ela morre de inveja de tudo o que você conseguiu! Foi conhecer sua casa e ver o marido maravilhoso que você tem! É uma invejosa, isso que ela é!

— Ela não ligou para nada disso, mamãe, só viu as minhas costas.

— Entendi, foi ela quem colocou essa ideia louca de abandonar seu marido? É uma invejosa, Helena!

— Ela não tem motivo para ter inveja, mamãe! Ela tem uma profissão, ganha seu próprio sustento, e a senhora sabe muito bem o motivo pelo qual ela não se casou.

— Não importa qual foi o motivo! Poderia ter encontrado outro marido, se tivesse a sua qualidade, a sua beleza! Como não encontrou, agora morre de inveja do seu!

— Pare com isso, mamãe! Por sempre ter sido uma interesseira, a senhora está procurando um motivo para o que Olavo faz comigo, mas não vai encontrar, porque não existe, neste mundo, motivo algum para que uma mulher seja espancada!

— Nem para que uma mulher abandone seu marido por causa disso!

Helena, vendo que sua mãe não a ajudaria, disse:

— Está bem, mamãe. Já vi que não vai me ajudar, mas vou encontrar uma maneira de fazer isso. Agora, vou embora. Preciso pegar Narinha na escola.

— É bom que esteja pensando na sua filha, porque, se abandonar Olavo, ele vai ficar com a menina e, se precisar, eu mesma vou falar com o juiz para que isso aconteça. Não vou permitir que minha neta sofra privações por causa da insanidade da mãe!

Chorando e sem se despedir, Helena saiu da casa da mãe e entrou no carro onde Juarez já a esperava com a porta aberta.

Ondina saiu em seguida e, balançando a cabeça de um lado para o outro, num sinal de reprovação, ficou olhando o carro se afastar. Depois que o carro sumiu, olhou para a rua e viu algumas mulheres conversando na calçada. Pensou:

Estão morrendo de inveja da minha filha e de mim.

Já no carro, Helena disse:

— Agora, Juarez, vamos até a escola. Está quase na hora de Narinha sair.

— Está bem, senhora.

O início da empresa

Olavo e Carlos estavam terminando de tomar o café, quando o telefone tocou. O número chamado era o particular de Olavo e só era conhecido por algumas pessoas da família, Helena e, claro, Hortência. Olavo atendeu:

— Alô!

— Ainda bem que você está aí, já liguei mil vezes!

— Olá, Hortência! Eu disse que estava trabalhando, não disse?

— Sim, você disse. Vai ficar aí até que horas?

— Não sei. Por quê?

— Estive pensando que, já que você me fez cancelar as nossas reservas de hotel e do avião, poderíamos passar o fim de semana juntos, aqui em casa.

Olavo olhou para Carlos, que começou a rir. Rindo também, mas tentando fazer com que ela não percebesse, falou:

— Não vai dar, Hortência.

— Não vai dar por quê?

— Surgiu um problema e, quando eu terminar de dar minha palestra com os vendedores, preciso ir para casa, mas outro dia nos encontraremos.

— Quando?

— Não sei, Hortência! Quando eu resolver os meus problemas.

— Que problemas?

— Os problemas são meus e eu preciso resolver. Quando tudo terminar, prometo que você vai ser a primeira a saber.

— Está me deixando preocupada.

— Preocupada, por quê?

— Você nunca me tratou assim!

— Assim como?

— Sempre foi carinhoso, nunca falou áspero da maneira como fala agora. Estou achando que você voltou para ela.

Olavo ficou nervoso e quase gritou:

— Não! Isso nunca vai acontecer! Nosso casamento terminou há muito tempo!

— Se isso fosse verdade, você já teria se divorciado e já estaria casado comigo.

— Já disse a você mil vezes que não posso me divorciar! Tenho uma empresa e preciso manter as aparências. Além disso, tenho minha filha, que não tem culpa dos meus problemas com a mãe!

— Nunca achei que esses motivos fossem verdadeiros! Acho que você esteve brincando comigo durante todo esse tempo!

— Você não tem o direito de me cobrar coisa alguma, pois, desde o início sempre soube que eu era casado e que não pretendia me separar!

— Sei disso, mas sempre tive a esperança de que essa situação mudasse.

— Não vai mudar!

— Já se deu conta do tempo enorme e das oportunidades que perdi por estar à sua disposição?

Olavo, agora estava tremendo de nervoso, gritou:

— Foi muito bem paga por esse tempo perdido! Eu sempre dei a você todo o dinheiro que me pediu, dei um carro e muitas joias e até um apartamento! Portanto, não venha com reclamações! Agora vou desligar, preciso voltar à palestra!

— Ela ainda usou o último recurso:

— Venha me ver, Olavo. Estou morrendo de saudade e esperando por você com muito carinho e muito amor...

— Assim que puder eu vou. — dizendo isso, desligou o telefone.

Carlos, admirado, perguntou:

— O que foi isso, Olavo?

— Isso, o quê?

— Por que falou com ela dessa maneira? Ontem mesmo disse que iam passar o fim de semana juntos. Por que mudou dessa maneira?

Olavo, que havia se levantado enquanto falava com Hortência, voltou a se sentar:

— Não sei, Carlos, mas depois que falei aquilo na palestra, senti algo muito ruim. Acho que, pela primeira vez, percebi o quanto tenho sido malvado com Helena. No início, eu devia ter me separado. Foi ignorância insistir para continuarmos casados. Se eu tivesse feito isso, muita coisa teria sido evitada e eu não teria me tornado o homem que me tornei.

— Fico feliz em ouvir isso, Olavo. Embora sejamos primos, eu o considero mais do que a um irmão. Sempre fiz e farei tudo o que for possível para ver você feliz.

— Sei disso, meu amigo. O mesmo digo em relação a você. Agora, está na hora de voltarmos à palestra. Vamos?

— Vamos, mas, por favor, limite-se a falar somente sobre a empresa. Esqueça o outro lado da história que nós só descobrimos quando sua mãe encontrou aquele caderno de sua avó, depois que ela morreu. Nele ela contava tudo do que havia acontecido em sua vida.

Olavo começou a rir e Carlos continuou:

— Você se lembra do escândalo que aquele caderno causou na família?

— Lembro-me de alguma coisa, mas éramos crianças e nunca tomávamos parte das conversas dos adultos.

— Tem razão, Olavo, mas não se esqueça de que até hoje as crianças ficam isoladas dos problemas.

— É verdade. Embora naquele tempo eu ficasse bravo, hoje entendo. Para que as crianças precisam participar dos problemas? Elas vão ter muito tempo para isso. Precisam viver a idade delas. Brincar e fazer tudo o que gostam.

— Está certo, mas agora chegou a hora de voltarmos para a sala de reunião. O pessoal já deve estar esperando.

Rindo, foram para a sala, onde os vendedores já os esperavam. Olavo tomou seu lugar e, enquanto se sentava, disse:

— Bem, agora vamos continuar. Espero que estejam gostando. Prometo que está quase no fim.

Os assistentes sorriram. Olavo continuou falando:

— Daquele dia em diante, todos os dias, Domingos trazia e levava sapatos. Meu avô trabalhava sem parar. Ele trazia sapatos não só de seus colegas de trabalho, como também de suas esposas, filhos e filhas. Logo conseguiu não só pagar o dinheiro que Domingos havia lhe emprestado como recursos para ele comprar os materiais que ia precisando. Minha avó, sempre ao seu lado, além de cuidar da casa, ajudava em tudo o que podia e aprendeu a limpar os sapatos para que parecessem novos. Dona Justina, sempre que chegava do trabalho, parava para conversar. Aos poucos, foi nascendo uma amizade entre elas. Ela continuava apanhando do marido, mas, seguindo orientação de Domingos, minha avó, embora se revoltasse com aquilo, nunca falou com ela sobre aquele assunto. Um dia, não suportando mais ver a dificuldade com que ela andava, perguntou:

— *Dona Justina, desculpe a minha curiosidade, mas preciso fazer uma pergunta à senhora.*

— *Pode fazer, minha filha.*

— *A senhora sente dor nos pés?*

A negra sorriu:

— *Não pode imaginar o quanto. Sempre fui escrava e nunca usei sapato. Quando fiquei livre, vim trabalhar na casa da minha patroa. Ela é muito boa e o trabalho também é bom, mas a minha patroa não quer que eu fique descalça* e me deu esse sapato. Ela disse que na casa dela não pode ficar descalça. Esse sapato machuca os meus pés, mas eu não tiro não. Preciso me acostumar. Meu velho também usa os sapatos para trabalhar, mais depois do trabalho ele tira e coloca nos ombros. Eu não faço isso, não. Sei que ainda vou me acostumar.

— Minha avó olhou para meu avô que, embora estivesse costurando um sapato, prestava atenção à conversa delas. Ele sorriu, levantou-se do banquinho onde estava sentado, entrou na cozinha e voltou trazendo uma folha de jornal. Estendeu no chão, olhou para minha avó que, sorrindo, disse:

— Tire os sapatos, dona Justina.

— Não vou tirar, minha filha! Preciso me acostumar!

— Pode tirar, dona Justina. Meu marido vai desenhar os seus pés e vai fazer um sapato do tamanho deles. A senhora vai gostar.

— Um pouco desconfiada, ela tirou os sapatos e colocou sobre a folha de jornal. Meu avô, com o auxilio de um lápis, contornou os seus pés. Depois, olhou para ela e falou:

— Vou fazer um par de sapatos que a senhora vai achar que está descalça.

— Eu ia ficar contente, mas não vai dar, não sinhô.

Minha avó se admirou:

— Não vai dar, por que, dona Justina?

— Não tenho dinheiro para comprar sapato. Só uso aqueles que a minha patroa dá.

— Não se preocupe com isso. Tenho muitos retalhos. Vou fazer seus sapatos e não vou cobrar nenhum tostão.

— Vai fazer isso?

— Vou, sim. Só que talvez demore um pouco, porque tenho muito trabalho, mas vou fazer e a senhora vai gostar.

— Meu avô ficou animado em fazer um par de sapatos. Ele já havia feito na Itália, mas, aqui no Brasil, seria o primeiro. Depois de alguns dias, quando dona Justina chegou, minha avó, com o par de sapatos nas mãos, recebeu-a com um sorriso:

— Dona Justina, olhe aqui seus sapatos!

A senhora, quando viu os sapatos, deu uma gargalhada, mostrando os dentes.
— *Que bonito! Posso usar?*
— *Claro que pode! Ele é seu!*
— Meu avô, constrangido, disse:
— *Como tive de fazer com restos de material, precisei misturar couro com camurça. Isso não é comum, mas a senhora precisava de um sapato bem confortável.*
— Dona Justina nem ouviu o que ele disse. Tirou os sapatos velhos e colocou os novos. Naquela época, os sapatos das mulheres eram botas abotoadas. Como meu avô não tinha botões, fez de couro um cadarço que amarrava dos lados no lugar dos botões. Dona Justina, quando terminou de amarrar os sapatos, começou a andar de um lado para o outro. Ria como se fosse uma criança quando ganha um doce.
— *Bem que o senhor disse que ia parecer que eu estava descalça. Não é que parece mesmo!*
— *Gostou?*
— *Muito, minha filha! Ele é bonito e gostoso de andar!*
Meu avô também riu e voltou para o seu trabalho. No dia seguinte, dona Justina foi toda faceira para o seu trabalho. Ela estava saindo e encontrou Domingos, que chegava do trabalho:
— *Bom dia, dona Justina!*
— *Bom dia, seu Domingos! O senhor viu o meu sapato novo?*
— Domingos olhou para os seus pés e, sorrindo, disse:
— *São muito bonitos, dona Justina!*
— *Também muito gostosos de andar! Até parece que tô descalça! Foi o seu Giuseppe quem fez pra mim!*
Domingos se admirou:
— *Também faz sapatos, Giuseppe?*
— *Eu faço, Domingos. Aprendi com meu pai.*
— *Isso é muito bom! Quero que faça um par de sapatos para mim. Vou mostrar aos meus amigos e garanto que vai ter muitas encomendas!*
— *Acredita nisso?*

— *Claro que acredito! Você pode fazer sapatos mais baratos do que aqueles que tem no mercado. As pessoas não compram muitos sapatos, mas precisam comprar ao menos um par por ano.*

Sem todo o otimismo de Domingos, meu avô disse:

— *Está bem, vou fazer.*

— *Faça isso, meu amigo. Agora, vou tomar meu café e ir dormir. Esta noite não foi fácil. Chegaram muitas pessoas. Não estou reclamando, não! Quanto mais pessoas, mais eu ganho!*

Meus avós riram e ele entrou na cozinha. Meus avós passaram o dia trabalhando. Quando dona Justina voltou do trabalho, aproximou-se e rindo, disse:

— *Vocês não podem imaginar o que aconteceu!*

— *O que foi, dona Justina?*

A negra olhou para minha avó e, ainda rindo, respondeu:

— *Quando a minha patroa viu que eu estava andando direito, perguntou o que tinha acontecido. Eu mostrei os meus sapatos e disse que o senhor tinha feito para mim, que tinha tirado as medidas rabiscando no jornal e que tinha feito tudo na mão e que tinha até costurado. Ela pediu para o senhor ir lá na casa dela pra tirar as medidas dos pés dela. Quer que o sinhô faça um sapato pra ela. Disse que, se gostar, vai mandar fazer para as três filhas, para o marido e para os dois filhos. O sinhô vai, não vai?*

Meu avô olhou, primeiro para minha avó, depois para Domingos e, rindo, feliz, respondeu:

— *Vou, claro que vou, dona Justina!*

No dia seguinte, meu avô acordou antes das seis horas, pois sabia que aquela era a hora em que dona Justina costumava sair para o trabalho. Levantou-se, vestiu-se rapidamente, pegou uma toalha e foi para os fundos do quintal, onde, no tanque, lavou o rosto e a boca. Quando estava voltando, Dona Justina abriu a porta de seu quarto. Já estava pronta para sair.

— *Bom dia, dona Justina. Estou pronto para ir com a senhora. Vamos ver se sua patroa vai mesmo querer que eu faça sapatos para ela e para a família.*

— Ela vai querer, sim, ela gostou muito do meu!

— Meu avô passou pelo quarto, despediu-se de minha avó, que ainda estava deitada, e acompanhou dona Justina. Quando chegaram à frente da casa, ele parou. Já tinha visto muitas casas iguais àquela, mas nunca havia entrado em uma. Dona Justina, percebendo que ele estava preocupado, disse:

— Não fica preocupado, não. Minha patroa é muito boa. Nem parece que tem tanto dinheiro. Nós vamos entrar pelos fundos até a cozinha. e, enquanto o sinhô fica tomando café, vou chamar ela.

— Dizendo isso, saiu e voltou logo depois, acompanhada por uma senhora. Assim que elas entraram na cozinha, meu avô, constrangido, se levantou. Ela, ainda sorrindo, disse:

— Não precisa se levantar e pode continuar tomando o seu café.

— Meu avô voltou a se sentar e ela continuou:

— Justina disse que o senhor fez para ela o par de sapatos que está usando.

— Fiz, sim senhora.

— Ao ouvir meu avô falar, ela perguntou:

— O senhor é italiano?

— Sou, senhora. Meu nome é Giuseppe.

— Como pode ver, pelo meu sotaque, também sou italiana. Cheguei ao Brasil há quase trinta anos. Portanto, também sou imigrante. Meu nome é Assunta. Meu marido é comerciante de café. Por isso conhecemos toda a alta sociedade desta cidade. Justina disse, também, que o senhor tirou as medidas dos seus pés e fez os sapatos sob medida.

— É verdade. Notei que ela tinha problemas com os pés, por isso tirei as medidas e ficou muito bom. Ela está andando sem problema algum.

— Percebi. Foi por isso que pedi que viesse até aqui. Tenho joanetes nos dois pés, por isso não consigo ficar confortável com qualquer sapato que use. Se o senhor conseguir fazer um sapato que eu possa usar e me sentir bem, pagarei o preço que quiser.

— Vou tentar fazer um sapato que agrade a senhora e não vou cobrar um preço que não seja justo. Preciso de uma folha de jornal para tirar suas medidas.

— Assunta olhou para Justina e não se admirou por ela já estar com a folha de jornal nas mãos. Meu avô tirou as medidas, Quando terminou, ela disse:

— *Gostei muito do modelo do par de sapatos que fez para Justina. Queria que fizesse os meus com couros diferentes como fez os dela, só que preferia que, ao invés daquele laço, colocasse botões.*

— *Está bem, senhora. Vou fazer o melhor que puder.*

— Em seguida, meu avô se despediu e, feliz, saiu dali com o coração cheio de esperança. Depois de sair pelo portão, voltou-se, olhou para a casa que ficava no meio de um jardim imenso e pensou:

— *Se Domingos estiver certo, vou mesmo ficar rico!*

Quando chegou a casa, encontrou minha avó e Domingos que, ansiosos, esperavam por sua volta. Ele, rindo, disse:

— *Consegui uma encomenda! A mulher gostou muito dos sapatos que fiz para dona Justina! Disse que, se gostar, vai encomendar para toda a família!*

— Domingos abraçou meu avô e disse:

— *Não disse que você ia ficar rico?*

Alguns dias depois, meu avô voltou à casa de Matilde levando três pares de sapatos: um feito em couro, outro em camurça e outro, com os dois materiais misturados. Ela veio até a cozinha para encontrá-lo e, após os cumprimentos, ele, entregando-lhe os sapatos, disse:

— *Trouxe três pares para que a senhora escolha o que mais gostar.*

Ela pegou um a um e foi experimentando, andou de um lado para outro. Em seguida, com um par nos pés e outro nas mãos, sorrindo, disse:

— *Quero os três! Além de serem lindos, são confortáveis. Até parece que estou descalça! Nem me lembro de que tenho joanetes! Qual é o preço de cada um?*

Um pouco receoso, mas seguindo o conselho de Domingos, meu avô cobrou vinte vezes mais do material usado. Matilde nem piscou. Para ela, ele cobrou muito barato. Sorrindo, disse:

— *Só isso? Não seja modesto, senhor Giuseppe! Seu trabalho tem muito valor; portanto, precisa cobrar o preço justo, pago muito mais pelos sapatos que tenho comprado até aqui e garanto que nenhum deles me proporcionou tanto conforto. Vou pagar o dobro do que pediu e quero que faça sapatos para toda a minha família. Vi como fez para tirar as medidas dos meus pés, vou fazer o mesmo com todos aqui de casa. Depois, a Justina leva para o senhor. Percebi que posso confiar no seu bom gosto. Quando estiverem prontos, traga e eu pagarei o preço que quiser. Depois, falarei do senhor com as minhas amigas. Garanto que vai ter tanta encomenda que vai precisar de ajudantes!*

Naquele momento, nasceu a nossa empresa. Meu avô fez os sapatos que ela encomendou e agradou. Conforme o prometido, ela o indicou para suas amigas e, em pouco tempo, ele se tornou conhecido. Como Domingos havia dito, precisou alugar uma loja para poder trabalhar. Continuou consertando os sapatos dos trabalhadores da estação e, claro, precisou contratar ajudantes. Abriu uma empresa e colocou Domingos como seu sócio. Quis ensinar o trabalho para ele, que recusou. Rindo, ele disse:

— *Não sirvo para ficar preso durante o dia todo. Você continua fazendo o seu trabalho com maestria como faz e eu vou continuar fazendo o que gosto, conversar com as pessoas e conseguir mais clientes.*

Olavo, rindo, continuou:

A empresa cresceu, meu pai nasceu e, mais tarde, se casou com a filha do Domingos. Eu sou neto de Giuseppe. Carlos, que está aqui, sempre ao meu lado é meu primo, amigo e mais que irmão. Ele é neto de Domingos. Eu cuido da parte financeira e ele, da comercial. Faz exatamente a mesma coisa que o avô, conversa e consegue bons clientes e bons vendedores como vocês. Como podem ver, ficou tudo em família. Acredito que todos entenderam o porquê de eu contar essa história. Meu avô, um imigrante, sem dinheiro algum a não ser sua vontade de trabalhar, encontrou Domingos, um mulato, também sem muita esperança e, juntos, construíram a potência que é a nossa empresa. A empresa foi iniciada em mil novecentos e dois. Portanto, neste ano, vai comemorar setenta anos de existência. Vamos fazer uma bela festa! Todos vocês estão iniciando o trabalho na nossa empresa e, através da história deles dois, entenderam que, trabalhando com afinco e dignidade, poderão crescer juntos com todos nós. Agora, estão liberados.

Espero que voltem na segunda-feira com muita vontade de trabalhar, pois trabalho não falta.

A plateia aplaudiu entusiasmada. Olavo agradeceu e, ao lado de Carlos, voltou para sua sala. Carlos estava entusiasmado:

— Você viu como eles aplaudiram, Olavo!

Rindo, Olavo respondeu:

— Não fique tão entusiasmado, Carlos. Eles estavam aplaudindo o patrão! Garanto que, se fosse outra pessoa, eles não dariam atenção.

— Você não tem jeito, mesmo. Se seu avô e o meu pensassem como você, não teriam chegado aonde chegaram.

Olavo, ainda rindo, disse:

— Está bem. Acho que agradei, isso aconteceu porque a história é muito boa!

De repente, Olavo ficou com o olhar distante. Carlos percebeu e, preocupado, perguntou:

— Em que está pensando, Olavo?

Olavo, parecendo voltar de um lugar distante, respondeu:

— Não sei, Carlos, mas, enquanto contava a história, fiquei curioso em saber o que aconteceu, na realidade, em nossa família. Por que a carta que minha mãe encontrou, quando minha avó morreu, causou tanto transtorno. Você sabe de alguma coisa?

— Tanto quanto você. Éramos crianças. Acho que eu tinha oito anos, portanto, você devia ter sete.

Olavo concordou com a cabeça e perguntou:

— Você tem alguma coisa para fazer hoje?

— Não. Sabe que depois que terminei o namoro com a Celina, nunca mais encontrei outra pessoa que me fizesse ficar ao seu lado.

— Você ainda gosta dela, não é?

— Gosto, mas isso não é o suficiente para ficarmos juntos. Ela é orgulhosa, teimosa e muito ciumenta. As brigas foram tantas, que não suportei e para não fazer com ela o que você faz com Helena, achei melhor nós nos separarmos. Sou da paz, não gosto de violência. Além disso, não sei o que acontece comigo, mas não consigo gostar, realmente, de ninguém. Só gostei de uma mulher. Ela é a coisa mais linda deste mundo, mas não deu certo.

— Não deu certo, por que, Carlos?

— Ela era casada...

— Você nunca comentou isso comigo. Eu a conheço?

— Não, Olavo. Eu a conheci na França no tempo em que estudei lá e que você não quis ir.

— Naquele tempo, eu tinha outros interesses. Gostava da farra, de namorar todas as meninas.

— Depois, voltei para o Brasil, namorei algumas meninas. Celina foi com quem eu fiquei mais tempo, mas não dava mais e resolvi me separar. Ouvi dizer que a moça de quem gostei está de volta ao Brasil, acompanhada pelo marido. Quem sabe, um dia, poderemos nos reencontrar em uma situação diferente. Até lá, vou ficar sozinho, pensando nela todos os dias.

Olavo não estava interessado naquela história. Seu interesse era outro. Olhando para Carlos, perguntou:

— Você não tem curiosidade de saber o que aconteceu com a nossa família?

— Nunca tive, mas, agora, depois do que disse, estou curioso.

— Estive pensando em ir até a casa de minha mãe e pedir que ela me fale do que aconteceu e que me mostre o caderno.

— Está dizendo que quer ir até Porto Alegre, Olavo?

Olavo começou a rir:

— O que tem demais? Ainda não são quatro horas, vamos correndo para o aeroporto, pegamos um avião e, quando chegarmos a Porto Alegre, alugamos um carro e chegaremos à casa da minha mãe na hora do jantar.

— Não pode apenas telefonar e pedir que sua mãe conte o que aconteceu?

— Não sei o que aconteceu, mas, desde que falei sobre minha avó e você me lembrou dos podres da família, fiquei curioso. Preciso ver e ler esse caderno!

— Não posso viajar assim, Olavo. Não tenho roupas para trocar!

— Não precisa se preocupar com isso. Voltaremos no domingo e tenho na minha maleta roupas que separei para o fim de semana. Temos o mesmo corpo, elas vão ficar bem em você.

— Precisa telefonar e perguntar se eles estão em casa e se não pretendem viajar. Sabe que, depois que seu pai e o meu nos passaram a direção da empresa, vivem só viajando, como eles dizem, curtindo a vida.

— Tem razão, Carlos. Vou telefonar e, se eles não tiverem planos para este fim de semana, iremos. Está bem?

Sem alternativa, Carlos concordou com a cabeça.

Olavo telefonou e sua mãe atendeu:

— Olavo! Que surpresa é essa? Quase nunca nos telefona!

— Não reclame, mamãe, sabe que telefono ao menos uma vez por semana. Só não converso mais com a senhora porque estão sempre viajando!

Rindo, ela disse:

— Tem razão, meu filho. Eu e seu pai adoramos viajar. É só o que resta para o velho fazer.

— Velho, coisa nenhuma, vocês estão na flor da idade. Precisam e devem aproveitar.

— Enquanto tivermos saúde, é isso mesmo que vamos fazer. Bem, cumprimentos à parte, qual é o motivo do seu telefonema a esta hora?

Olavo olhou para Carlos que acompanhava a conversa e, rindo, disse:

— Não sabia que precisava cumprir um horário para conversar com meus pais!

— Sabe que fico feliz sempre que telefona. Quando você vem aqui em casa? Estou com saudade da Helena e de Narinha. Como elas estão?

— Estão bem, mamãe. Uma hora qualquer, vou com elas visitá-los. Estou telefonando para dizer que eu e o Carlos estamos indo até aí.

— Quando?

— Hoje. Estamos saindo, agora, para o aeroporto.

— Já que vem, traga Helena e Narinha.

— Hoje não, mamãe. Estamos indo para conversarmos sobre um assunto de família e não quero que Helena tome conhecimento do que vamos conversar.

— Assunto de família? Está me deixando assustada. A empresa está com algum problema?

— Não, mãe! A empresa está muito bem. Não precisa ficar assustada.

— Que assunto é esse, Olavo?

— A senhora se lembra daquele caderno que a vovó escreveu e que a senhora só descobriu quando ela morreu?

— Não queria me lembrar, mas lembro, sim. Por que está falando sobre isso?

— Preciso muito ler aquele caderno, mãe. A senhora ainda o tem?

— Está guardado. Mas por que quer, agora, ler o caderno? Faz mais de trinta anos que sua avó morreu.

— Quando eu chegar aí, conto para a senhora o motivo. Agora, preciso desligar para ir ao aeroporto. Logo mais chegaremos aí.

— Está bem, meu filho. Quer que seu pai vá buscá-los no aeroporto?

— Não precisa, mamãe. Assim que chegarmos, alugaremos um carro.

— Sendo assim, vou preparar um jantar delicioso. Do jeitinho que você e Carlos gostam. Até logo, meu filho.

Olavo desligou o telefone, olhou para Carlos e disse:

— Pronto, está tudo certo. Vamos agora mesmo. Deixamos os nossos carros aqui e vamos para o aeroporto.

Sem alternativa, Carlos concordou. Cada um pegou seu paletó e saiu. Chamaram um táxi e foram para o aeroporto.

O preço da liberdade

Eunice saiu da casa de Helena. Precisava andar quase cinco minutos para chegar ao ponto de ônibus. Estava acostumada, pois, todos os dias, fazia o mesmo trajeto. Enquanto caminhava, pensava:

Quem vê ou conhece a casa de dona Helena jamais poderia imaginar o que acontece ali. Como uma mulher igual a ela pode suportar tudo o que aquele homem faz? Além de ser surrada, precisa suportar a ideia de saber que ele vai passar o fim de semana com outra. Por mais que eu queira, não consigo entender. O melhor que tenho a fazer é cuidar da minha vida. Deus deu uma vida para cada pessoa para que cuidasse dela, só dela...

Começou a rir e continuou caminhando.

Chegou ao ponto de ônibus. Aquele era o primeiro e ficaria nele por quinze ou vinte minutos. Depois, tomaria outro que levaria quase uma hora para chegar ao bairro onde morava. Naquele horário, sabia que não encontraria um banco para sentar, pelo menos não no começo da viagem. Conseguiu um pequeno espaço no metal que ficava nas costas de um dos bancos e segurou firme. Após um tempo, desceu, pegou o segundo ônibus e continuou seu caminho. Parou em vários pontos, onde as pessoas começaram a descer e ela pôde se sentar. Depois de meia hora mais ou menos, finalmente, o ônibus chegou ao bairro onde morava.

O bairro ficava distante do centro. Alguém contou que ele havia sido uma chácara que pertencera a um senhor português. Ele plantava e vendia verduras e legumes. Eunice não o conheceu, mas ouviu dizer que ele criou, ali, oito filhos. Assim que ele morreu, os herdeiros resolveram dividir a chácara em vários lotes e venderam.

Por ser afastado de tudo e sem estrutura alguma, os lotes não puderam ser vendidos por um preço muito alto, o que propiciou que pessoas pobres pudessem comprar e pagar em prestações. Eunice foi uma delas. Comprou um terreno e construiu um quarto, uma cozinha e um banheiro. Aquele tipo de casa, naquele lugar, era comum. Todos que ali construíram suas casas também não tinham recursos. Algumas famílias, com muitas pessoas que trabalhavam, conseguiram construir vários quartos no mesmo terreno e ali moravam todos os irmãos casados, com seus filhos. Eunice, por se levantar muito cedo e voltar muito tarde, não conhecia muito bem os vizinhos. Sabia que a maioria era formada por trabalhadores braçais e que as mulheres trabalhavam em fábricas ou eram, como ela, domésticas. A minoria ficava em casa cuidando dos filhos.

Ela desceu do segundo ônibus e começou a caminhar novamente. Teria de percorrer quase dez minutos para chegar à sua casa. Continuou caminhando. Encontrou várias pessoas as quais, embora não tivesse uma amizade muito profunda, sabia que eram suas vizinhas.

Finalmente, chegou à sua casa. Entrou e encontrou sua mãe, que estava muito nervosa. Antes mesmo de Eunice dizer qualquer coisa, a mãe falou:

— A gente precisa mudar daqui, Eunice!

— Por que, mãe? O que aconteceu?

O Roberto chegou bêbado e bateu muito na Cacilda e nas crianças! Ela ficou toda machucada e as crianças também!

— Outra vez, mãe?

— Outra vez, Eunice! Eu não suporto mais tanta violência! Sempre que alguma vizinha é surrada, eu me lembro de tudo o que passamos e fico neste estado. Não dá para aguentar...

Eunice se aproximou, abraçou a mãe e disse:

— Acalme-se, mãe. Tudo vai ficar bem. A senhora já deveria ter se acostumado. Quando mudamos para cá, a Cacilda já morava aqui e já era surrada pelo marido.

— Eu sei disso, mas não consigo me acostumar. A gente precisa ir para um lugar melhor. Este lugar é muito pobre! As pessoas que moram aqui não têm instrução e alguns homens vivem sempre bêbados! Neste lugar, muitas mulheres apanham, Eunice! Não suporto mais.

— Mãe, você não pode se preocupar com isso.

Eunice sorriu. Sentou-se na cadeira junto à mesa que ficava ao lado de sua cama e falou:

— A senhora sabe que não somente as mulheres pobres são surradas e maltratadas. A senhora acha que, se mudarmos daqui e formos morar em um bairro melhor, não vai assistir a essas mesmas cenas?

— Claro que não vou ver essas cenas, Eunice. Em um bairro melhor, as pessoas são instruídas. Os homens sabem respeitar suas mulheres.

— Como pode dizer isso, mãe? Logo a senhora?

— É verdade, minha filha. Eu seria a última pessoa que poderia criticar, mas este lugar é muito ruim. Não é só a Cacilda que é surrada, muitas outras mulheres também apanham! É um horror! A gente precisa mudar daqui!

— A senhora pensa que só mulher pobre apanha?

— Claro! Você não vê que quase todos os dias aparecem na televisão, no rádio e nos jornais mulheres que são espancadas, algumas até são assassinadas e todas são pobres?

Eunice voltou a sorrir e disse:

— Só aparecem mulheres pobres porque elas não têm como esconder. Aqui no nosso bairro, a maioria das casas não tem nem muro nem cerca. Todos vivem muito próximos; mas, na classe rica, as mansões são rodeadas por muros altos ou são construídas no meio de jardins ricamente construídos, como é a casa onde trabalho.

— Está dizendo que a sua patroa também apanha?

— Eu achava que não, mas, depois de algum tempo que comecei a trabalhar na casa dela, descobri que estava enganada.

— A sua patroa apanha do marido?

— Eu nunca comentei com a senhora. Sabe que não gosto de falar sobre o que acontece na casa dos meus patrões, mas hoje, depois do que a senhora disse, vou contar o que acontece lá. Dona Helena é surrada quase todos os dias. Hoje foi terrível.

— O quê?

— Isso que ouviu, mãe. Vou contar o que aconteceu hoje.

Começou a contar como era a vida de Helena e terminou falando:

— Como pode ver, o que a senhora pensou não é verdade. Minha patroa é rica, muito rica, e apanha igual ou mais que qualquer mulher daqui deste bairro pobre.

— Por que ela, tendo dinheiro, não abandona esse homem, esse monstro?

— Mãe, a senhora sabe que não é fácil. Algumas mulheres sentem vergonha dos amigos e dos parentes. Outras, apesar de tudo, continuam gostando do homem que as surra e outras não têm como sair de casa por não terem como sustentar a si e aos filhos. Algumas acreditam nos pedidos de perdão e acham que eles vão mudar, mas sabemos que isso não acontece. Depois de bater a primeira vez, eles não param nunca mais. Outras se sentem culpadas, como é o caso da dona Helena.

— É verdade, você tem razão, mas por que sua patroa se sente culpada? O que foi que ela fez?

— Ela não disse, mas a senhora sabe como é, sempre tem uma desculpa para se continuar ao lado de um homem violento. É melhor ficar com ele do que sozinha. É importante ter um marido do lado, não importando se ele é decente ou um monstro. A senhora sabe que mulher sozinha fica falada, por isso, por dar atenção ao que os outros falam, ela não quer viver sozinha, não quer que as pessoas digam que foi largada e tantas outras desculpas que inventam para se proteger.

A mãe de Eunice ficou calada.

— Eu sei de tudo isso e você tem razão. É muito difícil se afastar de um homem violento, mas você conseguiu, não foi, minha filha?

Eunice respirou fundo:

— Consegui, mãe, mas isso só aconteceu depois de quase dez anos e a senhora sabe que o preço que paguei pela minha liberdade foi alto, muito alto...

— Tem razão, o preço foi alto, mas hoje está livre, minha filha.

— Sim, consegui minha liberdade. Fugi com minhas duas filhas, comprei este terreno e o material de construção a prazo e paguei o pedreiro com o pouco de dinheiro que consegui, mas estamos vivendo no que é nosso, mãe! Porém, para conseguir a minha liberdade, tive de tirar das minhas filhas uma vida de luxo. Hoje, elas, que já tiveram tudo, vivem na pobreza como as outras crianças daqui. Eu, que tinha várias empregadas, sou empregada.

— Não entendo como isso teve de acontecer, Eunice. Você está sentindo falta de tudo o que tinha, mas as meninas estão sentindo muito mais. Elas, que tiveram tudo, hoje não têm mais. É difícil aceitar. Não tem medo de que elas, mais tarde, possam culpar você pela pobreza em que viveram?

— Não sei o que elas vão fazer. Só sei que eu precisei fazer aquilo e, como ele sempre disse, eu não teria de deixar minhas filhas. Se, quando elas crescerem, me julgarem, nada poderei fazer. Quanto a elas estarem vivendo esta vida, segundo o que aprendi na doutrina que estou estudando, nada acontece sem uma razão. Deve ter uma razão para que elas e eu estejamos passando por tudo isso.

Lágrimas começaram a correr pelo rosto de Eunice. Sua mãe, abraçando-a, disse:

— Não chore, minha filha, pois, se não tivesse feito o que fez, hoje estaria morta. Não tinha como conviver com toda aquela violência. Ele se aproveitava de todo o amor que você tinha pelas meninas, pensava que você nunca teria coragem de abandoná-las e batia sempre mais. Lembra-se de que, na última vez, tentou estrangular você e só não conseguiu porque cheguei na hora? Não, minha filha, você não tinha condições de viver ao lado daquele monstro!

— Sei disso, mãe. Naquele dia, tive de decidir, de tomar uma atitude. Não sei se fiz a coisa certa, mas era o que eu poderia fazer. Com sua ajuda, peguei as meninas e fugi. Consegui trazer um pouco de dinheiro e ficamos em uma pensão. Graças a Deus, dois dias após estarmos aqui, comecei a trabalhar na casa de dona Helena. Ela é uma pessoa muito boa, por isso fico triste com tudo o que acontece com ela. Apesar de tudo, ele sempre foi um bom pai e, ao lado dele, elas continuariam tendo comida, boa cama para dormir, escola e tudo do que necessitassem, enquanto que, ao meu lado, estão tendo esta vida de pobreza. Elas eram muito pequenas e não podiam decidir. Tive de decidir por elas. Já faz cinco anos. Laurinha, hoje, está com oito anos e a Lurdinha com seis. Sei que ele e a megera da mãe dele, que nunca aceitou o nosso casamento, estão me procurando para me tirarem as meninas. Por isso precisamos continuar morando aqui, neste bairro bem longe, onde ele nunca pensaria em me procurar. Espero que elas entendam e me perdoem. Sofro todos os dias, com medo de que ele nos encontre, mas, hoje, quando vi o que o seu Olavo fez, novamente, com dona Helena, entendi que fiz o melhor para mim e para as meninas, ao menos não crescerão vendo toda aquela violência. Entende por que a gente não pode se mudar daqui, mãe? O bairro é pobre e violento, mas foi tudo o que pude conseguir. Sabe que tenho uma longa batalha pela frente. Preciso economizar dinheiro, pois, se ele nos encontrar e tentar me tirar as meninas, tendo um bom dinheiro, vou poder contratar um advogado e lutar por elas, na justiça.

Lágrimas continuavam a correr pelo rosto de Eunice, que continuou falando:

— Por tudo o que passei, sei o que dona Helena sente. Gostaria de poder ajudar, mas sei, também, que não adianta falar. Por mais que se fale, a mulher que é surrada e maltratada, embora saiba que precisa tomar uma atitude, dificilmente consegue se decidir.

A mãe, vendo que Eunice chorava, levantou-se da cadeira em que estava sentada e abraçou a filha que, agora, chorava com muita dor.

— Não fique assim, minha filha. Sei que sou a culpada de você ter ficado dessa maneira. Depois que o tempo passou e eu me esqueci de tudo o que aconteceu, senti-me no direito de julgar Cacilda e trouxe de volta todo o sofrimento que você viveu.

Eunice, com as mãos, enxugou as lágrimas e disse, rindo:

— Sabe, mãe, não adianta sofrer. O que eu tinha de fazer, fiz. Talvez eu tenha de pagar um preço ainda maior, o desprezo das minhas filhas, mas seja tudo o que Deus quiser. Aprendi que só Ele sabe de todas as coisas. O pior já passei. Hoje sou livre para decidir a minha vida. Portanto, neste momento, decido que estou com fome — disse, rindo. — Chame as meninas, mãe, e vamos comer.

A mãe, também rindo e caminhando em direção ao quintal, onde as meninas brincavam, disse:

— Eu preparei uma comida gostosa. Enquanto vou chamar as meninas, coloque os pratos e as panelas na mesa.

Eunice levantou-se, pegou, no armário, os pratos e colocou-os sobre a mesa. A mãe e as meninas chegaram e todas elas se sentaram. Comeram, com vontade, a comida que a mãe havia preparado.

Antes de comer, Eunice cheirou o prato e, rindo, disse:

— Pelo cheiro está muito boa esta comida, mãe!

— Está sim, mas isso não é novidade, minha comida sempre foi e é boa.

— Por ter aprendido a cozinhar com a senhora, posso hoje trabalhar como cozinheira na casa de dona Helena. Ela e o monstro do marido adoram minha comida.

Com o prato na mão, voltou para a mesa, sentou-se e começou a comer.

Lendo o caderno

Olavo e Carlos chegaram a Porto Alegre. Após alugarem um carro, seguiram para a casa de seus pais. Quarenta minutos após, estavam diante da casa que ficava em uma rua do bairro mais nobre. Como todas as outras da rua e da vizinhança, a casa não tinha muro ou portão. Assim que chegou diante da casa, Olavo buzinou e entrou pelo corredor que o levaria até os fundos, onde estava a garagem.

Quando ouviu a buzina, Odila abriu a porta da cozinha e saiu para encontrá-los.

Saíram do carro e abraçaram-se. Genaro, o pai de Olavo, também saiu pela porta e abraçou os dois. Rindo, felizes, entraram na casa e foram direto para a sala de jantar, onde a mesa estava colocada, somente para os dois. Pelo adiantado da hora, Odila e Genaro já haviam jantado.

Olavo e Carlos se deliciaram com a comida que Odila, com muito carinho, havia preparado.

Enquanto jantavam, Odila, curiosa, perguntou:

— Afinal, Olavo, por que esse interesse pelo caderno da minha mãe?

— Não sei, mamãe, apenas estou curioso. Hoje, dei uma palestra para alguns vendedores e contei sobre o nascimento da nossa empresa. Enquanto contava, percebi que sabia tudo sobre a empresa, mas nada sobre a vida de Giuseppe e Beatrice.

— Para saber isso, não precisa do caderno. Posso contar. Eu li o caderno.

— Eu sei que a senhora leu e sei, também, que nele deve ter algo terrível.

— Por que diz isso?

— Quando a vovó morreu, eu era criança, mas lembro-me de que a senhora ficou assustada e nervosa.

— Fiquei muito assustada, sim, mas tudo passou. Nada como o tempo para colocar as coisas em seus devidos lugares.

— Por isso, preciso ler o caderno, mamãe. Quero saber o que aconteceu. Sei que a senhora pode contar, mas pode se esquecer de algum detalhe e preciso saber tudo!

— Está bem. Termine o jantar, vou até o meu quarto pegar o caderno. Depois, vamos ler.

Olavo olhou para Carlos e, rindo, disse:

— Até que enfim vamos conhecer a verdadeira história da nossa família.

— Ainda bem, pois, se você não ler, vai ficar louco e me deixar louco também.

Odila voltou do quarto, trazendo o caderno nas mãos. Olhou para Genaro e, suspirando, disse:

— Você vai acompanhar a leitura, Genaro?

— Não, Odila. Sabe que esse assunto não me faz bem. Meninos, se não se importarem, vou me deitar.

Olavo e Carlos se levantaram. Olavo disse:

— Fique à vontade, papai. Sinta-se em casa!

Genaro abraçou os dois e foi para seu quarto. Eles terminaram o jantar e acompanharam Odila até a sala de visitas. Sentaram-se em um sofá, um de cada lado dela. Ela pegou o caderno e deu para Olavo que, apressado, o abriu. Após olhar para as primeiras páginas, olhou para a mãe e disse:

— Está escrito em italiano?

Odila começou a rir:

— Claro que está! Sua avó era italiana, falava, lia e escrevia em italiano.

Ele, desapontado, olhou para Carlos e disse:

— Não adiantou termos vindo para cá. Não sei ler em italiano, você também não. Portanto, não saberemos o que está escrito no caderno.

Carlos, também desapontado, disse:

— Tem razão. Entretanto, talvez demore um pouco, mas podemos mandar traduzir.

— Que ótima ideia, Carlos! É isso o que vamos fazer! Na segunda-feira, assim que chegar ao trabalho, vou pedir para a Mariela providenciar um tradutor. Como você diz, vai demorar um pouco, mas saberemos o que está escrito neste caderno.

— Vocês podem parar de falar e me ouvir?

Eles olharam para ela, que, rindo, continuou:

— Não vão precisar mandar traduzir coisa alguma. Esqueceram-se de que fui criada por sua avó, Olavo? Ela me ensinou a falar e escrever em italiano. Dizia que era muito importante a mulher saber ler. Como não sabia muito bem o português, resolveu conversar comigo, com meu irmão e com seu pai em italiano.

Eles, felizes, a abraçaram:

— Mamãe, a senhora é a nossa salvadora!

— Pare com isso, Olavo! Vamos logo ao que interessa.

— Vamos, sim, tia!

Odila olhou para Carlos e, rindo, disse:

— Eu devia ter ficado triste quando você disse que não tinha adiantado vir até aqui.

— Triste, mamãe, por quê?

— Você demonstrou que não estava com saudade, enquanto eu morro de saudade de você e da minha neta.

— Não é nada disso, dona Odila. Falei aquilo por falar. Mas a senhora sabe que também sinto saudade e que a senhora e o papai estão morando aqui, distante, por vontade própria. Eu gostaria que morassem perto de mim.

— Está certo. Dessa vez vou deixar passar. Agora, vamos à leitura. Eu diria que este caderno é como se fosse um diário. Sua avó, todos os dias, escrevia alguma coisa.

— Nas primeiras páginas, ela descreve como era sua vida na Itália e sobre a decisão de seu pai em vir para o Brasil. Conta como conheceu Giuseppe, quando se casaram e como vieram para São Paulo.

— Isso tudo nós sabemos, mamãe! Quero saber o que aconteceu depois que Giuseppe e Domingos fundaram a empresa.

— Está bem. Vamos procurar.

Odila foi passando as páginas, até que parou e, sorrindo, falou:

— É aqui! Está datado de quinze de janeiro de mil novecentos e um. Ela escreveu:

Hoje, Giuseppe e Domingos, quando chegaram, estavam muito felizes. Faz seis meses que Giuseppe fez os sapatos para aquela portuguesa e ela gostou. De lá para cá tem tido tantas encomendas que não está dando conta. Precisa contratar alguém para ajudá-lo. Queria ensinar Domingos, mas ele se recusou e, rindo, disse que nunca poderia ficar preso em uma sala o dia inteiro, que gostava de falar com as pessoas. Giuseppe concordou. Hoje, pela manhã, saíram para procurar uma porta de comércio e voltaram felizes porque encontraram não uma, mas duas. Em uma, Giuseppe vai trabalhar com os ajudantes de que, com certeza, vai precisar. Na outra, vão colocar os sapatos em exposição. Claro que não aqueles feitos para a sociedade, mas, sim, aqueles populares, para as pessoas de poucas posses. Estou feliz, porque, agora, parece que nossa vida vai mudar. Logo poderemos mudar daqui e eu poderei ter o meu filho, que é o que mais desejo. Ontem, dona Justina foi surrada novamente. Hoje pela manhã, quando saiu para o trabalho, estava com os olhos roxos. Como ela pode aguentar isso? Uma mulher não nasceu para ser surrada por homem algum, ainda mais um tão forte como é o marido dela. Queria conversar com ela a respeito disso, mas ela se nega. Nada posso fazer. Ela é a única com quem converso aqui, os outros quartos são alugados por rapazes que moram sozinhos, assim como Domingos. Quase não os vejo. Giuseppe fica nervoso quando me vê escrevendo.

Ele não entende o porquê de eu fazer isso. É difícil para ele entender que estou contando a nossa história. Quero que meus filhos, netos e até bisnetos nos conheçam melhor. Por hoje é só.

Odila parou de ler e, olhando para eles, disse:

— Nesse dia, ela só escreveu isso.

— Muda de página, mamãe! Vamos saber o resto da história!

— Calma, Olavo! Estou mudando.

Virou a página e voltou a ler:

Ela escreveu esta página quase um mês depois.

Demorei para escrever porque nada aconteceu de especial. Giuseppe está trabalhando muito. Está ganhando, também, muito dinheiro. Estou triste porque conversamos e eu disse:

— Giuseppe, já que está ganhando tanto dinheiro, podemos pensar em ter o nosso filho. Você sabe o quanto desejo isso...

— Ainda não é a hora, mulher! Se tivermos um filho, vamos ter que nos mudar daqui e isso eu não quero! O aluguel, aqui, é muito barato.

— Sei disso, mas, agora, já pode pagar...

— Vamos conversar sobre isso em outra hora. Hoje, estou cansado para falar sobre isso.

Não entendo o porquê de ele não querer um filho. Estou muito sozinha e quase sem ter o que fazer. Pedi para ele me deixar ir trabalhar ao seu lado. Eu disse que poderia ficar no balcão vendendo os calçados, mas ele não quer. Diz que mulher tem de ficar em casa, cuidando do marido. Eu não concordo, mas não tenho o que fazer. Ele é um bom marido. Hoje à tarde, eu estava na cozinha, escrevendo, quando dona Justina chegou do trabalho e, como sempre, ela estava com o rosto inchado e os olhos roxos. Ontem, o seu marido chegou bêbado e, como sempre o faz quando nesse estado, bateu nela. Assim que ela passou pela cozinha, viu que eu estava ali, parou e com aquela maneira diferente de falar, mas com a qual eu já havia me acostumado e entendia. Ela, por conviver com uma família italiana, entendia o que eu falava. Parou diante da porta e disse:

— Boa tarde, menina. Como você está?

— Estou bem, e a senhora?

— Como Deus quer. Como Deus quer...

Eu estava sentada e ela em pé na porta. Não suportava ver aquela mulher batalhadora sendo tratada daquela maneira. Nervosa, falei:

— A senhora não pode estar bem, dona Justina! Está toda machucada. Dá para ver o rosto, mas não quero e nem posso imaginar como está o seu corpo!

Ela deu um sorriso triste:

— Já estou acostumada. Sempre fui escrava, sempre apanhei e sempre fui mandada. Minha vida é assim mesmo...

— Por que a senhora continua com esse homem?

— Vou fazer o quê?

— Pode ir embora. Não tem filhos!

— Embora para onde, menina? Hoje, trabalho na casa de uma família que me trata muito bem. Quando dá a minha hora, volto para minha casa. Ganho dinheiro pelo meu trabalho, coisa que antes não acontecia. Já estou velha, não posso esperar muito da vida.

— Quantos anos a senhora tem?

— Não sei muito bem. Acho que vou fazer cinquenta e cinco ou cinquenta e seis no mês que vem.

Carlos interferiu:

— Com cinquenta e poucos anos ela não era velha, tia!

— Para os tempos de hoje, não, mas naquele tempo as moças casavam e tinham os filhos muito cedo e, se isso não acontecesse até que tivessem vinte anos, já eram consideradas solteironas. Com quarenta ou cinquenta anos, então, já eram velhas. Só usavam roupa preta e viviam na igreja. Eu ainda me lembro de ver várias delas assim.

— Pare de atrapalhar a leitura, Carlos! Continue lendo, mamãe!

— Calma, Olavo! Vou continuar.

— Depois que a senhora apresentou o Giuseppe para a sua patroa e ela mostrou os sapatos para as amigas, elas começaram a fazer encomendas, ele está ganhando muito dinheiro. Logo, vamos nos mudar e a senhora, se quiser, poderá vir morar conosco.

— Acha que vou deixar o meu velho sozinho?

Eu não acreditei no que ela estava falando e, nervosa, perguntei:

— Ele bate na senhora quase todos os dias. Como pode estar preocupada com ele, como diz que não pode deixá-lo?

— Ele é meu marido e a gente já sofreu muito junto. A vida dos negros é diferente da dos brancos. Quando o nosso sinhô viu que eu já era mocinha, fez com que eu e o meu velho fôssemos morar juntos. Ele queria que a gente tivesse muitos filhos para ter escravo sem ter de pagar e poder vender.

— Quantos filhos a senhora teve?

— Oito. Cinco meninos e três meninas. Sempre que um nascia, o sinhô já queria que, mesmo eu estando no resguardo, a gente fizesse outro. Meu velho nunca obedeceu a essa ordem, Ele sempre respeitou a minha situação.

— Onde estão seus filhos?

— Não sei. Quando o sinhô via que eles já estavam grandinhos, os levava embora, sem dizer para onde os estava levando. Sempre que isso acontecia, eu e o meu velho quase morríamos.

— Que homem horrível, mamãe!

Ao ouvir Olavo dizer aquilo, Carlos, surpreendido, olhou para ele e perguntou:

— A que homem está se referindo, Olavo? Ao senhor de escravos ou ao marido que batia nela?

Olavo, também surpreendido por aquela pergunta, após alguns segundos, respondeu:

— Aos dois, Carlos, pois ambos são uns covardes.

Odila, sem ter a menor ideia sobre o que eles estavam falando, disse:

— Ainda bem que pensa assim, meu filho, pois, para mim, ambos eram uns monstros. Um por usar do seu poder para humilhar e ofender seus escravos sem se importar com seus sentimentos e o outro por usar de sua força física para descontar na mulher todas as suas frustações. Ainda bem que as coisas estão mudando muito antes do que Beatrice previu. As mulheres desta geração estão criando seus filhos e, principalmente, suas filhas no sentido de fazer com que cada um entenda que todos são seres humanos, portanto iguais, com todos os direitos e deveres. A maioria das meninas de hoje está aprendendo que precisa ter uma profissão para que possa ter seu próprio dinheiro e se manter sem precisar depender de homem algum nem de ninguém. Por esse motivo, todas são livres para escolherem o seu destino. Da maneira como a coisa está indo, acredito que, quando chegar o novo milênio, tudo vai ser diferente. As meninas de hoje, que são as mulheres de amanhã, terão seu emprego, seu dinheiro e aprenderão que não precisam ficar ao lado de um homem para serem respeitadas e felizes. Quando esse dia chegar, os casais só ficarão juntos se realmente se gostarem.

— A senhora acha que isso vai acontecer, tia?

— Espero que sim. Deve-se levar em conta que as pessoas, quando se casam, o fazem por se gostarem e por quererem ter uma vida juntos, seus filhos e construir um lar. Quando, por motivo de ciúmes, poder ou traição, acontece a primeira discussão, está na hora de o casal repensar o que estão fazendo juntos, pois, depois da primeira, as brigas vão ficando cada vez mais violentas, até ocorrer a agressão física. Quando isso acontece, dificilmente tem volta. O melhor a fazer é marido e mulher se separarem e cada um tomar o seu rumo. Principalmente se tiverem filhos. Ninguém, neste mundo, tem o direito de fazer uma criança sofrer.

— Também penso assim, por isso me separei da Celina e acho que nunca vou me casar. Só vou fazer isso quando tiver certeza de que será para sempre.

— Parabéns, Carlos. É assim que deve pensar.

Enquanto falava, Carlos olhava para Olavo que, calado, ouvia o que os dois diziam.

Mudança de vida

Odila virou a página do caderno e continuou lendo.
— Ela só voltou a escrever quase três meses depois.

Hoje, estou muito infeliz, pois, ontem à noite, aconteceu algo que me deixou assustada. Como faço todos os dias, preparei o jantar e esperei por Giuseppe, mas, pela primeira vez, ele não chegou no horário de sempre. O tempo foi passando e ele não chegava. Fui ficando nervosa e apreensiva, pois suspeitava que algo muito grave havia acontecido. Não tinha a quem recorrer. Domingos estava no trabalho, eu mal conhecia os rapazes que moravam nos outros quartos, e não quis acordar dona Justina e seu marido, pois sabia que hoje teriam de trabalhar. A única solução foi ficar esperando até o amanhecer e, se Giuseppe não chegasse, pelo menos Domingos chegaria e poderia me ajudar. Eram quase três horas da manhã quando Giuseppe chegou. Assim que entrou no quarto, pulei da cama e, chorando desesperada, abracei-me a ele e perguntei:

— O que aconteceu, Giuseppe? Estou desesperada sem saber o que fazer e a quem recorrer!

Ele me empurrou e, rindo de uma maneira estranha como eu nunca havia visto, respondeu:

— Nada aconteceu, mulher. Eu estava com alguns amigos.

Furiosa, perguntei:

— Com amigos! Que amigos?

— Amigos que você não conhece.

— Só naquele momento, percebi que ele cheirava a bebida e a perfume. Ainda mais furiosa, voltei a perguntar:

— Você estava com uma mulher?

Ele me empurrou e, rindo, respondeu:

— Você está maluca, mulher! Estava com uns amigos, só isso.

— Não, Giuseppe, esse perfume não é de homem, é de mulher! Como pode fazer isso comigo?

— Fazer o quê?

— Como o quê? Fiquei aqui louca de preocupação, imaginando mil coisas ruins e você estava na farra com outra mulher?

Ele, nervoso e tentando terminar com aquela discussão, deu um soco em meu rosto. O soco foi tão grande que caí na cama. Furiosa, levantei-me e agarrei-me a ele. Descontrolado, ele deu outro tapa, só que agora mais forte, que pegou o meu rosto, perto dos olhos. Assustada e com dor, fiquei deitada. Ele, nervoso, saiu do quarto. Assim que ele saiu, fiquei ali, chorando, desesperada, sem saber o que fazer. Eu não conhecia aquele homem que havia saído do quarto. Ele sempre fora terno e gentil. Nunca havia levantado a voz. Foi a nossa primeira briga, depois de tanto tempo de casados. Com dor, levantei-me, saí do quarto e fui até a cozinha. Precisava tomar um chá para ver se conseguia me acalmar. No fogão, ainda havia algumas brasas e uma chaleira com água que, todas as noites, eu deixava ali para que, quando fosse de manhã eu pudesse fazer o café. Peguei um pouco de chá de cidreira, coloquei em uma caneca, joguei água por cima e fiquei esperando o chá se misturar com a água. Enquanto esperava, lembrei-me das conversas que tivera com dona Justina. Envergonhada e chorando, pensei:

"Como é fácil julgar as pessoas. Eu me senti no direito porque tinha um marido bom que me tratava com carinho e respeito e, hoje, estou aqui, na mesma situação, sem saber o que fazer. Eu, que tinha todas as soluções para ela, não tenho nenhuma para mim. Poderia voltar para a fazenda. Meus pais, com certeza, me receberiam de volta e os pais dele nunca o perdoariam, mas como fazer isso? Na última carta que escrevi, contei como estávamos felizes e quanto dinheiro Giuseppe estava ganhando. Meu Deus, como as coisas podem mudar tão de repente?"

Fiquei ali, chorando e pensando em uma maneira de deixar aquele homem que eu havia amado até ali, mas não encontrava uma forma de fazê-lo. Não tinha dinheiro algum em casa, pois tudo do que precisava pegava com o senhor Pedro e Giuseppe pagava no fim do mês. Depois de pensar muito, cheguei à conclusão de que não havia o que fazer, pelo menos naquele momento. Percebi que o tempo havia passado e que dona Justina, o marido e os rapazes iam se levantar para irem ao trabalho. Envergonhada, sem querer que me vissem daquela maneira, ainda chorando, voltei para o quarto e fiquei deitada. Algum tempo depois, Giuseppe abriu a porta do quarto e entrou. Fingi estar dormindo. Não queria falar com ele, pois não tinha o que dizer. Ele se deitou ao meu lado e, abraçando-me, disse, carinhoso:

— Sei que não está dormindo, Beatrice. Não sei o que fazer para que você me perdoe. Não sei o que deu em mim. Deve ter sido a bebida, mas prometo que isso nunca mais vai acontecer. Encontrei alguns amigos, saímos para beber e conversar. Como não estou acostumado a beber, alguns goles foram suficientes para que eu perdesse a razão e fui ficando, bebendo cada vez mais. Depois, eles me levaram para uma casa de mulheres e fiquei lá por algum tempo, mas juro que nada aconteceu. Quando percebi o que estava fazendo, vim para casa. Preciso que me perdoe. Prometo que isso nunca mais vai acontecer. Estive pensando e, se você ainda quiser, podemos ter um filho, nos mudar daqui e ser felizes.

Aquilo era tudo o que eu queria ouvir. Acreditei no que ele falava, voltei-me e nos abraçamos. Pela primeira vez, nos amamos sem medo de uma gravidez e foi maravilhoso. Duas horas depois, ele se levantou e foi trabalhar. Disse que estava cansado, mas que tinha uma encomenda para entregar e não podia faltar. Ele saiu e eu continuei deitada. Sabia que meu rosto estava inchado. Não queria que as pessoas me vissem daquela maneira, principalmente dona Justina. Fiquei ali, até ouvir que ela e seu marido haviam saído para o trabalho. Depois, ouvi os rapazes saírem, conversando. Não eram nem seis horas da manhã. Sabia que Domingos só chegaria depois das oito. Eu tinha tempo de tomar café e comer alguma coisa. Depois de tudo o que acontecera e da minha felicidade em poder ser mãe, estava com fome. Queria ficar forte para que meu corpo recebesse bem a minha criança.

Levantei-me e fui para a cozinha. Giuseppe, antes de sair, havia deixado a chaleira sobre a chapa do fogão, por isso, estava quase fervendo. Peguei a chaleira e coloquei sobre as brasas e, enquanto a água fervia, passei manteiga em um pedaço de pão e coloquei sobre a chapa para que esquentasse. Em pouco tempo, a água estava fervendo. Eu já havia colocado o pó no coador, peguei a chaleira e joguei a água sobre o pó. Nesse instante, ouvi Domingos, dizendo:

— Bom dia, dona Beatrice. Que cheiro bom de café. Pode me oferecer uma caneca?

Estremeci. Não queria que ninguém visse o meu rosto e, agora, não poderia evitar. Com a voz trêmula, respondi.

— Bom dia, senhor Domingos. Chegou mais cedo, hoje?

— A senhora não vai acreditar, mas tive dor de dente a noite toda. Não aguentei mais, pedi para um amigo continuar o meu trabalho e vim para casa. Eu estava um pouco tonto e não aguentaria carregar as bagagens. Vou me deitar e tentar dormir, mas acho que não vou conseguir. Às dez horas, vou ao dentista.

Ainda de costas para ele, peguei uma caneca que estava sobre a pia, enchi de café e, sem me voltar, dei a caneca para ele. Sem perceber o que estava acontecendo, ele puxou o banquinho que estava embaixo da mesa, sentou-se e falou:

— Vejo que está esquentando pão com manteiga. Não querendo aproveitar, poderia me dar um pedaço?

Balancei a cabeça, dizendo que sim. Peguei outro pedaço de pão, passei manteiga e coloquei sobre a chapa do fogão. Quando o primeiro pedaço estava quente, ainda de costas, estiquei o braço e dei para ele. Só aí foi que ele percebeu que alguma coisa estava errada. Desconfiado, perguntou:

— O que está acontecendo, dona Beatrice, está incomodada por eu estar aqui na sua cozinha?

Por alguns instantes fiquei sem saber o que responder, depois disse:

— Não é isso. Quantas vezes o senhor entrou na minha cozinha e tomou café?

— Muitas vezes. Por isso, estou estranhando a sua atitude.

— Não ligue, senhor Domingos. Hoje, não estou bem.

— Está bem. Não precisa se preocupar comigo, não vou tomar café nem comer pão. Meu dente está doendo muito.

Embora eu estivesse nervosa com aquela situação, não queria que ele entendesse mal a minha atitude. Nervosa, disse:

— Não se ofenda, por favor. Tome seu café e coma seu pão.

Sem que eu esperasse, ele se levantou e, segurando-me pelos ombros, virou-me e viu o meu rosto. Nervoso, perguntou:

— O que aconteceu com seu rosto, dona Beatrice?

Envergonhada, abaixei a cabeça e respondi:

— Tropecei e bati a cabeça na cabeceira da cama.

Profundamente irritado e gaguejando de raiva, disse:

— Essa resposta é a mais antiga de todas! Diga a verdade, Giuseppe bateu na senhora?

Vendo que não poderia esconder nem negar, com a cabeça disse que sim. Ele ficou possesso:

— Vou matar aquele carcamano! Como pode fazer uma coisa dessas com a senhora?

Chorando e com vergonha, respondi:

— Ele estava nervoso e tinha bebido um pouco, mas agora está tudo bem. Hoje, antes de sair para o trabalho, pediu perdão e disse que isso nunca mais vai se repetir...

— A senhora acreditou?

— Por que não acreditaria? Ele sempre foi um bom marido e nunca nem sequer falou alto comigo. Foi um deslize, mas ele está arrependido e disse que podemos ter um filho. Sabe que é o que mais desejo.

— Tomara que esteja certa, mas não acredito. Depois que o homem bate a primeira vez, nunca mais deixa de bater. Vejo muito isso acontecer lá na estação. Muitas mulheres passam por lá fugindo de seus maridos violentos e algumas me contam sua história.

— Giuseppe é diferente, ele nunca mais vai fazer isso.

— Espero que esteja certa, mas, infelizmente, não posso acreditar nisso. Agora, preciso tentar dormir um pouco. Obrigado pelo café.

Dizendo isso, afastou-se e eu fiquei ali, envergonhada e querendo morrer. Duas horas depois de ter ido se deitar, Domingos saiu do quarto. Eu estava na cozinha preparando o almoço. Ele me cumprimentou secamente e foi embora.

Ele não costumava fazer isso. Era muito conversador e sempre tinha uma história para contar. Fiquei sem saber se ele fizera aquilo por estar com dor de dente ou por raiva pelo que Giuseppe havia feito comigo. À tarde, recolhi a roupa que havia lavado pela manhã e, esquentando o ferro sobre a chapa do fogão, passei toda ela e guardei. Estava chegando a hora de dona Justina voltar. Eu não queria que ela me visse daquela maneira. Entrei no quarto e fiquei quieta. Algum tempo depois, ouvi os passos dela, que eram inconfundíveis, aproximando-se da minha porta. Engoli seco e fiquei desejando que ela passasse sem parar, mas isso não aconteceu. Ela parou, bateu à porta e, vendo que eu não respondia, disse:

— Sei que está aí, menina. Abre essa porta.

Eu continuei quieta, encolhida e chorando. Ela insistiu:

— Abre a porta, menina! Sei que está aí e sei o que aconteceu. Você se esqueceu de que nossos quartos são grudados. Do meu, pude ouvir o que seu marido fez. Abre a porta, minha filha. Precisa conversar com alguém e não existe, neste mundo, pessoa melhor do que eu para que possa fazer isso.

Percebendo que ela sabia o que havia acontecido, não tive alternativa. Soltei os cabelos e joguei-os sobre o meu rosto, do lado em que estava todo roxo, e abri a porta. Ela, ao me ver, sorriu e abriu os braços. Eu, ainda chorando, me abracei a ela que, passando as mãos sobre meus cabelos, disse:

— Não fica assim, menina. Não adianta. Com o tempo você vai se acostumar. Todo homem é igual.

— Perdão, dona Justina...

— Por que está me pedindo perdão?

— Por achar que tinha um marido bom, senti-me no direito de julgar a senhora. Agora que isso aconteceu, estou morrendo de vergonha.

Ela me afastou, olhou em meus olhos e, sorrindo, disse:

— Não precisa ter vergonha. Eu sou velha e não posso abandonar o meu velho, pelo motivo que contei, mas você é jovem, tem pai, mãe e um lugar para onde voltar. Faça isso, minha filha, volte para seus pais, para a sua família.

— Não, dona Justina! Giuseppe fez isso por estar alterado pela bebida, mas prometeu que nunca mais vai se repetir e, o mais importante, disse que agora poderemos ter um filho e nos mudar para uma casa maior! Isso é o que mais desejo!

— Não acredite nisso, minha filha. Ele bateu pela primeira vez e não vai parar nunca mais. Sempre vai encontrar um motivo. Não tenha um filho com esse homem. Você ainda tem tempo.

— Não posso voltar. A senhora sabe o que significa uma mulher largada pelo marido? Sabe o que todos vão dizer. Vou ficar marcada para sempre...

— Sei, sim, e sinto muito por isso, mas será que está certo? Outro dia, você me disse uma porção de coisa que me fez pensar muito. A mulher é, sim, um ser humano igual ao homem e precisa ser respeitada como tal. Alguém tem de começar. Quem sabe não é você esse alguém? Você disse que as coisas precisavam mudar, não disse?

Mais envergonhada do que nunca, abaixei os olhos e respondi:

— Disse, dona Justina. Sei o que fazer, mas não tenho coragem.

— Está bem, menina. Quem sabe você, um dia, tenha essa coragem. Ainda tem tempo. Agora, preciso preparar o meu jantar, porque senão, quando meu velho chegar e não estiver tudo pronto, quem vai apanhar sou eu.

Rindo, afastou-se e eu, entrei no quarto, deitei-me e fiquei pensando.

Odila parou de ler. Olhou para eles e disse:

— Nesse dia, ela parou de escrever. Estão vendo o motivo de eu ter ficado chocada quando li este caderno, Olavo? Nunca poderia imaginar que sua avó havia passado por isso.

— Não entendo. Como não sabia, mamãe! Sempre disse que sua mãe morreu quando você ainda era pequena e que, praticamente, tinha sido criada por Beatrice!

— O que eu sabia era que, quando minha mãe morreu, eu tinha dois anos e o seu pai, Carlos, ia fazer três. Portanto, fui criada por ela e nunca percebi. Continuando a ler o caderno, entendi qual era o motivo.

— Ele nunca mais bateu nela?

— Você disse que queria ler o caderno para saber os detalhes, Se quiser, eu conto.

— Tem razão, mamãe. Continue lendo.

— Vou continuar. Só que estou com a boca seca. Que tal tomarmos um chá e, depois, voltarmos à leitura?

Ansiedade sem fim

Enquanto isso acontecia, Hortência, no apartamento que Olavo havia lhe dado, andava de um lado para outro. Olhava, a todo instante, para o telefone e pensava:

Já são mais de dez horas! Ele não vem mais! Já telefonei mil vezes para a empresa e ninguém responde. Deve estar tudo fechado. O que será que aconteceu para ele mudar da maneira como mudou? Hoje, foi ríspido, sarcástico e até cruel! Estava tudo certo para passarmos um fim de semana maravilhoso! Só nós dois! De repente, do nada, sem me consultar, ele mudou os planos e me deixou, aqui, sozinha, sem maiores explicações. Preciso saber o que aconteceu, senão vou ficar louca! Será que ele fez as pazes com a mulher? Não, não pode ser! Ele não faria isso comigo! Ele sempre diz que a odeia e sempre acreditei nisso!

Foi até o bar, pegou um copo e encheu de vinho. Sentou-se em um sofá e, olhando para o telefone, começou a beber e a pensar:

Ele não pode ter feito as pazes com ela! Ele a odeia! Não sei o motivo, nunca me contou, mas sei que ele a odeia! Não posso continuar nesta agonia! Preciso saber o que aconteceu!

Olhou novamente para o telefone. Pensou:

Já sei o que vou fazer! Vou telefonar para a casa dele e tomara que ele atenda.

Pegou o telefone e começou a discar os números. Quando chegou ao ultimo, parou e colocou o telefone de volta no gancho. Voltou a sentar, pegou o copo, tomou mais um gole e continuou pensando:

Não posso fazer isso, pois, se ela atender e desconfiar, ele vai ficar brabo, embora nunca tenha me proibido de telefonar para a casa dele. Acho até que ela sabe de mim! Outro dia, ele me contou que havia batido nela, não acreditei, pois, comigo tem sido sempre gentil e amoroso. Acho que disse aquilo só para aparecer, mas, se for verdade, por que ela aguenta e não se separa dele ou morre? Se isso acontecesse, ele ficaria comigo para sempre e seríamos felizes!

Levantou-se, foi até o vitrô da sala que dava para uma praça, olhou para o céu. A lua estava na fase quarto crescente, brilhava muito e havia muitas estrelas. Ela continuou pensando:

A noite está linda! Perfeita para ser vivida com muito amor. Tudo o que eu queria era estar ao lado dele. Quando começamos, pensei que seria por pouco tempo, apenas uma aventura, mas não, estamos juntos há quase quatro anos. Sempre acreditei que ele gostasse de mim e que, a qualquer momento, se separaria dela e nos casaríamos, mas, hoje, demonstrou que tudo pode mudar. Meu Deus, o que será que aconteceu? Não aguento mais essa incerteza!

Enquanto Hortência permanecia com toda aquela ansiedade, Helena, depois que pegou Narinha na escola, deu o jantar a ela e a colocou para dormir. Estava sentada em uma cadeira na varanda, olhando para o mesmo céu que Hortência, pensando em tudo o que Eunice disse e sua mãe haviam dito.

As duas falaram coisas certas. Não sei o que fazer. Se fizer o que Eunice disse, pegar minha boneca e ir embora, tenho certeza de que dona Clélia me receberia como sempre fez, porém sei que Olavo não se conformaria e entraria na justiça para que eu perdesse a guarda de Narinha. Usaria como argumento o fato de eu estar morando com a família do meu antigo noivo. Talvez o juiz não aceite esse argumento, mas como posso ter certeza? Como posso arriscar perder a minha filha, depois de tudo o que fiz para que ela nascesse? Minha mãe tem razão em algumas coisas. Apesar de tudo, Olavo é um bom pai e Narinha, se permanecer ao lado dele, terá uma vida que eu, sozinha, não posso proporcionar a ela. Como me arrependo de não ter estudado, pois, se tivesse feito isso, estaria como Débora, com um bom emprego e viajando pelo mundo, mesmo que fosse a trabalho. Na minha ignorância, achei que, se me casasse com um homem rico, seria feliz. Hoje, estou aqui, casada com um homem muito rico, morando nesta mansão e me sentindo a mulher mais infeliz deste mundo.

Hortência, quase alucinada, pegou o telefone novamente e, desta vez, discou todos os números.

Helena pegou um livro. Sentou-se em um sofá e ficou tentando ler. Ao ouvir o telefone, pensou:

Será que é minha mãe que pensou melhor e resolveu me ajudar?

Atendeu. Hortência ficou calada por alguns segundos. Depois, perguntou:

— Boa noite. O doutor Olavo está?

Helena estremeceu e, indignada, respondeu:

— Não, ele não está. Pegou uma maleta e disse que ia passar o fim de semana viajando, pensei que fosse com você, mas, pelo visto, deve estar com outra. Você acha que o tirou de mim? Pelo que parece, outra o está tirando de você. A vida é assim, sempre tem a volta. Boa noite!

Helena bateu o telefone com força. Hortência ficou com o dela na mão, sem saber o que fazer ou pensar. Tomou mais um gole, começou a chorar e a falar alto:

— *Não pode ser! Ele não ia fazer isso comigo! Ela deve estar mentindo. Ele deve estar no banheiro ou tomando banho. Não deve ter ouvido o telefone! Será que está com outra? Será que esqueceu todo o nosso amor? Sei que me amava, demonstrou isso de muitas maneiras. Passamos várias noites e fins de semanas juntos. Não pode ser! Não pode ser! Deve ter acontecido algum acidente e ele deve estar sozinho, em algum hospital ou morto! Meu Deus, preciso fazer alguma coisa, mas, o quê?*

Tomou outro gole de vinho e continuou pensando:

Já sei, vou telefonar para Celina. Sei que ela se separou de Carlos, mas deve saber alguma coisa, pois, se Olavo arrumou outra, Carlos, que vive sempre grudado nele, deve saber e pode ter contado para Celina. Hoje é sexta-feira, será que ela está em casa? Não sei, mas não custa tentar.

Sem se preocupar com o horário, discou o número de Celina, que atendeu. Eufórica, Hortência disse:

— Ainda bem que você está em casa! Fiquei com medo de que você tivesse saído.

— Como pode ver, estou em casa, só na preguicinha, assistindo a um filme na televisão. Sou eu quem está admirada de você me telefonar neste dia e a esta hora. Não ia passar o fim de semana com Olavo?

— Eu ia, até comprei as passagens de avião e reservei o hotel, mas, hoje à tarde, ele disse que não poderia chegar na hora, pois tinha que fazer não sei o que na empresa e que me telefonaria mais tarde. Só que, até agora, ele não chegou nem telefonou! Fiquei e estou desesperada. Tanto que telefonei para a casa dele e a mulher dele atendeu.

Celina, indignada, perguntou:

— O que você fez, Hortência, telefonou para a casa dele?

— O que queria que eu fizesse, Celina? Eu estava e estou desesperada!

— Você é louca, Hortência! Não tem um pingo de juízo! O que a mulher dele fez, quando atendeu ao telefone?

Hortência contou o que Helena havia dito e terminou, dizendo:

— Ela é uma grossa e mal educada!

Celina, ao ouvir aquilo, começou a rir e disse:

— Grossa, mal educada? O que queria que ela fizesse, Hortência? Você é a amante do marido dela e teve a cara de pau de telefonar para sua casa! Pense um pouco, o que você faria se estivesse no lugar dela?

— Eu jamais estaria no lugar, pois, se tivesse um marido como Olavo, que tem amante e não esconde, já o teria abandonado há muito tempo! Ela, sim, é que é cara de pau, pois aguenta tudo isso e não se separa dele!

— Será que, se fosse você, se separaria realmente, Hortência? Logo você que gosta tanto de dinheiro, deixaria um marido rico como Olavo? Duvido muito!

— Pensando dessa maneira, talvez eu demorasse um pouco para me decidir, mas já estou com ele há quase quatro anos e ela sabe! Estou esperando o dia em que ela não aguente mais, se separe dele ou morra!

— Pare com isso, Hortência! Não ouviu o que ela disse? Tudo tem volta. Você fica desejando a morte dela e, no final, quem pode morrer é você.

— Vire essa boca para lá, Celina! Estou batendo na madeira! Não vou morrer, não tenho nem vinte e cinco anos! Tenho muito para viver e ao lado de Olavo!

Celina começou a rir novamente e perguntou:

— Afinal de contas, por que está me telefonando? O que você quer realmente?

— A mulher dele disse que se ele não está com ela nem comigo, deve ser porque está com outra. Você acredita que isso possa estar acontecendo?

— Como posso saber, Hortência? Nunca tive muita intimidade com Olavo.

— Mas tinha muita com Carlos e ele sabe tudo o que se passa na vida de Olavo! Você ficou com ele tanto tempo. Se aconteceu alguma coisa, ele deve ter comentado.

— Não, ele nunca comentou a vida de Olavo comigo. Só fiquei sabendo que você estava saindo com ele quando você mesma me contou. Carlos é muito discreto.

— Você acha que Olavo pode ter outra mulher?

— Não sei, mas, como a mulher dele disse, ele a trocou por você, pode bem estar trocando você por outra...

— Não, isso não pode acontecer! Pare com isso, Celina! Telefonei para você me acalmar, não para me deixar mais nervosa ainda!

— Desculpe, mas você perguntou e eu só posso dizer o que penso.

— Não! Ele não vai me trocar por outra, deve ter acontecido algum acidente. Ele deve estar em algum hospital...

— Quem precisa parar é você, Hortência! Nada aconteceu com ele, pois se tivesse acontecido algum acidente, a mulher dele saberia e teria te contado. Sabe que notícia ruim chega rápido.

— Não sei, não, Celina. Você mesma disse que ela tinha motivo para estar nervosa. Acha que, só para me atormentar, ela teria coragem de não me contar o que aconteceu com ele?

Novamente, Celina começou a rir:

— Pare de viajar, Hortência! Ele não veio e pronto. A única coisa que pode fazer é tentar dormir e, amanhã, encontre uma maneira de conversar com ele.

— Está bem, vou tentar fazer isso. Agora, mudando de assunto, você não me contou por que largou o Carlos.

— Vamos corrigir isso, Hortência. Não fui quem o largou, ele me largou.

— Foi ele? Por quê? O que você fez?

— Segundo ele, eu sou ciumenta, teimosa e possessiva.

Agora quem riu foi Hortência.

— Preciso concordar que ele tem um pouco de razão. Não que você seja muito, mas que é um pouco de cada coisa, você é.

Celina, também rindo, disse:

— Você até que tem um pouco de razão, mas neste caso a culpa não foi totalmente minha. Nunca me senti feliz e segura ao lado de Carlos.

— Por quê? Ele não a tratava bem?

— Ao contrário, sempre foi muito atencioso e me tratava com carinho. Só que, algumas vezes, ele ficava distante, parecendo pensar em outra pessoa ou em outra coisa. Nessas horas, eu me atormentava, começávamos a brigar e ele me acusava de ciumenta.

— Não era ciúme?

— Até poderia ser, mas eu não conseguia me controlar. As brigas foram se tornando cada vez mais frequentes, até que ele resolveu que seria melhor darmos um tempo. Você sabe o que isso significa, não é?

— Claro que sei. Quem não sabe? Você aceitou?

— Aceitei sem dizer coisa alguma, porque, lá no fundo, eu sabia que ele não gostava de mim, não da maneira como eu queria e acho que mereço.

— Somos amigas há tanto tempo, porém, tão diferentes, não é, Celina?

— É verdade, Hortência. Quando você começou a sair com Olavo, eu disse a você que ficar com um homem casado quase nunca dá certo, mas você não me ouviu e, hoje, está nesse desespero todo.

— Por que está dizendo isso? Não está achando que Olavo encontrou outra, está, Celina?

— Eu não disse isso, Hortência, mas sempre há uma possibilidade, pois, se ele fez uma vez, poderá fazer outra. Acho melhor você ficar preparada.

— Está dizendo isso, porque foi abandonada, entregou-se a um amor e não conseguiu coisa alguma. Comigo foi diferente. Olavo me deu muitos presentes, até o apartamento onde moro. Se ele me trocar por outra, não terei ficado ao lado dele de graça.

Celina ficou calada por algum tempo, até que disse:

— Se coisas são importantes para você, não tem do que reclamar. Olavo cumpriu bem o seu papel. Pagou pelo serviço prestado.

— Você está me ofendendo, Celina!

— Foi você quem disse que, se ele for embora, ao menos deu a você muitas coisas. Só completei o seu pensamento. Já conversamos muito. Está na hora de dormirmos. Não se desespere. Durma que amanhã, com certeza, será outro dia. Boa noite, Hortência.

— Tem razão, Celina. Conversamos tanto que nem vi a hora passar. Vou fazer o que você disse, me deitar e tentar dormir. Amanhã, vou tentar descobrir o que aconteceu com Olavo. Boa noite.

Nova atitude

Após terminarem de tomar o chá, Odila, Carlos e Olavo voltaram para a sala e sentaram-se. Ela pegou o caderno, que estava aberto na página que estava lendo, e começou a falar:

— Sua avó escreveu no dia seguinte, Olavo.
— O que ela escreveu?

Ontem, diferente dos outros dias, Domingos saiu para o trabalho, antes de Giuseppe chegar. Passou por mim, cumprimentou-me secamente e foi embora. Preparei um jantar especial para Giuseppe, queria que ele ficasse feliz e, assim, poderíamos tentar fazer o nosso filho. Depois que o jantar ficou pronto, fui para o quarto e me preparei para esperá-lo. Porém, a hora que ele costumava chegar passou e ele não chegou. Comecei a ficar assustada e com muito medo de que se repetisse tudo aquilo que aconteceu ontem à noite, embora não quisesse acreditar, pois ele havia prometido que nunca mais faria aquilo. Apreensiva, deitei-me, fiquei esperando e olhando para o relógio. Quanto mais o tempo passava, mais meu medo aumentava. Era mais de meia-noite, quando ele chegou. Assim que entrou no quarto, eu me levantei e, antes que eu perguntasse alguma coisa, ele me empurrou com tanta força que caí sobre a cama. Gritando, perguntou:

— Precisava ter contado ao Domingos o que aconteceu ontem? Precisava ter falado mal de seu marido?

Chorando e desesperada, respondi:

— Eu não ia contar, mas ele viu o meu rosto e deduziu...

— Deduziu? Deduziu, também, que você só vai continuar ao meu lado porque quer ter um filho? Deduziu isso?

— Ele perguntou por que eu não abandonava você e eu disse que você havia me prometido que nunca mais ia se repetir o que havia ocorrido e que, agora, poderíamos ter um filho. Foi só isso que aconteceu...

— Você quer ter um filho, não quer?

Sem conseguir parar de chorar e apavorada pela atitude dele, respondi:

— Sabe que sim, Giuseppe.

— Então, você vai ter!

Naquele momento, ele fez algo que nunca mais em minha vida vou esquecer. Com muita raiva, rasgou minha roupa e me tomou com violência. Sem ter o que fazer, apenas chorei e ele disse, gritando:

— Já que Domingos só soube porque viu o rosto, não vai saber nunca mais. De agora em diante, só vou bater em suas costas, onde ninguém pode ver, e seu rosto continuará perfeito, lindo como sempre foi!

Depois, virando-me de costas, tirou a cinta que estava presa a suas calças e bateu muitas vezes em minhas costas. A dor que senti em minhas costas foi imensa, mas, pior que a dor, foi a humilhação que senti. Depois, ele simplesmente virou-se para o lado e adormeceu. Eu fiquei ali, chorando, sem conseguir me mexer de tanta dor. Pela manhã, como aconteceu ontem, ele chorou e pediu perdão. Embora não acreditasse mais nas suas promessas, com medo, fiquei calada.

Nesse momento, Carlos, olhando primeiro para Olavo e depois para Odila, disse:

— Tia, eu já ouvi uma história como essa. Conheço um homem que bate nas costas da sua mulher, para que ninguém saiba que ele faz isso...

— Que horror, Carlos! Esse homem é um canalha! Como, nos dias de hoje, isso ainda pode acontecer?

— Também não entendo, mas acontece. Eu já disse a ele mil vezes que, se não gosta mais da mulher, deve se separar, mas ele se recusa. Disse que nunca vai deixá-la.

— Ele é um monstro!

Carlos olhou para Olavo que, sem perceber, se encolheu no sofá.

Odila, sem ter a menor ideia de que Carlos estava falando de seu filho, falou:

— Como podem ver, Olavo, sua avó sofreu muito. Por ele nunca bater no rosto dela, foi que eu, mesmo morando quase toda minha vida com eles, não tinha a menor ideia de que isso acontecia. Por isso fiquei tão abalada quando comecei a ler o caderno e, durante a leitura, fui me abalando cada vez mais. Assim, tenho certeza de que vocês se abalarão. Vou continuar a leitura.

Assim que ele saiu para trabalhar, mesmo com muita dor por todo o meu corpo, levantei-me, coloquei uma blusa larga sem o corpete e fui para a cozinha. Sabia que, agora, não precisava mais esconder, pois dona Justina devia ter ouvido tudo o que aconteceu e, assim como os rapazes, já tinha saído para o trabalho e Domingos ia demorar a chegar. Chorando e quase sem poder me mexer, peguei uma caneca, coloquei um pouco de leite e de café e me sentei no banquinho. Comecei a tomar e a pensar:

Preciso ir embora daqui. Como Domingos disse, ele não vai parar de me bater e, a cada dia, vai ficar pior. Não sei qual é o motivo. Nunca imaginei que fosse tão violento. Como não tenho dinheiro, preciso juntar um pouco, o necessário para pagar uma passagem de trem. Eu não queria, mas vejo que não há alternativa.

Estava assim, tomando o café com leite, quando ouvi:

— *Bom dia, dona Beatrice. Como a senhora está?*

— *Bom dia, senhor Domingos. Estou bem, mas, hoje, o senhor chegou mais cedo?*

— *Acho que meu dente inflamou e não consegui trabalhar com tanta dor que sentia. Quando voltei, era pouco mais da meia-noite. Daqui a pouco, vou voltar ao dentista e ver o que está acontecendo.*

Ao ouvir aquilo, estremeci, pois, assim como dona Justina, o quarto dele era ao lado do nosso, portanto ele devia ter ouvido tudo o que havia acontecido.

Sem que eu conseguisse evitar, lágrimas começaram a cair dos meus olhos. Ele se aproximou. Com as mãos, levantou meu rosto e, com a voz trêmula e olhando em meus olhos, disse:

— Preciso pedir perdão à senhora.

— Perdão por quê?

— Ontem, fiquei tão brabo com Giuseppe que, antes de ir ao dentista, passei pela loja e disse algumas verdades para ele. Disse que a senhora não merecia o que ele estava fazendo e que não ia abandoná-lo porque ele havia prometido que não faria mais aquilo. Ele, parecendo envergonhado, disse que, com certeza, não ia se repetir o ocorrido. Fiquei tranquilo e fui ao dentista. Quando cheguei, ouvi que ele gritava e que era por minha causa, por eu ter ido falar com ele. Só naquele momento percebi o mal que, tentando ajudar, eu tinha feito para a senhora. Depois, pude perceber tudo o que aconteceu. Ouvi o barulho da cinta em suas costas e os seus gemidos. Minha vontade foi de arrombar a porta e dar uma surra nele, mas o medo de piorar as coisas fez com que eu ficasse parado e sofrendo a cada cintada que a senhora recebia. Precisa abandoná-lo, dona Beatrice. Ele sentiu a força do poder que exerce sobre a senhora e não vai parar nunca mais...

— Já pensei muito nisso, senhor Domingos, mas não tenho dinheiro algum. Embora esteja recebendo muito, Giuseppe não me dá nenhum tostão.

— Sabe que tenho dinheiro, muito mais do que tinha quando nos conhecemos e de eu começar a trabalhar com ele. Posso dar à senhora tudo o que desejar e precisar. Precisa ir embora, antes que ele a mate!

Fiquei tentada a aceitar, mas disse:

— Obrigada, senhor Domingos, mas não posso aceitar o seu dinheiro. Vou dar um jeito e encontrar uma maneira de conseguir o dinheiro com ele.

Ele, com carinho, beijou minha testa e disse:

— Está bem. Faça como quiser, mas, se precisar, a qualquer momento estou pronto a ajudá-la. É só falar, sem constrangimento algum. Agora preciso ir ao dentista, essa dor de dente está me matando.

Dizendo isso, afastou-se e eu fiquei olhando até que ele sumisse no fim do corredor. Na realidade, o que eu sentia mesmo era medo de abandonar Giuseppe, voltar para casa e meus pais não acreditarem ou acharem que, como mulher, eu devia permanecer ao lado dele. Se ao menos eu tivesse um trabalho para me manter, poderia cuidar da minha vida sozinha, mas, isso, hoje em dia é quase impossível. A mulher depende e vai depender por muito tempo do homem, não só pelo dinheiro, mas e, especialmente, para ser aceita pela sociedade. Um dia, tudo isso tem de mudar...

— Ela estava prevendo o futuro, tia?

— Prevendo, não, desejando.

Olavo, nervoso com tudo o que estava ouvindo, quase gritou:

— Pare de atrapalhar a leitura, Carlos! Deixe mamãe continuar!

Carlos, com um sorriso triste, disse:

— Está bem, Olavo. Sei que essa leitura está interessando muito a você.

Olavo entendeu o que Carlos estava querendo dizer, mas Odila não tinha a mínima ideia e, virando a página, disse:

— Vamos continuar a ler o que Beatrice escreveu.

Depois que Domingos saiu, terminei de tomar o café e, como todo o meu corpo doía, com muita dificuldade caminhei até o meu quarto e me deitei com as costas para cima. Fiquei imóvel, chorando e pensando. Na hora do almoço, comi qualquer coisa e voltei para a cama. Só queria dormir e não acordar nunca mais. Acordei com os passos de dona Justina. Sabia que ela ia parar e ver como eu estava, pois, com certeza, ela havia ouvido o que acontecera, mas, para minha surpresa, ela não parou. Respirei fundo e agradeci a Deus. Não queria falar com ninguém, muito menos com ela. Algum tempo depois, ouvi os passos dela novamente. Percebi que se dirigiam para a minha porta. Ela parou, bateu à porta e disse:

— Sei que você não quer conversar, mas precisa se tratar. Abre essa porta. Prometo que não vou dizer uma palavra.

Sabendo que não adiantaria me negar, pois ela não iria embora, levantei-me e abri a porta. Ela estava com uma bacia nas mãos com água, um pedaço de pano e algumas ervas. Sem esperar que eu a convidasse, entrou, dizendo:

— Precisa cuidar desses machucados, senão vai inflamar. Tire a blusa.

Sem reação alguma, tirei a blusa e voltei minhas costas para ela que, não demonstrando reação alguma, disse:

— Deita aí, menina. Logo não vai mais sentir dor, a não ser a da alma.

Deitei-me e comecei a chorar por tudo aquilo que estava acontecendo. Calmamente e em silêncio, ela foi molhando o pano e colocando sobre minhas costas. Deixava um pouco, tirava, molhava e colocava novamente. Fez isso várias vezes. Aos poucos, fui sentindo que a dor começou a desaparecer. Feliz, eu disse:

— Dona Justina, não está doendo mais! Que ervas são essas?

Ela, rindo de felicidade, disse:

— É uma mistura de muitas ervas. Isso é remédio dos nossos caboclos e dos pretos velhos que já se foram, minha filha. Sempre que um escravo era açoitado, outro escravo ia à mata, pegava essas ervas e passava no lugar machucado.

Não entendi o que ela disse e perguntei:

— Quem são esses caboclos e pretos velhos? A senhora disse que já se foram? O que quer dizer? Eles estão mortos?

Ela, rindo, perguntou:

— Você gosta de algum santo?

— Gosto e rezo para muitos.

— Quais são esses santos?

— Em primeiro lugar, está Jesus, depois, Santa Bárbara. Quando eu era criança, tive um problema nas vistas. Minha mãe fez uma promessa para ela e eu sarei. Desde então, ela se tornou minha santa de devoção.

— Além disso, ela é sua mãe! Você é filha de Iansã.

— Iansã? Quem é essa? Minha mãe se chama Genoveva.

— Isso é coisa da religião dos escravos. Quando os brancos roubaram e trouxeram os negros para cá, não sabiam que eles tinham seus deuses e, quando descobriram, proibiram que eles continuassem com sua religião, adorando seus deuses. Diziam que era coisa de pagão.

Sem entender bem o que ela estava dizendo, perguntei:

— Que deuses?

— Lá na África, onde os negros moravam, não conheciam Jesus mas acreditavam na natureza. Acreditavam, também, que há um deus que cuida de cada pedaço da natureza. E mais: cada um dos vivos tem um pai e uma mãe da natureza. Por isso, eu disse que você era filha de Iansã, a deusa dos ventos e dos trovões, e seu pai é Oxóssi, que cuida das matas. Os filhos desses santos são guerreiros, podem até perder uma luta, mas não desistem nunca. Por isso, minha *filha, você, agora, está vivendo um pedaço ruim da sua vida, mas tudo vai passar. Iansã, ou se preferir, Santa Bárbara, com seus ventos, vai afastar tudo de ruim para bem longe de você e Oxóssi, com seu arco e flecha, vai ficar na sua frente, impedindo que o inimigo ganhe a batalha. Tenha fé nisso, menina. Os negros, quando perceberam que os brancos não aceitavam a religião deles, para não serem castigados, começaram a fazer um altar e a colocar, sobre ele, imagens dos santos dos brancos. Para cada um dos santos deu o nome de seus deuses. Assim, poderiam continuar homenageando seus santos, sem sofrerem castigo algum. Foi assim que sua Santa Bárbara se transformou em Iansã. Entendeu?*

Eu não acreditei, nem entendi muito bem tudo aquilo, mas achei a história bonita. Ela, talvez percebendo o que eu estava pensando, disse:

— Também sou filha de Iansã e vou contar um pouco da minha vida, pois não contei antes. Você vai ver que, apesar de tudo, eu nunca desisti de ter esperança de encontrar um ou todos os meus filhos.

Depois que ela passou aquela água nas minhas costas, eu estava me sentindo muito bem. Ela tirou o pano das minhas costas, pegou minha blusa e me ajudou a colocar. Depois, perguntou:

— Quer ouvir o resto da minha história?

Apesar de tudo, eu estava bem. Ela havia chegado há muito tempo e não havia tocado nem uma vez no nome de Giuseppe nem no que ele fizera naquela noite. Com a cabeça, concordei. Ela, sorrindo, começou a contar:

— Sempre que eu ficava esperando uma criança, com o coração partido, eu ia na mata, pegava uma porção de sementes coloridas e fazia um colar. Quando a criança ficava grandinha e eu sabia que o meu senhor logo ia levá-la embora, eu colocava o colar no pescoço dela e falava:

— Nunca tire esse colar do pescoço, pois, se algum dia você se perder da sua família, vai poder encontrar alguém que tenha um colar igual e vai saber que é seu irmão, sobrinho ou tio, até filho ou neto. Para cada filho que tiver, precisa fazer um colar igual e falar o que estou falando. Nem que seja daqui a cem anos, nossa família vai se reunir.

Dizendo isso, ela abriu a blusa, tirou um colar e me mostrou:

— Também tenho este, que é igual ao deles. Quem sabe, um dia, eu encontro qualquer um dos meus filhos ou, quem sabe, um neto. Quando a minha

primeira filha tinha treze anos, o meu senhor a vendeu para um amigo seu. Ela foi a primeira. Eu e o meu velho choramos, imploramos, mas não adiantou. O malvado levou a nossa filha e nunca mais tivemos notícia dela. Depois, um a um foi levado e só Deus sabe onde eles estão. Dois anos antes de os negros serem libertados, ele levou minha última menina. Ela, quando nasceu, era tão bonita que eu a chamei de Lindinha. Ela tinha só treze anos. Era uma menina ainda, mas aquele malvado não se importou e a levou não sei para onde. Quando os escravos foram libertados, eu e meu velho não pensamos duas vezes, saímos da fazenda e viemos para a cidade com a esperança de encontrar um deles. Só quando chegamos aqui, conversando com um e outro, descobrimos que há muito tempo havia uma lei chamada Lei do Ventre Livre. Por causa dessa lei, nenhum negrinho que nascesse depois dela devia ser escravo.

— A senhora não sabia dessa lei?

Eu gostava de ouvir suas histórias e, conversando com ela, apesar de tudo, eu me sentia muito bem.

— Não, escravo não sabia ler e nunca participava das conversas dos brancos. Só aí eu e o meu velho entendemos o porquê do nosso senhor aumentar a idade dos negrinhos que nasciam.

Fiquei indignada e triste ao ouvir aquela história. Como um ser humano foi capaz de fazer tanta maldade? Disse:

— Não consigo imaginar o quanto a senhora sofreu, dona Justina. Mesmo assim, tem tanta força, tanta fé e esperança...

— Fé e esperança a gente adquire, mas a força está dentro de cada um. Basta deixar que ela aflore. Agora, preciso cuidar do jantar. Até amanhã, minha filha. Deus te abençoe. Vou rezar aos meus orixás para que eles fiquem ao seu lado.

Agradeci e ela, pegando a bacia com o pano dentro, foi para seu quarto.

Ao ouvir o que Odila lia, Olavo olhou para Carlos e os dois, com os olhos arregalados, olharam para ela, que, rindo, disse:

— Sei o que estão pensando. Eu e Genaro, quando lemos isso pela primeira vez, também arregalamos os olhos, assim como estão fazendo agora.

— Mamãe, a senhora está dizendo que somos parentes da dona Justina?

— Parece mentira, mas somos.
— Como pode ser?
— Você não disse que queria saber os detalhes, Olavo?
— Eu disse, mas nunca imaginei que a história da minha avó chegasse a esse ponto! Que tivesse uma revelação desta!
— Ainda há muitas revelações que vocês, realmente, não imaginam.
— Tenha dó, tia! Agora, a senhora precisa contar!
— Está quase chegando a explicação, Carlos. Espere só mais um pouco.

Conhecendo Odila como conheciam, sabiam que ela estava se divertindo com a ansiedade deles e que não iria contar e continuaria lendo. Foi o que fez:

— Vamos ver o que Beatrice escreveu.

Depois que dona Justina saiu do quarto, fiquei pensando em tudo o que ela falou e comecei a escrever. Agora, preciso parar, pois, se Giuseppe chegar na hora de sempre, quero que encontre a comida pronta.

Odila parou de ler e, olhando para o relógio que estava na parede, disse:

— É quase meia-noite. Não acham que está na hora irmos dormir?

Os dois gritaram, juntos:

— Não!

Olavo, desesperado, pediu:

— Por favor, mamãe, não pode parar agora! Amanhã é sábado e poderemos dormir até mais tarde...

— Eu estava brincando, não teria coragem de deixar vocês nessa ansiedade. Também, está quase terminando.

Odila virou a página, recomeçou a ler e disse:

— Ela só voltou a escrever quatro dias depois.

Está tudo bem. Giuseppe voltou a ser como sempre foi, tem chegado todos os dias no horário de sempre e está me tratando com carinho. Disse que está arrependido do que fez e que, pela primeira vez, quer um filho tanto quanto eu. Disse que está ganhando muito dinheiro e que vai precisar alugar outra loja e contratar mais ajudantes. Domingos está cuidando disso. Estou preocupada com Domingos, pois, desde a última vez que conversamos e ele se desculpou por ter falado com Giuseppe e causado outra briga, está distante. Apenas me cumprimenta quando sai e quando chega. Sinto falta das nossas conversas. Dona Justina tem, todos os dias, cuidado das minhas costas com aquelas ervas maravilhosas. Estou feliz e ansiosa, esperando a hora de ser mãe. Sinto que isso vai acontecer a qualquer momento.

Escolhas da vida

Odila parou de ler e, olhando para eles, disse:

— Foi só isso que escreveu nesse dia. Só voltou a escrever três dias depois.

Hoje, pela manhã, aconteceu e sei que vou me arrepender pelo resto da minha vida, mas não tive como evitar. Estava humilhada, com raiva e frustrada. Ontem à noite, Guiusepe voltou a chegar tarde, cheirando a bebida e a perfume de mulher. Outra vez, bateu no meu rosto, que voltou a ficar inchado e, com a cinta, voltou a me açoitar, fazendo com que minhas costas sangrassem outra vez. Dessa vez, lembrando-me do que dona Justina havia dito, que a força está dentro de cada um, apesar da dor, não chorei, aguentei calada, não soltei qualquer gemido. Somente olhei para ele com muita raiva. Quando ele viu que eu estava daquela maneira, parou de me bater e saiu do quarto. Bati, com a mão na parede que dava para o quarto de dona Justina, e gritei:

— Minha força está chegando, dona Justina! Eu ainda vou matar esse homem!

Mesmo sem poder ver o rosto dela, sabia que estava rindo. Algum tempo depois, Giuseppe voltou e, calado, se deitou e não me tocou. Pela manhã, quando acordei e depois que ele foi trabalhar, resolvi que aquilo nunca mais ia se repetir e que eu não tinha de sentir vergonha por aquilo que ele estava fazendo. Ele era o errado, não eu. Meu rosto e minhas costas estavam doendo, mas a raiva era tanta que eu quase não sentia. Sabia que só precisava esperar até a tarde, quando dona Justina cuidaria de mim outra vez. Depois de pensar isso, cansada, adormeci novamente. Mais tarde, levantei-me, vesti minha roupa e, como todos os dias, coloquei um pedaço de pão para esquentar na chapa e a água para ferver. Assim que fervesse, eu a passaria pelo coador e faria um ótimo café. Após o pão esquentar e o café ficar pronto, sentei no banquinho e comecei a comer. Estava assim, pensando, quando Domingos passou e disse:

— Bom dia, dona Beatrice!

Antes que eu respondesse ao cumprimento, ele continuou andando. Rapidamente, levantei-me e, da porta da cozinha, gritei:

— Giuseppe me bateu outra vez!

Ele se voltou e, indignado, respondeu:

— Novamente, dona Beatrice?

— Decidi que isso nunca mais vai se repetir. Pensei bem e, se o senhor ainda está disposto a me emprestar o dinheiro que ofereceu, vou aceitar, só que não quero voltar para minha família. Teria de dar muitas explicações e não sei se entenderiam. Conhecendo meu pai como conheço, provavelmente ele me traria de volta.

— O que pretende fazer?

— Estive pensando que, se o senhor puder me emprestar uma quantia que dê para eu alugar um quarto e viver até que eu consiga um emprego em algum lugar, nem que seja como mulher da vida, eu vou aceitar, mas esse homem nunca mais vai tocar em mim!

Ele deu alguns passos e, pegando minhas mãos, disse:

— Acalme-se, dona Beatrice. Não precisa chegar a esse extremo. Vamos encontrar uma solução. Como eu disse desde o princípio, quando o homem bate pela primeira vez e tem aquela sensação de poder, não para nunca mais. Por isso, vou ajudar a senhora. Todo meu dinheiro está no banco. Assim que ele abrir, vou até lá, pego uma quantia para que a senhora possa viver por algum tempo. Quanto ao quarto, não precisa se preocupar, eu vou me encarregar disso. Só tem uma coisa.

— Qual?

— Giuseppe nunca pode saber que eu ajudei a senhora. Ele pode ser um mau marido, mas é um bom amigo e não quero perder sua amizade.

— Está certo, nunca vou contar. Também tenho uma condição.

— Qual?

— Vou aceitar o seu dinheiro e, não sei como, mas prometo que vou pagar até o último centavo. Não quero que o senhor se ofenda, mas estou sozinha, carente e com muita raiva. Estou precisando de carinho. O senhor poderia me fazer esse carinho? Preciso de um homem que me tome com amor e delicadeza. O senhor faria isso?

Ele, assustado, deu um passo para trás e quase gritou:

— Não precisa fazer isso, dona Beatrice! Vou emprestar todo o dinheiro de que precisar e não precisa me pagar, muito menos dessa maneira!

— Já disse que vou devolver todo o dinheiro que me emprestar, mas também preciso de carinho. Já fui tão humilhada que perdi toda a vergonha e posso confessar. Desde que o vi na estação, no dia em que chegamos, senti algo diferente dentro de mim, um carinho muito grande. Parecia que já o conhecia há muito tempo. Depois, conversando com o senhor e o conhecendo melhor, percebi que era o homem que eu queria para ficar comigo, por toda a minha vida. Durante todo esse tempo, tenho reprimido esse sentimento, mas agora, depois da atitude de Giuseppe, não tenho mais o que reprimir. Amo o senhor, senhor Domingos.

Ele ficou parado sem saber o que falar. Eu abri meus braços, dei um passo para frente e o abracei e beijei com paixão. Ele resistiu um pouco, mas também se entregou àquele beijo e, em poucos minutos, estávamos em seu quarto nos amando de uma maneira como eu nunca havia feito antes.

Quando tudo terminou, voltei para meu quarto e chorei sem parar, mas, por incrível que pareça, foi de felicidade. Domingos ficou em seu quarto como fazia todos os dias. Depois disso, comecei a escrever.

Carlos começou a rir:

— Que mulher danada, hein, tia? Ela teve coragem de fazer aquilo e de escrever?

— Teve, Carlos. Imagine o que isso significava naquele tempo. Mas, como ela disse, tinha sido tão humilhada que havia perdido toda a vergonha.

— Entendo isso, tia, mas acho que essa não é a solução para uma mulher que sofre esse tipo de humilhação nas mãos de um homem. O melhor teria sido ela deixá-lo e ir cuidar da sua vida. Ela era jovem, bonita e, com certeza, encontraria alguém que a respeitasse.

— Isso pode e deve ser feito nos dias de hoje, quando a mulher está caminhando para sua independência, mas não podemos nos esquecer de como era naquele tempo, de como a mulher era reprimida.

Carlos, para provocar Olavo, perguntou:

— Está calado, Olavo. O que acha disso que ela fez?

Olavo, entendendo qual era a intenção dele, respondeu:

— Estou chocado, pois, apesar de tudo o que o marido fez, ela não tinha o direito de tê-lo traído assim, ainda mais com seu melhor amigo!

Odila interferiu:

— Você não ficou chocado quando ele veio para casa cheirando a bebida e a perfume de mulher e a espancou?

— Ele devia ter suas razões, talvez estivesse desconfiado dela com Domingos.

Odila ficou possessa:

— Que razões, Olavo? Não existem motivos ou razões para que um homem bata numa mulher e a humilhe da maneira como ele fez!

Carlos, depois de ter provocado aquela situação, falou:

— Continue lendo, tia. Está ficando cada vez melhor.

Odila voltou os olhos para a página e disse:

— Nesse dia, ela escreveu só isso.

Olavo, visivelmente alterado, falou:

— Só isso? A senhora acha que foi só isso? Não entendo como ela teve coragem de escrever isso, ainda mais dizendo que estava escrevendo esse caderno, para que fosse lido no futuro por seus descendentes?

— O que é isso, meu filho, por que está tão alterado?

— Não suporto traição de mulher!

— Mas homem pode trair, não é?

— Homem é homem!

— Meu Deus do céu! Nunca imaginei que tivesse criado um homem assim, tão intransigente, machista e egoísta! Homem é homem, mulher é mulher! Por isso é que não são mais obrigados a ficar juntos. No momento em que surge uma traição, chegou a hora de se separarem. Não estou dizendo que aquilo que ela fez foi o certo, só estou dizendo que, diante das circunstâncias e da época, talvez tenha sido a única coisa que poderia ter acontecido. Para se proteger, já que a mulher precisava ter ao seu lado um homem, ela procurou em outro aquilo que o marido não lhe dava mais.

— A senhora tem razão, ela fez para se proteger, para ter um homem que a sustentasse! Até hoje isso acontece! Todas as mulheres são assim! Só ficam ao lado do homem que poderá lhes proporcionar uma boa vida! Por mais que a senhora fale, eu odeio traição!

Odila olhou para Olavo e, com voz firme, perguntou:

— Você e Helena estão bem?

Olavo, naquele momento, tomou sentido de que havia se excedido. Desviando o olhar, respondeu:

— Claro que sim, mamãe, por que está perguntando isso?

— Não sei, parece que você está muito preocupado com algo que aconteceu há tanto tempo.

— É impressão sua. Só tenho meus princípios.

— Está bem, mais tarde voltaremos a conversar sobre isso. Agora, vou continuar lendo.

Eu, ao mesmo tempo em que estava feliz pelo que havia acontecido, também me sentia amargurada. No meu íntimo, eu sabia que o que havia feito não era certo, mas foi uma reação de momento, embora fosse verdadeira a atração que sentia por Domingos, e isso ficou mais marcante nos dias em que ele me evitou. Senti sua falta. Como senti. Algum tempo depois, Domingos saiu de seu quarto e bateu à porta do meu. Com o coração acelerado, abri a porta. Ele sorriu e disse:

— Estou indo ao banco pegar o dinheiro que precisa e vou conversar com algumas pessoas para ver se encontro um quarto para onde possa ir.

Olhei em seus olhos e, sorrindo, disse:

— Não, Domingos, não faça isso.

— Não estou entendendo! Há menos de uma hora era tudo o que queria e agora não quer mais? Por quê?

— Como eu disse, há menos de uma hora, eu estava magoada, triste e com raiva. Agora, não estou mais. Estou feliz pelo que aconteceu e não quero estragar tudo por causa de dinheiro. Eu gosto de você, realmente, mas, se aceitar esse dinheiro, você nunca vai acreditar. Se ainda fôssemos apenas amigos, eu aceitaria, mas sabe que nossa amizade deixou de existir e o que sentimos, agora, um pelo outro é outra coisa muito maior.

Ele olhou de um lado para o outro e viu que não havia ninguém. Abraçou-me com cuidado, pois sabia que minhas costas estavam machucadas, me beijou e me arrastou para seu quarto e nos amamos outra vez, com mais paixão do que da primeira vez. Quando terminamos, juramos que aquilo nunca mais ia acontecer, mas sabíamos que seria difícil manter aquele juramento. Depois, ele foi dormir e eu voltei para o meu quarto. Eu não estou me conhecendo. Giuseppe, com sua atitude, conseguiu me transformar nesta mulher que eu nunca imaginei que existisse. Quando me casei, era pura e mal sabia da vida. Só queria ter uma família e ser feliz; porém, agora, não sei o que será de mim, mas, no momento, estou feliz.

Odila parou de ler, olhou para eles e disse:

— Nesse dia, foi tudo o que ela escreveu.

Eles se olharam e Carlos disse:

— Apesar de tudo, ela era uma mulher maravilhosa, tia. Gostava mesmo de Domingos. Tinha razão, foi Giuseppe quem a empurrou para os braços dele.

— Também penso assim, Carlos. Olavo, o que pensa a respeito de tudo isso?

— Não sei, mamãe, estou um pouco atordoado com tantas revelações...

Odila sorriu e, virando a página do caderno, disse:

— Entendo, meu filho. Para mim, também foi difícil entender, mas quem somos nós para julgar? Como vamos saber o que ela sentiu naquele momento? Não acho que tenha sido a melhor escolha, mas, na hora da desilusão, da dor e da vergonha, muitos de nós podemos fazer a escolha errada, não é?

Olavo olhou para Carlos e, calado, abaixou a cabeça.

Um sonho realizado

Odila olhou para a página:
Ela só voltou a escrever um mês depois.

Não tenho escrito, pois nada mudou. Giuseppe continuou me batendo, mas eu não soltei um gemido sequer, pois sei que dona Justina, com suas ervas, vai curar o meu corpo e que Domingos, com seu amor, vai curar minha alma. Eu e Domingos temos nos visto todos os dias, mas não tivemos chance de nos amar novamente. Assim que Giuseppe sai para o trabalho, fico ansiosa, esperando Domingos chegar. Sei que não é certo, mas não consigo evitar. Não contei a dona Justina o que está acontecendo, mas parece que ela sabe. Outro dia, enquanto passava a água com as ervas nas minhas costas, disse:

— A felicidade é difícil se encontrar, menina, mas quando se encontra não há dinheiro que pague nem coisa alguma que a impeça.

Sorri e com a cabeça concordei. Faz dias que Giuseppe está dizendo que já tem dinheiro para comprar uma casa e nos mudaremos daqui, mas eu não quero. Aqui, tenho Domingos e dona Justina e, apesar de tudo, sinto-me protegida. Estou escrevendo porque hoje, assim que me levantei, fiquei enjoada, tonta e tive de voltar para a cama. Depois de algum tempo, fiquei bem e parecia que nada havia acontecido. Quando dona Justina chegou do trabalho, contei a ela o que havia acontecido. Rindo, ela disse:

— Conseguiu o que mais queria, minha filha, vai ter uma criança.

Comecei a rir e, sem acreditar, perguntei:

— Como a senhora sabe disso?

— Esqueceu que já tive oito filhos? Sei como é.

— Como vou ter certeza?

— Marca o dia de hoje e, se daqui a um mês seu corpo não der notícia, é porque está, mesmo, esperando criança!

Piscando um dos olhos, ela continuou:

— Se isso acontecer tomara que o pai fique contente.

Só naquele momento pensei que, se estivesse mesmo esperando uma criança, eu nunca saberia quem era o pai. Mas, no mesmo instante me dei conta de que Domingos era negro, portanto, se o meu filho fosse dele, nasceria igual ao pai. Negro. Estremeci, senti meu coração quase parar, pois, se isso acontecesse, Giuseppe nunca ia aceitar a mim, nem à criança e, com certeza, nos largaria no mundo. Nesse mesmo instante, pensei:

Só assim poderei ficar com Domingos para sempre, sem medo, sem culpa. O mais importante é que estou feliz. Finalmente, vou ter um filho e não me importo com quem seja o pai!

Odila virou outra página e disse:

— Ela parou de escrever e só voltou no dia seguinte.

Como tem feito na última semana, Giuseppe chegou cedo. Contei o que dona Justina havia dito e terminei dizendo:

— De hoje em diante, até termos certeza de que estou mesmo esperando uma criança, você não vai me bater mais, pois, se fizer isso e eu perder meu filho, você vai ser um assassino e aí, sim, vou embora para sempre. Entendeu, Giuseppe?

Ele, parecendo assustado com minha atitude, respondeu:

— Entendi, entendi, mas você tem certeza?

— Ainda não, mas, hoje, quando acordei, fiquei tonta, enjoada e tive de me deitar para não cair. Contei para dona Justina e ela disse que estou esperando criança.

— Como ela sabe?

— Ela teve oito filhos, Giuseppe!

— Quanto tiver certeza, vou ser o homem mais feliz deste mundo e prometo que nunca mais vou fazer as coisas horríveis que tenho feito com você! Prometo, Beatrice...

— Não prometa, Giuseppe, você sabe que não vai cumprir. Neste momento, só quero mesmo estar esperando um filho.

Estávamos na cozinha, conversando. Enquanto eu fazia o molho do macarrão, Giuseppe estava em pé do lado de fora. Domingos abriu a porta do seu quarto. Estava na hora de ir para o trabalho. Mesmo se tornando sócio de Giuseppe, não quis deixar seu trabalho na estação. Depois do que aconteceu naquele dia, ele não ficava muito em casa. Todas as manhãs, assim que saía da estação, procurava novos clientes e fazia as compras dos materiais de que Giuseppe precisava. Só voltava depois do almoço e ia direto para seu quarto. Só conversávamos quando dona Justina ou Giuseppe estivesse presente. Hoje, ao abrir a porta e ver que Giuseppe estava em casa, aproximou-se:

— Boa tarde.

Eu e Giuseppe respondemos. Giuseppe, feliz, abraçou Domingos e disse:

— Estou muito feliz! Vou ser pai!

Domingos, por detrás do ombro de Giuseppe, me olhou assustado e com os olhos arregalados. Eu apenas sorri e disse:

— Ainda não tenho certeza, precisamos esperar mais um mês. Deus queira que seja verdade, pois todos sabem que é tudo o que quero.

Domingos sorriu e, afastando-se de Giuseppe, rindo, disse:

— Parabéns, dona Beatrice, tomara que seja verdade! A senhora merece essa felicidade.

— Obrigada, senhor Domingos.

Ele se despediu e foi embora. Estava terminando o jantar, quando dona Justina chegou e, ao ver Giuseppe em casa, disse:

— Boa tarde, seu Giuseppe! Já sabe da novidade?

Eufórico, ele respondeu:

— Sei! Beatrice me contou! Tomara que seja verdade!

— É verdade! Nunca me enganei. O senhor, agora, precisa cuidar muito bem dessa menina. Ela vai precisar de muito carinho.

Ele, envergonhado por saber que ela sabia tudo o que ele fazia, abaixou a cabeça e disse:

— Vou cuidar, dona Justina. Vou cuidar.

Ela sorriu e foi para seu quarto. Depois de jantarmos, também fomos dormir. Ontem, depois de muito tempo, dormimos abraçados, como fazíamos antes de ele haver mudado tanto.

— Parece que tudo se acertou, tia. Giuseppe parou de bater nela?

Ela, rindo, respondeu:

— Não sei, vamos continuar lendo.

Quando dona Justina e Giuseppe saíram para o trabalho, fui preparar o meu café. Sabia que Domingos ia chegar logo mais. Eu precisava esperar que ele chegasse, pois ele merecia saber o que estava acontecendo. Hoje, depois de tanto tempo, estou me sentindo bem. Giuseppe me tratou com tanto carinho que nem acreditei. Estava tomando café, quando Domingos chegou e, ansioso, parou em frente à porta da minha cozinha.

— Bom dia, dona Beatrice.

Ao ouvir sua voz, estremeci. Tentando manter a calma, respondi:

— Bom dia, senhor Domingos.

Ele, demonstrando muita preocupação, perguntou:

— Aquilo que Giuseppe disse é verdade? A senhora está mesmo esperando uma criança?

— Não tenho certeza, mas espero que sim.

— Já pensou que essa criança pode ser minha?

— Já. Pensei muito.

— A senhora sabe que, se for minha, não tem como esconder, não sabe?

— Sei e estou com muito medo, mas não tenho o que fazer. Sempre quis um filho e ele está chegando. Garanto que, aconteça o que acontecer, ele será criado com muito amor.

— Nunca quis prejudicar a senhora, mas, se essa criança for minha, e Giuseppe não a aceitar, não se preocupe, eu cuidarei da senhora e dela.

— Jamais esperei outra coisa do senhor, mas não se sinta obrigado. O que aconteceu foi só por minha culpa, portanto tenho de arcar com as consequências.

— A culpa não foi só sua, foi minha também e só não se repetiu porque a senhora não quis. Para a senhora foi só uma atitude de momento, mas eu sempre gostei da senhora, desde o primeiro dia em que a vi na estação. Portanto, se quiser ficar comigo, a qualquer momento, estarei sempre aqui e pode morar comigo sem qualquer condição.

— Obrigada, senhor Domingos, mas, como estivemos juntos poucas vezes, acredito que essa criança é de Giuseppe. De qualquer maneira, só nos resta esperar.

— Tem razão. Agora, preciso me deitar. O trabalho foi muito pesado esta noite.

Ele foi para o quarto e eu fiquei ali, pensando na minha vida e em tudo o que havia acontecido até então.

Odila olhou para o relógio e disse:

— Já está tarde. Não acham melhor deixarmos o resto para amanhã?

— Não, tia! Estou muito curioso em saber como é que somos parentes da dona Justina. A senhora está cansada?

— Eu não. E você, Olavo?

Olavo, um tanto distante, pensando em sua vida, respondeu:

— Não, mamãe, não estou cansado e também, assim como Carlos, estou curioso para conhecer o final dessa história.

— Sendo assim, vou continuar:

Voltou a olhar para o caderno e começou a falar:

Já se passaram quase seis meses desde o dia em que dona Justina disse que eu estava esperando criança. Ela tinha razão, meu corpo não respondeu e eu já estou com a barriga grande. Não está muito, mas dá para ver. Giuseppe, desde aquele dia, nunca mais me bateu e também não me tocou. Ele diz que é para não machucar a criança, mas eu sei que é mentira, porque, quase todos os dias, ele vem para casa com o cheiro daquele perfume. Isso não me incomoda mais. Há muito tempo deixei de gostar dele e de me preocupar com sua vida. Domingos está sempre preocupado em saber como estou. Ele, sim, apesar de não fazermos mais nada, me dá paz e tranquilidade e, neste momento, é tudo o que quero e preciso. Agora, preciso parar de escrever. Tenho de preparar o jantar.

Odila virou a página e continuou:

Hoje, com a ajuda de dona Justina, meu filho nasceu! Ele é lindo! Vai se chamar Genaro e espero que seja muito feliz! Ele nasceu com a pele clara. Portanto, é filho de Giuseppe, embora eu quisesse que não fosse. Giuseppe, durante todo o tempo em que estive esperando o meu filho, não me bateu mais, porém me ignorou. Entrava em casa e saía na hora que queria e mal me olhava. Estava sempre cheirando àquele perfume. Era como se eu não existisse, por isso eu queria que o menino fosse filho de Domingos, que sempre esteve ao meu lado. Mas, como a vida não é como imaginamos, só preciso ficar feliz pelo meu menino e criá-lo com todo carinho e amor. Demorei a escrever porque não tenho tido tempo. Depois que Genaro nasceu, minha vida virou de cabeça para baixo. Nunca imaginei que uma criança precisasse de tanta atenção. Agora, ele está com seis meses e já começou a engatinhar, porém, até os três meses quase não dormi, pois ele tinha muita dor de barriga. Ele está, a cada dia, mais bonito. Tem a pele branca, os cabelos bem crespinhos e o nariz chatinho como o do pai. Hoje, tenho certeza de que ele é filho de Domingos. Não sei se Giuseppe desconfia, nunca comentou. Também não me preocupo com isso, pois, desde que o menino nasceu, ele voltou a me bater, sempre nas costas para que ninguém veja. Eu continuo ao lado dele e vou ficar até morrer, pois, embora não concorde, cheguei à conclusão de que ele é, sim, meu marido, senhor e dono e de que meu filho precisa de um pai legítimo.

Olavo falou alto:

— Meu Deus do céu!

Odila e Carlos olharam para ele. Ela perguntou:

— O que aconteceu, Olavo?

— Como pode me perguntar isso com essa calma toda, mamãe!

— Não deveria estar calma, por quê?

— Como por quê, mamãe? Se meu pai é filho de Domingos, a senhora se casou com seu irmão!

Odila começou a rir e disse:

— Você acha que, quando eu li isso pela primeira vez, também não pensei nessa possibilidade e não me apavorei? Estamos exatamente na página onde sua avó conta como tudo aconteceu. Mas, agora, já que vamos continuar acordados, acho melhor tomarmos café.

Os dois riram e, acenando com a cabeça, disseram que sim. Odila se levantou e saiu da sala.

Um encontro emocionante

Odila voltou alguns minutos depois, trazendo uma bandeja de prata com um bule, açucareiro e duas xícaras. Colocou tudo sobre a mesinha de centro e, após tomarem o café, pegou o caderno, abriu e disse:

Beatrice demorou quase seis meses para voltar a escrever e contou o que havia acontecido. Vou ler.

Não tenho tido tempo para nada, mas, hoje, preciso escrever. Aconteceu algo importante. Estou aproveitando, agora, que Genaro está dormindo e que Giuseppe ainda não chegou. Preciso escrever o que aconteceu hoje. É inacreditável. Como faço todos os dias pela manhã, coloquei Genaro no cadeirão e comecei a preparar o café, esperando por Domingos, pois todos os dias, quando chega e antes de ir dormir, conversamos. Porém, hoje foi diferente. Ele chegou acompanhado por uma moça negra e duas crianças. O maiorzinho, um menino, estava no seu colo e ela carregava um bebê enrolado em um cobertor. Ele se aproximou e disse:

— Bom dia, Dona Beatrice, encontrei essa moça na estação. Ela está doente e não tem para onde ir. Hoje, vai ficar no meu quarto até eu conversar com seu Pedro e ver o que podemos fazer. Como ele aceitou a sua criança, pode ser que aceite estas duas, nem que seja preciso eu falar com os rapazes, alugar um quarto

para eles em outro cortiço e pagar dois ou três meses adiantados. Como a senhora nem dona Justina vão reclamar do barulho das crianças, talvez ele concorde em deixar que ela more aqui.

Eu, atônita, olhei para a moça que mesmo sendo negra, estava pálida. Ela estendeu os braços em minha direção e, após eu pegar a criança, começou a cambalear. Domingos percebeu e, rapidamente, segurou-a com outro braço. Abraçando-a, disse:

— Ela não está bem. Faz dias que não come. Vou levá-la e ao neném para meu quarto. A senhora poderia preparar um pouco de café com leite, pão com manteiga e leite para as crianças? Depois eu passo no senhor Pedro e devolvo.

Eu, sem entender o que estava acontecendo, respondi:

— Claro que sim, senhor Domingos.

Ele, quase empurrando a mulher, levou-a para o quarto e eu, segurando o bebê, o acompanhei. Com carinho, depois de colocar o menino no chão, ele a deitou e a cobriu. Pegou o bebê que estava no meu colo e colocou-o junto a ela. Depois, voltamos para minha cozinha. Eu tinha, sobre a chapa do fogão, dois pedaços de pão que sempre esquentava para que, quando ele chegasse, pudéssemos comer e conversar. Peguei um e dei para o menino que, desesperadamente, começou a comer. Enchi duas canecas com café e leite e, enquanto eu carregava o menino, Domingos levava o outro pão e a caneca. Juntos, voltamos ao quarto. A moça estava deitada de lado e o bebê estava mamando ferozmente. Aquela cena me comoveu. Com a ajuda de Domingos, e apoiada em um travesseiro, ela conseguiu se levantar e se sentar, mas não tirou o bebê do peito. Domingos colocou o menino ao lado dela e os dois começaram a comer quase sem mastigar. Percebi que eles, realmente, estavam com muita fome. Quando terminaram de comer, Domingos disse.

— Agora, você precisa dormir. Quando acordar, vai ter uma surpresa que, sei, vai deixar você muito feliz.

A moça nada falou, apenas deitou-se e fechou os olhos. O menino, assim que terminou de comer o pão e tomar o leite, deitou-se ao lado da mãe e, colocando seus bracinhos em volta dela, adormeceu. Sorrindo, Domingos colocou seus braços em volta do meu ombro e voltamos para a cozinha. Do filão, cortei mais dois pedaços de pão e coloquei sobre a chapa para que esquentassem.

Domingos pegou um pouco de café e, como sempre fazia, sentou-se no banquinho e disse:

— Sei que a senhora está intrigada com tudo isso. Hoje, aconteceu algo que nunca imaginei que poderia acontecer. Eu estava varrendo o saguão da estação, quando vi essa moça com as crianças, que choravam sem parar. Percebi que ela não estava bem, me aproximei e perguntei:

— O que está acontecendo, moça?

Ela, com os olhos vermelhos de tanto chorar, respondeu:

— Estou perdida, moço. Fugi, com meus filhos, de um homem muito mal, mas sinto que não vou poder ficar com eles.

— Não vai, por quê?

— Estou doente e acho que logo vou morrer.

— O que é isso? Você é muito jovem e vai ficar com seus filhos, sim.

— Era o que eu mais queria, mas não vai acontecer. O senhor poderia cuidar deles para mim?

— Como?

— Não me importo de morrer, já sofri muito, só estou triste por não saber o que vai acontecer com eles. Quem sabe o senhor e sua mulher podem cuidar deles. Sabendo que eles estão bem, eu vou embora e não volto nunca mais.

— Não posso ficar com eles. Sou solteiro e moro em um quarto num cortiço. Não tenho como cuidar deles.

— Então, a única solução é eu deixar os dois em um orfanato. Como não conheço nenhum orfanato, pensei em deixar com o padre. Ele deve conhecer pessoas que querem ter filhos e não podem. O único problema é que, embora sejam mulatos, sempre serão considerados como negros, assim como deve acontecer com o senhor. Um casal de brancos não vai querer um negro como filho e os casais negros acabaram de ser libertados e não têm condições de criar duas crianças. Juro que não quero fazer, mas como sei que vou morrer, preciso deixar os meus tesouros em segurança. O senhor pode fazer isso para mim?

Fiquei sem saber o que fazer, mas, diante de tanta dor, disse:

— Está bem, vou levar as crianças até o padre, contar o que aconteceu e ver no que ele pode ajudar.

Ela começou a chorar copiosamente e, entre soluços, disse:

— Sei que eles ficarão bem e, só assim, poderei morrer em paz.

— Não fale assim. Sem as crianças, poderá ir até a Santa Casa e receber um tratamento. É jovem, vai se recuperar. Enquanto eu levar as crianças, vai me esperar aqui e, quando eu voltar, vou com você até lá.

— Está bem, vou esperar, só preciso de mais um favor.

— Qual?

Ela, soluçando, tirou de dentro de uma sacola dois colares feitos de sementes e disse:

— Peça ao padre que, por favor, guarde esses colares e, quando as crianças crescerem, entregue-os para elas e diga que é para elas usarem e que, se um dia tiverem filhos, devem fazer colares iguais e dar a eles.

Quando ouvi, fiquei atônito. Depois, ela abriu o primeiro botão da blusa que estava usando, tirou de peito um colar igual aos das crianças e falou:

— Quando o homem mau me levou embora de casa, minha mãe me deu este colar e disse: Nunca tire do pescoço. Esse colar é a marca da nossa família. Mesmo que passe muito tempo, um dia, se se cruzarem neste mundo de Deus, vão saber que fazem parte da nossa família, e nem que demore cem anos, sei que Iansã vai reunir todos vocês novamente. Eu fiz um colar igual a esse para todos os seus irmãos que foram levados e falei essas mesmas palavras. Estou entregando você para Oxalá, sei que ele vai proteger todos nós.

Ao ouvir o que ele falou, fiquei toda arrepiada. Lembrei-me da história que dona Justina havia me contado e comecei a chorar. Ia contar, mas ele continuou falando:

— Quando ela parou de falar, abri minha camisa e mostrei um colar igual ao dela que minha mãe me deu no dia que descobriu que estava doente e me falou essas mesmas palavras. Ficamos olhando um para o outro e, sem que nada neste mundo pudesse impedir, nos abraçamos e choramos muito. Não nos conhecíamos, mas sabíamos que pertencíamos à mesma família e, como um dia minha avó havia desejado e previsto, estávamos nos encontrando, neste mundo de Deus. Eu não sei quem é essa moça nem o nome dela, dona Beatrice, nem o que aconteceu com ela. Só sei que vou fazer tudo o que puder para que fique ao meu lado para sempre. É ainda uma menina, precisa de proteção. Percebi que, talvez, ela não esteja doente, apenas cansada e com muita fome. Não deixei que *falasse. Pensei no que fazer com ela e achei que só havia um lugar para onde eu poderia levá-la e alguém que pudesse me ajudar. O lugar é aqui e a pessoa é a senhora. Preciso da sua ajuda.*

Quase sem conseguir falar, de tanto que chorava, disse:

— Vai ter, senhor Domingos. Vai ter toda ajuda de que precisar.

Eu ia contar sobre dona Justina, mas ele continuou falando:

— Agora que ela está dormindo, vou aproveitar para ir até o trabalho do Djalma e conversar com ele, contar o que aconteceu e fazer a minha oferta para que me ceda seu quarto. Como ele mora sozinho, talvez aceite. Depois de acertar tudo com ele, vou falar com o senhor Pedro. Quando ela acordar, a senhora dá almoço para ela e para as crianças?

— Claro que sim, senhor Domingos. Pode ir sossegado.

Ele saiu e eu não falei sobre a história que dona Justina havia me contado. Depois, pensei melhor. Achei que não tinha o direito de contar. Seria melhor que eles, ao se encontrarem, se reconhecessem. Como Giuseppe, ontem, comprou carne e legumes e a moça estava muito fraca, achei melhor fazer uma sopa bem forte. Assim, todos nós poderíamos comer, inclusive Genaro e o menino maior. O outro é muito pequeno, ainda não deve estar comendo. Cortei o legume, coloquei junto com a carne em uma panela grande e levei ao fogão. Depois, fui até o quarto de Domingos e, bem devagar, abri a porta. A moça estava deitada, abraçada ao filho e chorando. Vendo que ela chorava, perguntei:

— Por que está chorando, moça?

Ela me olhou e, entre soluços, respondeu:

— Estou feliz por estar com meus filhos. Sei que estou doente e que não vai ser por muito tempo, mas sei também que eles não vão ficar abandonados.

Meu coração ficou apertado ao ver o sofrimento daquela menina, quase uma criança. Sorrindo, disse:

— Tudo isso já passou. Você não deve estar doente, acho que só está muito fraca pelo sofrimento e pela fome que deve ter passado. Depois de descansar e se alimentar as forças vão voltar e você vai ficar bem. Domingos vai cuidar de vocês. Agora mesmo, ele saiu para conseguir alugar o quarto aqui ao lado para você ficar com as crianças.

— Oxalá seja louvado.

Eu sabia que ela estava falando de Jesus e disse:

— Para sempre seja louvado.

— Por causa do colar, sei que somos parentes, mas não sei se somos primos. Ele disse alguma coisa?

— Não, também não sabe. Mais tarde, quando ele chegar, poderão conversar e descobrir.

— É verdade, temos muito que conversar. Vi o seu menino, ele se parece muito com Domingos. A senhora é mulher dele?

Senti que todo o sangue do meu corpo subiu para a cabeça e, tentando sorrir, respondi:

— Não, ele é nosso vizinho. Sou italiana e casada com Giuseppe. Ele está trabalhando. Mais tarde, você vai poder conhecê-lo.

Ela sorriu e eu, para mudar de assunto, perguntei:

— Está com fome? Estou preparando uma sopa bem forte. O seu menino, quando acordar, vai estar faminto, não vai?

— Vai sim, coitadinho, faz muito tempo que não come nada quente, muito menos sopa. Só tenho conseguido pão e água para dar a ele.

— Como eu disse, tudo isso vai mudar. Agora, vocês estão protegidos.

Ela sorriu e eu, para terminar com aquela conversa, disse:

— Enquanto termino o almoço, fique deitada e tente dormir mais um pouco. Quando estiver pronto, volto aqui.

Saí e voltei para minha cozinha. A sopa estava quase pronta, quando Domingos chegou. Ele estava feliz e, rindo, disse:

— Está tudo certo, dona Beatrice! Djalma aceitou na hora! Além dos três meses adiantados, comprei os móveis dele! Disse que, hoje mesmo, posso ficar com o quarto, só vai pegar suas roupas. Isso é bom, porque estou cansado e precisando dormir um pouco. Conversei com o senhor Pedro e ele disse que, se não houver reclamações, ele não se importa com as crianças.

— Não vai haver reclamação alguma. Dona Justina vai ficar feliz em ter essas crianças por perto.

Ele, ainda rindo, disse:

— Claro que aumentou o preço do aluguel, mas não me importo, pois ela precisa ficar aqui.

Não pude deixar de rir, pois o senhor Pedro, sovina do jeito que era, não ia deixar escapar uma oportunidade como aquela.

— Achei melhor preparar uma sopa para a moça. Fiz com carne, legumes e engrossei com fubá. Está pronta. Se quiser, pode tomar um pouco.

— Vou agradecer, depois vou me deitar. Ela ainda está dormindo?

— Deve estar. Está muito fraca. Daqui a pouco, vou ver como ela está e, se o menino estiver acordado, vou aproveitar e dar um pouco para ele e para Genaro.

— Não imagina como estou agradecido por tudo o que está fazendo. Quando eu acordar, vou conversar com ela e tentar descobrir qual é o grau de nosso parentesco. Sinto que essa conversa vai ser difícil e estou muito cansado.

Lembrei-me de dona Justina e, com a voz embargada, disse:

— Tenho certeza de que vai descobrir e ficar muito feliz.

— Mesmo sem saber quem ela é, já estou feliz.

Sorri e coloquei a sopa em uma tigela. Ofereci a ele, que aceitou. Sentou-se e começou a comer. Enquanto ele comia, fui até o quarto. A moça estava acordada, mas continuava na mesma posição. O bebê estava grudado em seu peito e o menino, sentado ao seu lado.

— Está com fome? Preparei uma sopa bem forte.

— Obrigada, senhora. Vou me levantar.

Assim dizendo, tirou o bebê do peito, colocou-o do seu lado e tentou se levantar, mas cambaleou e voltou a sentar-se sobre a cama. Ajudando-a a se deitar novamente, disse:

— Não precisa se levantar, vou buscar e trago aqui. Você está muito fraca.

Deitou-se novamente e disse:

— Obrigada, senhora. Nunca vou poder agradecer o que está fazendo por mim e por meus filhos. A senhora é um anjo que apareceu na minha vida.

Sorri e saí. Quando cheguei à cozinha, Domingos não estava mais lá. Enchi outra tigela e levei-a para ela. Coloquei a tigela sobre uma cômoda e ajudei-a a se sentar. Depois, dei a tigela para ela, peguei o menino, dizendo:

— Vou dar sopa para meu filho e para ele também.

Ela sorriu e eu, levando o menino no colo, saí do quarto. Depois de alimentar os dois, coloquei Genaro no chão para engatinhar e soltei o menino *no quintal para que pudesse correr. Pouco tempo depois, Genaro começou a chorar. Sabia que estava na hora de ele dormir. Peguei os dois, um em cada braço, e fui para meu quarto. Dei banho nos dois, coloquei-lhes roupas limpas e deitei-os juntos no berço. Pouco tempo depois, estavam dormindo. Sorri e voltei ao quarto. A moça havia terminado de comer e ainda estava recostada no travesseiro. Disse:*

— Preciso trocar minha filha. Deve estar assada, pois, desde ontem, eu não troco sua fralda. Saí fugida, às pressas, e não peguei roupas para mim nem para eles.

— Não se preocupe com coisa alguma. Tenho fraldas, meu filho ainda usa. Vou pegar. Depois, Domingos vai comprar o que precisar.

Fui para meu quarto, peguei fraldas e roupas de Genaro. Para o menino maior não serviriam, mas para a bebê, sim. Fui até a cozinha, peguei a bacia que eu dava banho em Genaro, coloquei água e levei para o quarto. Quando cheguei, a moça estava tirando as roupinhas da menina. Coloquei a bacia sobre a cama e ela me entregou a menina. Assim que a vi, me apaixonei. Ela é linda! A moça percebeu o meu encantamento e disse:

— Ela é linda, não é?

— Maravilhosa! Qual é o nome dela?

— Odila.

Olavo, que ouvia atentamente a leitura da mãe, levantou-se:

— Era a senhora, mamãe?

Odila, com os olhos cheios d'água e, ao mesmo tempo rindo, respondeu:

— Sim, meu filho, era eu.

— Então, a senhora não é filha de Domingos?

— Não, Olavo, não sou.

— Meu pai também não é filho dele?

— Não, Carlos, também não é. Só ficamos sabendo quando lemos este caderno.

— Não entendo, o que aconteceu?

— Também não estou entendendo, mamãe...

— Será que vocês não podem ter só mais um pouco paciência? Estamos quase chegando lá. Quando terminarmos de ler, terão todas as respostas.

— Está bem, continue lendo, mamãe.

Odila continuou:

Depois de dar banho na menina, coloquei-a de volta nos braços da mãe e chorei. Beijei sua testa e disse:

— *Ela é tão pequena e já sofreu tanto! Espero que Oxalá proteja você, minha filha, e que não sofra nunca mais.*

— *Ela não vai sofrer, pois encontrou Domingos e ele é um bom homem.*

— *Onde ele está?*

— *Dormindo no quarto ao lado. Daqui a pouco, ele vai acordar e poderão conversar. Você deve estar com fome e precisa se alimentar bem para poder ficar forte. Vou trazer um pão e pegar mortadela da cozinha de Domingos.*

— *Obrigada. Nunca mais desejo passar fome. É muito triste.*

— *Imagino que seja.*

Quando saí do quarto para fazer o lanche, ouvi o choro de Genaro. Fui até meu quarto e ele estava em pé no berço. O outro menino ainda dormia. Tirei Genaro e, passando a mão pela cabecinha do menino, disse, baixinho:

— *Durma bem, meu anjo. Você nunca mais vai sofrer.*

Com Genaro no colo, saí e fui para a cozinha de Domingos. Peguei a mortadela e na minha cozinha peguei um pedaço de pão e uma caneca com leite. Levei tudo para a moça cujo nome ainda não sabia. Quando saí no quintal, o menino estava em pé na porta do quarto, segurando um dos carrinhos que Giuseppe havia comprado para Genaro. Parecia impossível, mas ele não estava chorando. Rindo, me aproximei dele e estendi minha mão, que ele agarrou com muita força. Juntos, fomos até minha cozinha. Coloquei Genaro no cadeirão e dei café com pão e leite para o menino, que comeu com ferocidade. Depois, levei o lanche para ela e, enquanto comia, levei os meninos para o quintal. Sentei-me no banquinho, fiquei com Genaro no colo e soltei o menino que ficou, com o carrinho na mão, correndo de um lado para o outro. Mais ou menos meia hora depois, vi dona Justina entrando no corredor. Meu coração começou a bater forte. Não sabia quem era aquela moça, mas que ela e Domingos pertenciam à família de dona Justina, disso eu tinha certeza. Ela se aproximou e, ao ver o menino correndo, perguntou:

— Onde arrumou esse negrinho, menina?

— Ele é filho de uma moça que Domingos encontrou, perdida na estação.

— Perdida, com um filho? Coitada...

— Um filho não, dona Justina, são dois. Tem mais uma menina. A moça está fraca e doente.

— Doente? Onde ela está? Vou ver como está e, depois, vou preparar um chá e ela vai ficar boa bem depressa.

— Está com a filha, deitada no quarto do Domingos.

Sem esperar que dissesse coisa alguma, ela foi até o quarto e, ao ver a moça, começou a gritar:

— Lindinha, minha filha!

Depois, ajoelhou-se no chão, levantou o braço direito e gritou mais alto ainda.

— Iaparrei, Iansã! Iaparrei, minha mãe!

A moça, ao ver e ouvir a mãe, cambaleando, levantou-se, abraçaram-se, beijaram-se, choraram e foram para o quintal. A moça, quase sem conseguir falar, disse:

— Mãe, precisei tanto da senhora. Louvado seja Oxalá que me levou para a estação.

— Louvado seja, minha filha.

Depois de dizer isso, dona Justina olhou para mim e disse:

— Eu não disse a você que Oxalá nunca abandona seus filhos e que Iansã ia encontrar e trazer meus filhos de volta para mim?

Eu, emocionada, e sabendo sobre Domingos, só consegui balançar a cabeça, afirmativamente. Fiquei ali, parada, sem conseguir me mover, só chorando de emoção e de felicidade por poder presenciar aquele reencontro. O grito foi tão alto que acordou Domingos. Assustado, ele saiu de seu quarto e, ao ver as duas abraçadas e chorando, sem entender o que estava acontecendo, olhou para mim que, sem conseguir falar, apenas ria. Lindinha, ao ver que ele estava ali, chorando, disse:

— Mostra o colar para ela! Mostra!

Domingos, começando a entender o que estava acontecendo, desabotoou o primeiro botão da camisa, tirou o colar e mostrou para dona Justina. Esta, ao ver o colar, ainda chorando, abriu os braços e caminhou na direção dele, dizendo:

— Domingos, não poder ser. Esteve todo esse tempo perto de mim e nunca desconfiei que você era meu, que era da minha família! Não sabia que Oxalá tinha trazido você para mim...

— Nem eu, dona Justina. Nem eu...

Embora emocionada, olhei para Lindinha e vi que ela, encostada na porta do quarto, estava quase caindo. Corri para junto dela e, abraçando-a, levei-a de volta para o quarto e, enquanto a deitava. Disse:

— Ela está muito fraca. É melhor entrarem e conversarem aqui dentro.

Eles entraram e sentaram-se na cama. Só naquele momento, lembrei-me de Genaro e do menino. Saí do quarto e vi que o menino, alheio a tudo o que estava acontecendo, continuava brincando com o carrinho, e Genaro, sentado no cadeirão, acompanhava, rindo, todos os seus movimentos. Fiquei junto à porta, prestando atenção nos meninos e ouvindo o que conversavam. Dona Justina pegou Odila no colo e, chorando e ao mesmo tempo rindo, beijou-a várias vezes, dizendo:

— Que negrinha linda você tem, minha filha! Deixa eu ver o outro que está lá fora. Quando cheguei vi que ele estava brincando, mas não olhei direito.

Saiu, pegou o menino no colo e começou a beijá-lo sem parar. Ele, assustado, olhou par mim e chorou. Ela, rindo, colocou-o no chão, dizendo:

— Eita, negrinho birrento!

Depois, entrou no quarto, sentou-se na cama ao lado de Lindinha, pegou Odila no colo e ficou acariciando a cabecinha dela.

A história de Lindinha

Domingos, muito emocionado e com os olhos marejados, sentou-se em uma cadeira. Dona Justina, também emocionada e sem conseguir evitar que as lágrimas descessem por seu rosto, disse:

— Conta, minha filha, conta o que aconteceu, desde o dia em que aquele malvado levou você embora e como você chegou à estação.

Quando ele me levou atrás da carroça e eu fiquei olhando para senhora até ele virar a carroça, eu não consegui enxergar mais. Andamos muito tempo. Eu chorava de tristeza por ter de deixar a senhora e o pai.

— Onde ele está, mãe?

— Vai chegar daqui a pouco e vai morrer de felicidade quando vir você, minha filha, mas continue contando.

Andamos por muito, muito tempo. Não sei se, pelo balanço da carroça ou por estar sentada na madeira dura, eu estava com o corpo todo doendo. Já estava quase anoitecendo, quando chegamos a uma porteira. Ele entrou com a carroça e pude ver uma casa bem grande, pensei:

É aqui que vou morar.

Eu estava enganada, a carroça passou pela casa e continuou andando. Andamos mais ou menos meia hora, até que apareceu outra casa, menor que a primeira mas, mesmo assim grande. Ele parou a carroça, dizendo:

— Desce, negrinha, é aqui que vai morar.

Desci, peguei a trouxa com minhas roupas e fiquei parada. Um rapazinho mulato se aproximou, olhou para mim e sorriu. Assim que nossos olhos se encontraram, senti um bem enorme. O malvado, sem perceber, disse:

— Jacinto, dê água para o cavalo. Ele, coitado, está cansado.

— Sim, senhor.

Eu estava com fome e com sede, mas o malvado não se importou e começou a me empurrar. Levou-me para dentro da casa. Em uma sala grande, havia cinco mesas que estavam cobertas por toalhas brancas. Sobre elas, havia velas acesas. Sentadas nas cadeiras que havia em volta delas, estavam meninas, negras como eu. Respirei aliviada. Elas, para mim, eram bonitas e estavam com vestidos lindos, diferentes dos meus. O malvado, parado no meio da sala, disse:

— Esta é Lindinha. E a nova irmã de vocês.

Eu fiquei olhando para elas e sorri, mas nenhuma delas sorriu para mim. Ficaram paradas da mesma maneira que estavam quando entrei. O malvado continuou me empurrando e fomos parar na cozinha. Lá, havia uma senhora negra que estava cozinhando. Ele me empurrou com força para dentro da cozinha e disse:

— Tiana! Dê um banho e passe perfume nessa negrinha. Depois, coloque um vestido nela. Esta noite vou dar uma festa. Ela vai ser a novidade e precisa estar perfeita.

Ele saiu e eu, olhando para a senhora, perguntei:

— Vai mesmo me dar banho, passar perfume e colocar um vestido novo?

Ela, com os olhos cheios de água, respondeu:

— Vou, sim, menina. Vou fazer tudo isso.

Na hora, eu não entendi por que parecia que ela estava chorando e não me importei. Eu só queria colocar o vestido e ficar bonita como as outras meninas estavam. Ela pegou uma tina, colocou no chão da cozinha e encheu com água. Enquanto fazia isso, disse:

— Como é o seu nome?

— Lindinha.

— Lindinha? Que nome é esse?

— Minha mãe disse que, quando eu nasci, era muito bonita e por isso me colocou esse nome. Eu gosto dele!

— Você é linda de verdade, mas isso é uma pena...

— Por que a senhora está dizendo isso? — assustada, perguntei.

— Por nada. Agora, tire a roupa e entre na tina.

Entrei e a água estava quente. Eu me senti muito bem. Ela, com cuidado, começou a me banhar. Depois, me deixou ali e saiu. Quando voltou, trazia em suas mãos um vestido lindo, todo colorido. Fiquei encantada:

— A senhora vai me dar esse vestido?

— Vou, sim, menina, e vou dizer mais uma coisa: daqui a pouco, alguns homens vão chegar. Depois de muita bebida, um deles vai ficar com você e fazer coisas que você não vai gostar, mas precisa ficar quieta e fazer tudo o que ele mandar, porque, se não fizer isso, o sinhô vai castigar você.

Eu não liguei para o que ela disse. Só queria colocar aquele vestido lindo. Ela me ajudou a sair da tina e, finalmente, me vestiu. Depois, antes do perfume, perguntou:

— Está com fome?

Com a cabeça, eu disse que sim. Ela colocou arroz, feijão e um pedaço de carne bem grande. Eu nunca tinha comido tanta carne. Como estava com muita fome, comi quase sem mastigar. Quando terminei de comer, ela lavou meu rosto, penteou meus cabelos, colocou uma fita e passou perfume por quase todo meu corpo. O perfume era gostoso e eu estava muito feliz. Lembrei-me da senhora, mãe, e comecei a chorar. Ela, sem entender o que estava acontecendo, perguntou:

— Por que está chorando, Lindinha?

— Queria que minha mãe estivesse aqui. Ela ia ficar feliz por me ver tão bonita.

— Por você estar bonita, ela ia ficar feliz, mas por estar aqui, acho que não.

Só mais tarde, entendi o que ela estava falando.

Depois de eu estar pronta, ela disse:

— Agora, você vai lá para a sala e se senta em qualquer lugar.

Feliz por estar linda eu fui. Entrei na sala e percebi que as meninas estavam da mesma maneira, paradas e caladas. Sorri, mas elas não. Sem entender por que elas me olhavam daquela maneira sentei-me em uma cadeira e fiquei pensando:

Por que será que elas, apesar de estarem tão lindas, parecem tristes?

Olhei para uma e para outra e sorri, mas não houve resposta. Parecia que eu não existia. Algum tempo depois, o malvado entrou na sala. Olhou para todas nós e, rindo, disse:

— Vocês estão muito bonitas! Sabem que, hoje, vamos ter uma festa e, como sempre, sabem que, quando meus amigos chegarem, vocês precisam tratar a todos eles muito bem. Sabem, também, que, se não fizerem isso, serão castigadas.

Ao ouvir aquilo, estremeci e olhei para elas, que continuavam caladas. Somente uma sorriu. Percebendo que elas não queriam conversar, assim como elas, fiquei calada e olhando para tudo. Algum tempo depois, ouvi barulho de carruagens e de cavalos. Alguns homens começaram a entrar. Estavam bem vestidos. Logo percebi que eram ricos. O malvado recebeu a todos com um sorriso, demonstrando felicidade. Após todos chegarem, o malvado me pegou pela mão e me levou ao centro da sala. Enquanto me rodopiava, com um olhar estranho, dizia:

— Olhem que joia eu trouxe para vocês. Esta menina, além de ser muito bonita, é pura como uma flor. Estou curioso para saber quem de vocês vai desabrochar esta flor. Quem vai dar mais?

Os homens começaram a oferecer dinheiro. Eu não entendia o que estava acontecendo. Um deles, um senhor de mais de cinquenta anos, ganhou. O malvado sorriu e falou:

— Coronel, o senhor vai ser o felizardo!

O homem se levantou e veio até mim e, com um olhar estranho, começou a me abraçar. Eu fiquei apavorada, olhei para a porta de entrada e vi que ela estava aberta. Rapidamente, fui até lá e saí correndo. Jacinto, que estava lá fora, ao me ver correndo, apontou para um buraco que havia embaixo da casa e falou:

— Entre nesse buraco e fique quieta.

Apavorada e sem conseguir pensar, entrei no buraco e fiquei quieta. O malvado, muito nervoso, saiu da casa e perguntou:

— Jacinto, você viu para onde a cabritinha foi?

Ele, apontando a mão para um lado, respondeu:

— Para lá, Coronel. Tentei segurar a menina, mas não consegui. Ela foi muito rápida. Quer que eu vá atrás dela?

— Não, está escuro e ela não vai poder ir muito longe. Deixe que passe fome e frio. Amanhã, quando clarear, quero que pegue os cachorros e vá atrás dela. Depois, vou ver o que fazer com ela.

Ao ouvir aquilo e imaginar os cachorros me pegando, comecei a tremer e a chorar baixinho. O malvado entrou na casa e, rindo, disse:

— A cabritinha fugiu, mas não fique triste, coronel. Amanhã ela vai ser achada e garanto que na semana que vem ela vai estar aqui e vai realizar todos os seus desejos. Agora, vamos continuar a nossa festa?

Jacinto permaneceu no mesmo lugar. De onde eu estava, através do brilho da lua, podia ver que ele olhava para mim e ria. A festa continuou por muito tempo. Com o passar das horas, fui me acalmando e fiquei ali esperando para ver o que ia acontecer. Percebi quando os homens começaram a sair. Jacinto trouxe o cavalo para aqueles que não estavam com carruagens. Em pouco tempo, todos foram embora. O malvado também montou em seu cavalo e, antes de sair, disse:

— Jacinto, amanhã, bem cedo, quando eu voltar, juntos, vamos procurar a cabritinha. Prepare os cães. Quando ela chegou, trocou de roupas. Peça para Tiana dar essas roupas para que os cachorros possam cheirar. Ela não vai escapar! Não vai mesmo! Vai saber o quanto custa me desafiar!

— Está bem. Quando o senhor voltar, ela vai estar aqui.

Ao ouvir aquilo, estremeci. Assim que o malvado desapareceu, Jacinto foi para os fundos da casa. Não entendi o que ele estava fazendo, pois eu estava com fome e muito frio. Resolvi esperar mais um pouco e, se ele não voltasse, eu ia para a mata, tentar voltar para casa. Algum tempo depois, ele se aproximou do buraco em que eu estava. Encostou-se na casa e disse:

— Não pode continuar aqui. Vou levar você para um lugar onde vai ficar bem. Vou entrar na casa e, quando eu fizer isso, corra pela estrada até que não

consiga mais ver a casa. Pare e espere por mim. Não podemos ser vistos juntos por ninguém da casa.

Eu não o conhecia, mas senti que podia confiar nele. Também, não tinha mais o que fazer. Sabia que precisava desaparecer, pois, se o malvado me encontrasse, nem queria imaginar o que ele ia fazer. Ele voltou para a casa. Saí correndo sem olhar para trás. Só parei quando estava cansada. Olhei pelo caminho que havia percorrido e não vi mais a casa. Parei e me sentei no chão para descansar, pois quase não conseguia respirar. Logo depois, vi uma luz que se aproximava de mim. Fiquei com medo, mas continuei sentada. Quando a luz se aproximou, vi que era Jacinto montado em um cavalo. Ele carregava uma tocha presa em um pedaço de pau. Quando chegou perto de mim, desceu e, enquanto colocava um cobertor sobre minhas costas, falou:

— *Você não pode ficar aqui. Precisamos ir para um lugar seguro.*

— *Quero voltar para minha casa...*

— *Não pode voltar para lá.*

— *Não posso, por quê?*

— *Ele vai sempre lá e, se estiver ali, vai encontrar você.*

— *Para onde eu vou?*

— *Tem uma choupana que era do meu avô.*

— *Do seu avô? Ele não era escravo?*

— *Era, mas essa é outra história e um dia eu conto. Agora, preciso levar você para lá. Venha. Vou ajudar você a montar no cavalo. É longe e preciso estar aqui pela manhã, antes que ele volte.*

Ele me ajudou a montar e colocou em meu colo uma corda. De um lado havia uma trouxa com roupas e, do outro, uma sacola. Eu não sabia o que havia nela e não me importei, apenas segui com ele, pois o que eu queria mesmo era ficar bem longe do malvado e daquele lugar. Depois de ter me ajudado a montar, ele montou por trás de mim e só então fez com que o cavalo começasse a andar. A noite estava escura e só pudemos caminhar graças à tocha. Eu não tinha relógio, mas acho que andamos por mais de duas horas. Depois, saímos da estrada, ele parou o cavalo, desceu e me ajudou a descer. Amarrou o cavalo em uma árvore e disse:

— Daqui pra frente, precisamos ir a pé por uma trilha. A choupana fica perto daqui.

Tirou do cavalo a sacola e a trouxa e começou a andar. Eu o segui por dentro da mata. Andamos por muito tempo. Quando ia pedir a ele que parasse um pouco para que eu pudesse descansar, vi uma choupana. Sem saber o motivo, respirei fundo e sorri. Assim que nos aproximamos da porta, ele tirou a trouxa e a sacola das costas e colocou-as no chão. Depois, abriu a porta e entramos. A choupana não era grande. Tinha um cômodo. Com a luz da tocha, pude ver que, bem no meio, havia um fogareiro a lenha, igual àquele que a gente tinha, mãe. Vi, também, uma esteira. Jacinto olhou para mim e, sorrindo, disse:

— Não é muito, mas aqui vai ficar segura. Vou acender o fogo e logo vai ficar quente, mas, antes, você precisa comer.

Dizendo isso, tirou da sacola uma panela. Dentro dela, tinha arroz, feijão e um pedaço de carne. Pegou também uma garrafa e uma caneca:

— Come essa comida e bebe café com leite. Tem também um pedaço de pão para você comer amanhã. A comida está fria, mas é melhor do que nada, não é?

Não respondi, misturei a comida, fui fazendo bolinhos e, passando pela farinha, comi quase sem parar. Enquanto isso, ele colocou lenha no fogareiro e acendeu. Depois disso, enquanto a lenha queimava para virar brasa, tirou de dentro da sacola uma lamparina, acendeu e falou:

— Logo essas chamas do fogão vão se apagar, transformar-se em brasa e vai ficar escuro. Por isso, não deixe que a lamparina se apague. O óleo que tem nela vai dar até amanhã cedo. Depois, você precisa colocar mais óleo que está nesta garrafa.

Ainda comendo, sem parar, abanei a cabeça, dizendo que sim. Depois de preparar tudo, ele foi até a porta e disse:

— Agora, preciso ir. Amanhã, quando ele chegar, vamos sair para procurar você.

Ao ouvir aquilo estremeci:

— Ouvi quando ele disse que vai colocar os cachorros para me procurar. Sei que eles vão me encontrar...

Ele começou a rir e mostrou seus dentes lindos:

— Não se preocupe com isso. Tiana colocou sua roupa na tina com sabão. Até amanhã, ela não terá cheiro algum, por isso os cachorros não conseguirão achar você. Além do mais, vou dizer a ele que você fugiu para o outro lado. Pode dormir tranquila.

— Gostei da dona Tiana. Ela foi carinhosa comigo.

— Ela também gostou de você. Por isso, está ajudando. Foi ela quem me deu tudo o que trouxe na sacola e na trouxa de roupas.

— Ela é uma boa pessoa. Um anjo que surgiu na minha vida.

Ele, rindo, disse:

— Também é minha mãe. Ela é tudo isso e muito mais.

— Sua mãe?

— Sim. Infelizmente, o malvado é meu pai. Ela nasceu na fazenda e, quando completou treze anos, ele se aproveitou dela e eu nasci. Para poder ficar comigo, ela teve de ficar aqui cuidando das meninas para que ele pudesse ganhar muito dinheiro. Por isso, ela ajuda as meninas em tudo o que é possível. Muitas, com a ajuda dela, conseguiram fugir. Agora, preciso ir. Está quase amanhecendo e ele vai chegar. À tarde, depois que ele for embora, eu volto. Procure dormir e, quando acordar, ande na trilha que tem em frente à porta e vai chegar ao rio. Lá, você pode pegar água, trazer para cá e também tomar banho.

Eu ouvia o que aquela menina falava e consegui imaginar tudo o que ela passou. Um frio correu por minha espinha. Domingos também ouvia sem mover um músculo do rosto. Dona Justina, a todo instante, enxugava, com uma das mãos, as lágrimas que corriam por seu rosto. A menina, que estava no colo de dona Justina, começou a chorar. Todos olhamos para ela. Lindinha sorriu e, com lágrimas nos olhos, disse:

— Mãe, ela deve estar com fome. Coloca ela aqui deitada do meu lado, vou dar de mamar. Ainda bem que, apesar de tudo o que passei, não perdi o meu leite. Se isso tivesse acontecido, ela teria morrido de fome.

Dona Justina colocou a menina no peito de Lindinha, que continuou falando:

Ele foi embora e eu me deitei na esteira. Fiquei ali por muito tempo sem conseguir dormir. Estava com muito medo que o malvado me encontrasse, mas, depois de algum tempo, cansada, adormeci. Quando acordei, o sol estava brilhando. Levantei-me. Saí da choupana e olhei para o céu. O sol estava nascendo atrás da montanha. Olhei em volta e só vi muito mato. Não sabia que lugar era aquele, mas, sem saber a razão, me senti protegida. Entrei novamente na choupana. As brasas ainda estavam acesas. Peguei alguns pedaços de lenha que havia ali, coloquei-os sobre as brasas, abanei com a tampa de uma panela e, logo, as chamas ficaram vivas. Sorri e peguei a sacola. Dentro havia pão, um pedaço de queijo, carne, ovos e óleo para a lamparina e, em uma panela, arroz e feijão. Pensei:

"Tiana pensou em tudo. Hoje, vou ter o que comer. Tomara que Jacinto volte logo. Com ele ao meu lado, sinto que nada de mal vai me acontecer."

Peguei uma lata que estava ali e caminhei pela trilha até chegar ao rio, que era estreito. Através da água bem clara, vi pequenos peixes que nadavam tranquilos. Sentei-me na margem e fiquei olhando a água que corria bem devagar. Fiquei ali por um bom tempo, pensando em tudo o que havia me acontecido, na senhora e no pai, mãe. Sabia que estavam sofrendo por, como já havia acontecido com meus irmãos, não saberem para onde o malvado havia me levado e como eu estava. Conseguia ver a senhora chorando. E, naquele momento, eu odiei o malvado e só pensava em uma maneira de acabar com ele, de fazer com que sofresse. Depois de muito pensar, lavar o meu rosto e chorar, enchi a lata com água, coloquei sobre a cabeça e voltei para a choupana. No fogão, as chamas se apagaram e só havia brasas bem fortes. Olhei em volta e percebi que a choupana estava com muita poeira. O chão de barro estava seco. Em um armário feito com galhos de árvores e amarrados com cipó, havia duas panelas, uma chaleira e um bule que também estavam empoeirados. A mesa, igual ao armário, também foi feita com galhos e cipó. Enquanto colocava tudo para fora, pensei:

"Jacinto disse que seu avô morou aqui. Não entendi, já que ele era escravo, como pôde ficar aqui, tão longe da fazenda? Preciso esperar para ter essa resposta. Jacinto disse que depois vai me contar."

Do lado de fora, havia uma vassoura feita com galhos de árvore. Depois de colocar a esteira e as panelas para fora, peguei água, coloquei em uma panela e, com as mãos, fui respingando pelo chão. Depois, varri. Lavei as panelas, as canecas e o bule. Coloquei a esteira aberta para que tomasse sol. Depois, entrei, *peguei um pedaço de pão, cortei com as mãos, coloquei, dentro dele, um pedaço de queijo e coloquei no canto do fogão para que esquentasse. Em outra panela, coloquei água para fazer um chá com erva doce que eu peguei quando voltava do rio. Quando o pão esquentou e a água ferveu, coloquei o chá em uma caneca, peguei o pão, saí da choupana e me sentei em um banquinho que havia junto à porta, também feito com galhos e cipó. Estava comendo quando me lembrei que, naquele momento, os cachorros deviam estar procurando por mim. Estremeci e peguei a esteira, entrei novamente na choupana e fiquei deitada, quase paralisada.*

Ao ouvir o que Odila lia, Carlos interrompeu:

— Como ela sofreu, tia!

Odila olhou para o sobrinho e, com os olhos cheios de lágrimas, disse:

— Sofreu muito, Carlos. Pobre da minha mãe, tão criança...

— Como um ser humano pode cometer tanta maldade, tia?

— É o poder, meu filho. Qualquer um que tenha um pouco de poder sente-se no direito de usá-lo contra seu semelhante.

Olavo permanecia calado, tentando imaginar Beatrice e as outras pessoas de quem ela falava. Sem querer, seu pensamento foi para Helena e ele sentiu vontade de estar ao seu lado.

Odila olhou para o relógio que estava em uma das paredes e, rindo, disse:

— Olhem, meninos, já são quase três da madrugada. Acho que está na hora de irmos dormir. Poderemos continuar amanhã...

— Não, mãe! Vamos continuar! Está quase acabando...

— Olavo tem razão, tia. Não estamos com sono! Não vamos conseguir dormir.

— Está bem. Eu já conheço toda a história, mas vocês devem, sim, estar curiosos. Vou continuar. Voltou os olhos para o livro e começou a falar:

Todos nós estávamos extasiados com a história que Lindinha contava. De vez em quando eu olhava para as crianças que continuavam ali. Jacinto corria de um lado para outro e Genaro brincava com um carrinho que eu havia lhe dado. Estávamos prestando atenção ao que ela falava e nem percebemos quando o senhor Sebastião, trazendo os sapatos sobre o ombro, se aproximou:

O que está acontecendo aqui?

Ao ouvir aquela voz, todos nos voltamos. Dona Justina, assim que o viu, levantou-se e, abraçando-se a ele, respondeu:

— Olha quem está aqui, meu velho!

Eu, que estava parada em frente à porta, me afastei para que ele pudesse entrar, mas, para minha surpresa, ele ficou imóvel e não entrou. Seus olhos ficaram parados olhando para a filha, como que não acreditasse que era ela mesma. Dona Justina, vendo que ele não se movia, chorando, disse:

— Entra, velho! Vem abraçar a nossa menina! Ela voltou!

Ele, com os olhos presos na filha, falou:

— Está bom... está bom...

Depois de dizer isso, se afastou e entrou em seu quarto. Nós ficamos nos olhando sem entender o que estava acontecendo. Dona Justina, que conhecia muito bem seu marido, rindo, entre lágrimas, disse:

— Não liga não, Lindinha. Ele é assim mesmo. Esconde o que sente e, como homem não chora, deve estar lá dentro chorando sem parar. Depois ele vem falar com você.

— Eu sei, mãe... eu sei...

Genaro começou a chorar e Jacinto se aproximou. Entrou no quarto, subiu na cama e ficou deitado do lado da mãe. Eu me dei conta de que estava na hora de começar o jantar, pois eu não sabia se Giuseppe iria chegar, mas, se chegasse e eu não estivesse com o jantar pronto, seria um motivo para que ele me espancasse. Sentindo muito, eu disse:

— Gostaria muito de ouvir o resto da sua história, Lindinha, mas preciso fazer o jantar e dar banho nos meninos. Eles estão cansados.

Dona Justina se levantou da cama onde estava sentada e, rindo, falou:

— Não precisa se preocupar, menina. Hoje é dia de festa e eu quero cozinhar. Quero fazer a comida de que você gosta, Lindinha, e todos nós vamos comer juntos. Só vou ver se o meu velho tem dinheiro para eu comprar um bom pedaço de carne...

Ao ouvir aquilo, Domingos também se levantou da cadeira em que estava sentado e falou:

— Pode deixar, dona Justina. Fala o que vai precisar que eu vou lá na mercearia comprar e, assim, as duas vão poder cozinhar juntas. Depois, vou pegar as nossas mesas, colocar no quintal e vamos comemorar. O que acham da minha ideia?

Claro que todos nós concordamos.

— Não podem se esquecer de que preciso trabalhar. Portanto, esse jantar não pode demorar muito.

Concordamos. Aquele dia era, sim, especial. Domingos estava saindo, quando Djalma chegou carregando uma mala. Ao ver todos nós juntos, rindo, disse:

— Parece que hoje é dia de festa! Domingos, vim pegar minhas roupas. O quarto que você encontrou é muito bom e perto do meu trabalho. Acho que fiz um bom negócio.

Domingos, também rindo, falou:

— Também fiz um bom negócio. Obrigado por me ceder o seu quarto. Pode pegar sua roupa. Troquei o lençol, porque precisei dormir no seu quarto. Você não imagina como é importante ter essa moça aqui com seus filhos. Como você disse, hoje é dia de festa e, se quiser, pode vir comemorar com a gente.

— Bem que eu gostaria, mas não posso. Vou encontrar a minha namorada.

Todos nós rimos. Ele era jovem e estava na idade de namorar. Ele também, rindo, entrou em seu antigo quarto, pegou suas roupas e foi embora. Domingos foi à mercearia. Lindinha tentou se levantar. Ela queria ajudar na preparação do jantar, mas dona Justina disse:

— Não se levante não, Lindinha. Você está muito fraca. Fica aí deitada e cuidando da sua menina. Eu e a Beatrice vamos cuidar da comida.

Dona Justina foi para o seu quarto, eu fui para a minha cozinha. Peguei um pedaço de carne e comecei a preparar um molho de tomates que seria misturado ao macarrão. Atrás da porta da cozinha, havia duas bacias, uma pequena onde eu dava banho em Genaro, e outra grande, para mim e Giuseppe. Peguei a água que estava sobre o fogão, coloquei a bacia sobre a mesa e depois a água. Dei um banho em Genaro. Depois, com ele no colo, fui para o meu quarto. Depois de vesti-lo, coloquei-o no berço. Enquanto ele ficava ali, dei banho em Jacinto. Depois dei sopa para os dois. Após o jantar, levei Genaro de volta para o berço e Jacinto para junto de Lindinha. Eles estavam cansados pelo longo tempo em que ficaram brincando e adormeceram. Somente depois disso consegui me dedicar ao jantar. Estava colocando uma panela com água no fogo, quando vi dona Justina e o marido saindo do quarto e indo para o quarto onde Lindinha estava. Não aguentei de tanta curiosidade e fui também. Eles entraram e eu, como antes, fiquei parada junto à porta. Ele se aproximou, se inclinou e, abraçando a filha, começou a falar:

— Perdão, minha filha, por eu não ter impedido aquele malvado de levar você embora. Eu fiquei com vontade de matá-lo, mas não tive coragem. Sou muito covarde.

Ao ouvir aquilo, sorri. Ele se julgava covarde para enfrentar um homem, mas muito corajoso para bater na mulher. Senti uma revolta muito grande. Apesar de tudo, aquele momento era de muita emoção. Lindinha, abraçando e beijando o pai, disse:

— Tudo já passou, pai. Agora estou aqui e me sinto protegida. Não quero e nunca mais vou sair de perto do senhor nem da mãe. Oxalá e Iansã me trouxeram de volta e eles vão proteger a gente.

— Louvado seja Oxalá! Agora, minha filha, conta o que o malvado fez com você, conta.

— Está bem, pai. Senta que vou contar desde o dia em que ele me levou.

Vendo que ela ia contar tudo o que já nos havia contado, voltei para a cozinha. Domingos chegou com as compras. Eu e dona Justina, cada uma em sua cozinha, ficamos cozinhando. A comida não podia demorar muito, pois logo mais ia escurecer e, apesar de termos luz nos quartos e nas cozinhas, elas eram muito fracas para iluminar o quintal onde Domingos colocou as mesas. Depois de colocar as panelas no fogo, peguei os dois pratos que tinha, coloquei sobre a mesa. Dona Justina e Domingos fizeram o mesmo. Sabendo que logo ia escurecer, coloquei algumas velas. Depois de tudo arrumado, entrei na minha cozinha e percebi que o macarrão já estava cozido. Coloquei na panela onde estava cozinhando o molho e levei para a mesa. Dona Justina preparou arroz, feijão e uma farofa. A carne que Domingos trouxe seria assada na chapa do meu fogão. Lindinha conseguiu se levantar e veio se sentar. Após todos estarem acomodados, felizes, começamos a comer. Estávamos assim, quando Giuseppe chegou. Parou diante da mesa e eu lhe mostrei um prato que havia reservado para ele:

— *Sente-se, Giuseppe. A comida está muito boa.*

Ele, calado, entrou em nosso quarto. Todos olharam para ele e depois para mim, que fiquei parada, morrendo de vergonha. Após algum tempo, levantei-me e fui para o quarto. Assim que entrei, vi que ele estava trocando de roupa. Perguntei:

— *Não vai jantar, Giuseppe?*

— *Não! Não entendo por que está comendo no meio do quintal e com essa gente!*

— *Essa gente são nossos amigos, Giuseppe, e estamos comendo todos juntos porque dona Justina reencontrou a filha que havia sido levada...*

— *Eles não são nossos amigos, são apenas nossos vizinhos. Quando vai entender que, agora, a nossa vida mudou, Beatrice? Tenho muito dinheiro e vamos nos mudar daqui! Estou procurando uma casa!*

Ao ouvir aquilo, estremeci.

— *Você só tem dinheiro porque dona Justina e Domingos ajudaram muito! Ele trouxe sapatos para você consertar e ela levou você à casa da sua patroa!*

— *Ele trouxe os sapatos e ela me levou lá, mas se eu não fosse um bom sapateiro, de nada ia adiantar! Não ia conseguir consertar nem criar os sapatos!*

— *Eu não quero me mudar, Giuseppe. Gosto daqui e de dona Justina. Ela me trata como sua filha e eu a considero como mãe. Sabe que nossa família está tão distante e que não conheço ninguém a não ser eles...*

— *Tem a mim e ao seu filho, não precisa de mais ninguém! Eu decido, cuido de vocês, não deixo faltar coisa alguma! Por isso, você precisa se preocupar só com o fogão, o tanque e a pia!*

— *Trocou de roupa? Para onde você está indo?*

— *Para um lugar onde haja música, bebida e gente feliz! Não suporto ver sua cara sempre chorosa! Agora, venha arrumar a minha gravata!*

Eu fiquei parada, ele me puxou com força e falou baixo, porém firme:
— Arrume a minha gravata!

Tremendo, arrumei sua gravata. Sabia que nada podia fazer, pois ele era o meu marido e eu precisava fazer tudo o que ele desejava.

Depois que arrumei sua gravata, ele me abraçou e, com as duas mãos, beliscou com muita força as minhas costas, me jogou violentamente sobre a cama e saiu. Fiquei ali, deitada e chorando por um bom tempo, até que dona Justina entrou no quarto e, ao me ver chorando, disse:

— Levante, menina. Venha comer, venha...

Olhei para ela, enxuguei meus olhos, envergonhada, levantei-me e voltei para a mesa. Dona Justina me acompanhou, sentou-se. Os outros continuaram a comer sem nada comentar. Depois de algum tempo, ela, olhando para Lindinha, disse:

— Conta, Lindinha, o que aconteceu, como você viveu depois e como teve essas crianças.

Lindinha sorriu e começou a falar:

— Naquela tarde, Jacinto voltou e trouxe com ele uma cabra, disse que era para eu ter leite. Continuou vindo todos os dias, arrumou a choupana para que não chovesse, fez uma horta e trouxe algumas galinhas. Sempre que o malvado não estava na fazenda, ele dormia comigo. Foi um tempo muito feliz, de paz e tranquilidade. Depois de algum tempo, minha barriga começou a crescer, Jacinto disse que podia ser bicha e que ele ia falar com sua mãe para ver se ela tinha algum remédio. No dia seguinte, ela veio com ele e, depois de mexer e olhar a minha barriga, disse:

— Você não está doente, está esperando criança. Eu e Jacinto nos olhamos, tanto eu quanto ele não sabíamos como se fazia criança. Ela, vendo o nosso espanto, começou a rir:

— Não se preocupem com isso, o importante é que você se alimente bem, Lindinha, e, quando chegar a hora, Jacinto me avisa e eu venho aqui para ajudar você.

— Na casa das meninas nunca faltava carne, frutas nem verduras. O malvado dizia que elas precisavam se alimentar bem para ficarem bonitas e com cara de saúde. Quando os amigos dele viessem, deveriam ter boa impressão delas. Assim, Tiana conseguia separar comida e frutas para que eu me alimentasse bem. Em uma tarde, estava quase escurecendo e eu sabia que Jacinto não ia vir, pois o malvado estava lá. Comecei a sentir muita dor na barriga, mas não me preocupei, pois pensei que tinha comido qualquer coisa que estava me fazendo mal. O tempo foi passando e a dor foi aumentando. Comecei a ficar preocupada, mas não sabia o que fazer. Passei toda a noite com muita dor. Pela manhã, a dor era tanta que eu não conseguia deixar de gritar. Naquele momento, pensei na senhora, mãe, e como queria que estivesse ali. Pedi a Oxalá que me ajudasse, achei que ia morrer. Estava ali, chorando, gritando de dor, quando uma senhora apareceu na minha porta. Ao me ver daquela maneira, correu para junto de mim, me abraçou e, com muito carinho, disse:

— Não se preocupe, tente ficar calma, estou aqui e vou ajudar você.

— Eu não sabia quem era aquela mulher, mas, mesmo assim, agradeci a Oxalá por ela estar ali. Ela me deitou, avivou o fogo e colocou água para esquentar, depois pegou uma faca, colocou sobre as brasas e deixou ali até que ficasse vermelha. A dor ficava cada vez mais forte, mas agora eu já não estava desesperada. Logo depois, senti uma dor mais forte ainda e senti quando o meu filho nascia. Assim que eu vi a carinha dele, a dor sumiu e eu nem me lembrava mais como era.

— Quem era aquela mulher, Lindinha?

— Depois que ela banhou o meu menino e me limpou, eu, curiosa, perguntei quem era ela e de onde tinha vindo. Ela, depois de colocar o menino no meu colo, sorriu e respondeu:

— Meu nome é Balbina. Eu e meu negro fugimos da fazenda em que morávamos. O coronel era muito ruim e, por qualquer coisa, mandava chicotear os escravos. Depois de ter vendido nosso último filho, meu nego se revoltou e tentou matá-lo. Como não conseguiu, para não ser morto, tivemos de fugir. Construímos uma choupana do outro lado do rio e estamos morando lá, bem longe da fazenda. Isso já faz dois meses. Esta noite, quase não consegui dormir, sonhei muito e acordei várias vezes. Quando estava quase amanhecendo, não suportei e me levantei. Saí da choupana, olhei para este lado e senti uma vontade imensa de vir até aqui. Acordei meu nego e o convenci a vir também. Atravessamos o rio com uma canoa que ele fez de um tronco de árvore para poder pescar e, quando vimos a sua choupana, resolvemos nos aproximar. Assim que cheguei e vi como você estava, fiz um sinal para que o meu nego esperasse. Ele se afastou e deve estar por aí. Assim que vi você, entendi que era a vontade de Oxalá eu estar aqui. Que Oxalá seja louvado!

— Ela estava falando quando pela porta vi um negro que sorrindo perguntou:

— Já nasceu?

— Já, meu nego. É um menino lindo!

— Louvado seja Oxalá.

— Ele era alto, forte, com dentes muito brancos e olhos brilhantes. Entrou, olhou para o menino que estava deitado ao meu lado na rede e disse:

— Esse menino é filho de Oxalá!

— Agora, você precisa dormir, pois passou por maus momentos. Pode dormir sossegada que nós vamos ficar aqui cuidando do seu neném.

— Eu ouvi o que Balbina disse, não queria, mas estava realmente muito cansada e, sem perceber, adormeci nem sei por quanto tempo. Quando acordei, Jacinto estava ali com o nosso menino no colo. Ele, ao mesmo tempo em que estava feliz com o menino, também estava triste por ter me deixado sozinha. Eu disse para ele não ficar triste porque Oxalá tinha mandado um anjo para me ajudar.

Eu, que ouvia o que Lindinha contava, me arrepiei. Como existiam coisas que eu não entendia! Para mim, aquilo havia sido um milagre, e o interessante é que para Lindinha e provavelmente para os outros que estavam sentados naquela mesa era coisa de Oxalá. Lindinha tomou um pouco de água e continuou falando:

— Daquele dia em diante, minha vida mudou. Jacinto trouxe dois serrotes e ele e o Eliseu, marido de Balbina, fizeram uma canoa para que eu ou eles pudéssemos atravessar o rio sempre que quiséssemos. Fizeram um forno feito com barro e eu e Balbina fazíamos bolos e pães deliciosos. Agora, mesmo quando Jacinto não podia estar comigo, eu tinha, ao meu lado, além do meu filho, Balbina e Eliseu. Todos os dias eu ou eles atravessávamos o rio e nos encontrávamos. Foi um tempo de muita paz e alegria. Jacinto contou que seu avô havia feito aquela choupana, porque, como acontece muito, teve de fugir do malvado. Quando este maltratou Tiana, ficou com muita raiva e quis matar o malvado. Não conseguiu e, para não morrer, fugiu e se escondeu ali até morrer. Quando minha barriga começou a crescer outra vez, eu sabia o que ia acontecer. No dia em que minha menina nasceu, Jacinto, Tiana, Balbina e Eliseu estavam ao meu lado. Odila nasceu forte e bonita. Minha vida estava completa, até seis dias atrás, quando eu tive que fugir.

— O que aconteceu, Lindinha? Por que teve de fugir?

— Vou contar, mãe.

— Eu, Balbina e Eliseu estávamos tomando chá e esperando por Jacinto que devia chegar logo, quando uma das meninas chegou afobada, cansada e gritando:

— Você precisa fugir, Lindinha!

— Eu me assustei e, desesperada, perguntei:

— Por quê? O que aconteceu?

— A Zefinha, que gosta do Jacinto, ficou com ciúmes porque ele não gostava dela. Um dia desses, seguiu ele até aqui e viu que vocês estavam morando juntos. Contou para o coronel Inácio. Ele ficou muito brabo e, sem dizer que ia chegar, veio, prendeu o Jacinto no tronco e bateu muito nele com o chicote. Quando Jacinto estava todo machucado, ele pegou um pedaço de pau e bateu na cabeça do Jacinto, que morreu na hora. Tiana gritou, pediu para ele parar, dizendo que Jacinto era seu filho, mas ele não ouviu.

Lindinha começou a chorar e falou:

— Mãe! A senhora não pode imaginar o que senti ao ouvir aquilo. Jacinto, o meu Jacinto estava morto.

Lindinha continuou falando:

— A Tiana, depois que viu o filho morto, chorando muito, entrou em casa, me chamou de lado e pediu:

— Pega essas coisas e vai até a choupana, conta para a Lindinha o que aconteceu e diz para ela fugir, porque o malvado vai matar a ela e aos meus netos.

— Eu saí escondida e vim correndo. Foge, Lindinha! Foge! Eu preciso voltar para casa, porque se ele descobrir que vim até aqui, vai fazer comigo o mesmo que fez com Jacinto.

Olavo se levantou e, muito nervoso, perguntou:

— Mãe, aquele monstro matou o próprio filho? Como pôde fazer isso?

— É o poder, meu filho. O poder endurece qualquer alma. Existem alguns que não imaginam que, ao fazerem o mal para outros, estão fazendo o mesmo ou mais para si mesmos. Mas vamos continuar lendo. Está tarde, precisamos chegar ao fim para podermos dormir.

— Dormir, tia? A senhora acha que vamos poder dormir depois de tudo o que ouvimos a senhora ler?

Odila riu:

— Tem razão, Carlos. Tudo o que li foi muito forte e ainda tem mais. Acontecem coisas por esse mundo afora que nem imaginamos.

Odila voltou os olhos para o caderno e continuou:

— *Ritinha saiu correndo e voltou para a casa. Eu fiquei parada sem saber o que fazer, até que Eliseu, pegando pelo meu braço, nervoso, falou:*

— *Lindinha! Você tem que ir embora!*

— *Embora para onde?*

— *Pegue as crianças e essa sacola com mantimentos que Tiana mandou. Entre na canoa e desça o rio até encontrar um povoado ou uma casa. Dali siga com a sua vida.*

— *Não posso fazer isso! Tenho medo! Não vou conseguir!*

— *Claro que vai conseguir, Lindinha! Se ficar aqui, o malvado vai encontrar você e as crianças e vai matar todos! Oxalá está ao seu lado! Agora, chega de conversa. Pegue logo as coisas e entre na canoa! A correnteza fica do lado oposto ao de onde está o malvado. Ele não vai encontrar você! Por aqui não tem correnteza. Deixe a canoa seguir e só pare quando encontrar um povoado ou uma casa!*

— *E se o malvado encontrar a gente, Eliseu?*

— *Ele não vai encontrar, Balbina. A nossa choupana fica do outro lado do rio e não dá para ver daqui. Vamos logo, Lindinha!*

— *Chorando e com muito medo, entrei na canoa. Olhei para Balbina que, também chorando, mexeu a cabeça, dizendo que sim. Eliseu não deu tempo para que eu pensasse. Pegou Jacinto no colo e colocou Odila na cestinha de folhas que Jacinto havia feito e reuniu algumas roupas das crianças, cobertores e a sacola. Saímos rapidamente. Chorando e com muito medo, entrei na canoa.*

Coloquei o cesto com a Odila nos meus pés e Jacinto sentado no meio das minhas pernas. Eliseu me deu dois galhos para que eu pudesse conduzir a canoa. Soltou o cipó que segurava a canoa e eu, com os galhos, fiz com que ela começasse a se movimentar. Ainda chorando, abanei a mão, dando adeus.

Eu estava prestando atenção naquilo que Lindinha contava, quando, de repente, dona Justina, que não conseguia parar de chorar, se levantou, ergueu os braços para o alto e começou a gritar:

— Xangô, meu pai, onde está a sua justiça? Como Oxalá pôde permitir uma coisa como essa? Como pôde permitir que minha menina, ainda uma criança, tivesse de passar por tudo isso? Não está certo, Xangô! Não está certo!

Lindinha, ao ver o desespero da mãe, levantou-se, foi até ela e a abraçou. Chorando, falou:

— Não fica assim, mãe. Já passou e eu estou aqui com a senhora e não vou sair nunca mais, Oxalá me trouxe até aqui, mãe...

— Não vai mesmo, filha! Agora, continua contando, continua.

— Quando eu não conseguia mais vê-los, remando devagar, pedi a Oxalá que me protegesse, para que eu pudesse proteger as crianças, e a Oxum, para que deixasse as águas do rio calmas. Os dois me ouviram. As crianças adormeceram e a água do rio continuou calma. Deixei que a água levasse a canoa. Fiquei assim, por muito tempo. Percebi que estava escurecendo e me apavorei. Não podia ficar no rio durante a noite, mas não sabia onde estava, pois só conseguia ver árvores e matos na margem do rio.

— Jacinto acordou e disse que estava com fome. Odila também acordou e começou a chorar. Olhei para a margem e vi que havia um galho de árvore que caía sobre as águas. Remando, fui até ele e, sem muito esforço, consegui amarrar o cipó nele. Depois, peguei um pedaço de pão e dei para Jacinto. Peguei Odila e dei de mamar. Naquele momento, agradeci a Oxalá por ter aquele leite abençoado. Eu também estava com fome, mas fiquei com medo de comer e não sobrar para o menino. Quando terminaram de comer, coloquei Odila de volta no cesto. Ela adormeceu em seguida e pedi para Jacinto ficar quietinho. Ele entendeu e ficou olhando para a água.

— O sol desapareceu. A lua e as estrelas começaram a surgir. Era noite de lua cheia, por isso eu podia ver o que acontecia ao meu lado. Por não saber o que existia à frente, resolvi ficar ali até que amanhecesse para que eu pudesse continuar. Peguei Jacinto no colo e coloquei o cesto entre minhas pernas. Sabia que, assim, eles ficariam protegidos. Fiquei pensando em Jacinto e em como ele havia morrido.

— Só naquele momento, pude realmente entender o que havia acontecido e no desespero de Jacinto, quando foi descoberto pelo malvado. Acho que não ligou de morrer. Deve ter ficado preocupado comigo e com as crianças. Como odiei o malvado, mãe! Não entendia como alguém podia se tão mau. Pensei em morrer, mas não podia ser naquela hora, precisava deixar meus filhos protegidos. Chorei muito e, sem perceber, adormeci. Quando acordei, já estava amanhecendo. Graças a Oxalá, as crianças dormiram a noite toda. Jacinto acordou em seguida. Eu estava com fome, mas sabia que ele também. Peguei o último pedaço de pão e dei para que ele comesse. Olhei para o lado e vi uma grande quantidade de moranguinhos vermelhos, parecia que eles estavam olhando para mim. Peguei alguns, dei para Jacinto e comi também. Aquele azedinho me fez muito bem, parecia que eu estava comendo a melhor comida do mundo.

— Depois de comer e me sentir bem, precisava trocar a roupa das crianças, pois estavam sujas. Na pressa, eu havia pegado só um calção e uma camisa para Jacinto e o vesti. Odila também acordou. Para ela, eu também só havia pegado algumas fraldas e três ou quatro trocas de roupa. Troquei sua roupa e dei de mamar, agradecendo sempre a Oxalá por ter leite. Depois de dar de mamar, coloquei Odila de volta no cesto, lavei as roupas apenas com água, mas elas ficariam com impressão de limpas. Depois, coloquei as roupas abertas na parte da frente da canoa. Resolvi que estava na hora de continuar.

— Peguei uma porção de moranguinhos, ao menos eu e Jacinto teríamos o que comer durante aquele dia. Soltei a canoa e ela começou a deslizar. A canoa estava deslizando fazia algum tempo, quando percebi que ela começou a andar mais rápido. As águas do rio estavam um pouco agitadas. Comecei a ficar com medo, pois, embora eu soubesse conduzir a canoa, não sabia se conseguiria controlar caso o rio ficasse muito agitado.

— Assustada com o que poderia acontecer comigo ou com as crianças, comecei a chorar e a pedir ajuda para Oxalá e para Oxum. O rio foi ficando cada vez mais bravo e eu só podia tentar controlar a canoa. Tentei me aproximar da *margem parra amarrar a canoa e esperar até que o rio se acalmasse novamente, mas não conseguia. Era preciso força, que eu não tinha. Por mais algum tempo, fui controlando, mas percebi que, se o rio continuasse daquela maneira, logo a canoa ia virar. Estava assim, chorando e lutando contra as águas, quando uma canoa maior se aproximou. Um homem branco estava nela e ao me ver com as duas crianças perguntou:*

— *Para onde está indo, moça?*

— *Estou fugindo com as minhas crianças e tentando encontrar uma casa ou um povoado.*

— *Nessa canoa não vai conseguir. Nem você nem ela vão aguentar a correnteza.*

Nervosa e assustada comecei a chorar:

— *Não sei o que fazer...*

— *A minha canoa é bem maior. Com ela, vou empurrar a sua até a margem. Depois, vou amarrar a minha e você e as crianças passam para cá. Eu levo vocês até o povoado, que não fica muito longe.*

— *Eu não conhecia aquele homem, mas ele ter aparecido naquela hora só podia ter sido mandado por Oxalá e por Oxum. Balancei a cabeça, dizendo que sim. Ele encostou sua canoa na minha e, devagar, foi me levando até a margem. Assim que chegamos, peguei um cipó para mim e outro para ele e amarramos as canoas em um galho bem forte que caía sobre a água. Depois, passei primeiro Jacinto, que ele pegou com carinho. Em seguida, o cesto onde Odila estava e, por último, eu e a sacola. Sentei na frente da canoa e coloquei a sacola no meio dela. Ele me passou primeiro Jacinto e, depois, o cesto com Odila. Em seguida, desamarramos a canoa e ela começou a deslizar bem rápido. Enquanto a canoa deslizava, ele perguntou:*

— *Você está com fome?*

— *Dei o último pedaço de pão para meu filho e comi alguns moranguinhos que encontrei na margem do rio. Peguei alguns e vou dar quando ele ficar com fome.*

— *Ele pegou uma sacola que estava sobre seus pés, tirou uma panela enrolada em um pano branco e, me dando, disse:*

— *Aí tem comida. Coma um pouco e dê para o menino também.*

— Peguei a panela de barro. Desenrolei o pano, tirei a tampa e vi que, dentro dela, havia, arroz, feijão, dois pedaços de carne, um mexidinho de ovo com cebola e alguns pedaços de torresmo. Assim que abri a panela, senti um cheiro maravilhoso. Fiquei paralisada, olhando para toda aquela comida e sentindo seu cheiro maravilhoso. Ele, vendo que eu não pegava a comida, rindo, disse:

— Pode comer.

— Mas essa comida não é para o senhor?

— É, mas pode comer. Tenho outra aqui.

— Pegou uma cuia, também enrolada em um pano:

— Aqui tem farinha, pode comer.

— Eu estava com muita fome. Joguei um pouco de farinha sobre a comida e comecei a fazer bolinhos, dava um para Jacinto e comia outro. A comida estava deliciosa. Enquanto eu comia, ele falou:

— Meu nome é Horácio. Moro com minha mulher e três filhos, todos homens, em uma pequena fazenda rio acima. Tenho um amigo que vive em uma fazenda perto do povoado. De vez em quando, eu o visito ou ele vem me visitar. Ontem à noite, quando fui me deitar, não pensei nele, mas hoje pela manhã, assim que acordei, senti uma vontade imensa de ir até a fazenda para ver como ele está. Minha mulher perguntou por que eu não deixava para amanhã, eu respondi que não sabia o porquê, mas que precisava ser hoje. Por me conhecer, sabia que eu não ia mudar de ideia e preparou minha comida. Sempre faz só uma, mas desta vez, não sei explicar, fez duas. Acho que era só para ajudar você.

— Ao ouvir aquilo, sorri e disse:

— Era mesmo, foi Oxalá e Oxum que mandaram o senhor vir me ajudar.

— Ele, rindo, disse:

— Sei que está falando dos deuses dos negros. Não conheço nenhum deles, mas acho que tem razão. Na vontade que eles tiveram para ajudar você, fizeram com que eu acordasse cedo e viesse antes do dia. Eles são bons mesmo!

— São, sim. Já me ajudaram muito...

— Que homem bom, Lindinha.

— Ele é muito bom mesmo, mãe. Salvou a minha vida.

— Depois de comer, Jacinto adormeceu e eu o coloquei deitado no meio da canoa. Odila acordou. Eu sabia que ela estava com fome. Tirei-a do cesto e comecei a dar de mamar. Enquanto ela mamava, ele disse:

— Você disse que está fugindo. Fugindo de quem?

— Eu me lembrei de Jacinto e, chorando, contei tudo o que havia acontecido. Quando terminei de falar, ele, nervoso perguntou:

— Ele matou o próprio filho?

— Matou e, se eu não tivesse fugido, tinha matado a mim e às crianças. Ele é muito ruim...

— Como é o nome dele?

— Coronel José Maria.

— Já ouvi falar dele. Dizem que é muito rico, que tem várias fazendas.

— Eu sei que ele tem aquela em que eu nasci e esta onde estão as meninas. Quando cheguei, vi a casa grande, mas ele não parou a carroça, me levou direto para a casa onde tem muitas meninas.

— Ele ainda tem escravos?

— Tem. Naquela fazenda em que eu nasci, há muitos que trabalham na lavoura de café. Nesta daqui não deu para eu ver.

— Você não sabe que a escravidão acabou?

— Acabou, como?

— A princesa Isabel libertou todos os escravos. O que ele está fazendo é crime!

— Princesa? Que princesa?

— Não sei o porquê, mas ele riu e disse:

— Aquela que manda no Brasil.

— O senhor está falando que não tem mais escravos?

— Não tem mais. Todos foram libertados. Louvado seja Oxalá!

— Você e as meninas que estão naquela casa não são mais escravas. Todas devem ter nascido depois da Lei do Ventre Livre.

— Que lei é essa?

— Todas as crianças que nasceram depois dela não são mais escravas.

— Nunca ouvi falar nessa lei e acho que os meus pais também não.

— Esse malvado, como você diz, é um criminoso. Apesar da lei, ele continuou sendo dono das crianças que nasciam e tem escravos até hoje. Não se preocupe, hoje mesmo, assim que chegar ao povoado, vou mandar uma carta para meu irmão, ele é comandante da polícia. Vou contar tudo o que você falou. O malvado vai ser preso.

— Ele vai ser preso?

— Sim, não só por ter matado o seu marido, mas também por manter, até hoje, escravos em sua fazenda.

Ao ouvir aquilo, dona Justina perguntou, gritando:

— Louvado seja! Aquele monstro vai ter o que merece?

O senhor Sebastião, que até agora ouvia calado tudo o que Lindinha falava, levantou-se, andou alguns passos e, chorando, ajoelhou-se. Ficou falando coisas que eu não entendia. Mais calma, dona Justina falou:

— A maldade dele vai acabar, minha filha. Agora, continua contando como foi que você chegou aqui.

— Ficamos na canoa por muito tempo. Acho que umas duas horas. Vimos uma ponte de madeira. Ele encostou a canoa na margem e amarrou a canoa na ponte, me ajudou a descer, depois me deu Jacinto e, por último, Odila. Depois ele desceu e começamos a caminhar. Ele carregava Jacinto no colo. Resolvi que seria melhor não levar o cesto onde Odila estava, pois ele era pesado. Peguei minha menina no colo e começamos a andar. Andamos por algum tempo em uma trilha no meio do mato. Ele caminhava, calado, com Jacinto no colo e eu, logo atrás, carregava a sacola e Odila. Apareceu uma trilha grande com uns ferros de cada lado. Nunca tinha visto algo igual. Parei e fiquei olhando aqueles ferros que sumiam. Ele, percebendo minha curiosidade, rindo, perguntou:

— Nunca viu uma estrada de ferro?

— Estrada de ferro, o que é isso?

— Por aqui passa o trem.

— Trem?

— Vendo que eu nunca tinha visto um trem, ainda rindo, respondeu:

— O trem anda por esse caminho de ferro. Esses ferros se chamam trilhos. O trem, por esses trilhos, carrega pessoas e café para São Paulo.

— Não entendi muito bem o que ele disse, mas fiz de conta que entendi. Continuamos andando até que eu vi, ao longe, uma casa grande. Perguntei:

— Que casa é aquela?

— É a estação de trem. Aqui, ele para, pega as pessoas e as sacas de café e segue viagem. Ali, vamos encontrar algo para comer.

— Atravessamos os ferros e andamos mais um pouco. Vi que ao lado da estrada havia muitas casinhas feitas com madeira. Perguntei:

— As pessoas moram nessas casinhas?

— Moram. A estação acabou de ser montada aqui. O povoado é pequeno. É nessas casas que os trabalhadores da estrada moram.

— Chegamos e entramos na casa grande. Ela era grande mesmo. O senhor Horácio parou em frente a uma janela grande que tinha um balcão, igual àquele da fazenda. Vi que lá dentro havia coisas para Jacinto comer. Ele pediu alguns pães de queijo. Eles estavam borrachudos, mas eu, ele e Jacinto comemos com muita vontade. Depois de comermos, ele disse:

— Ali tem água. Pode usar e lavar as crianças.

— Olhei para a porta que ele apontou e, com as crianças, fui até lá. Entrei e vi coisas que nunca havia visto. Olhei tudo, uma coisa branca no chão e outra pendurada na parede. Na parede, em cima daquela coisa que estava pendurada, tinha outra coisa estranha. Não sabia o que fazer. Voltei para junto do senhor Horácio que, assim que me viu, perguntou:

— Já usou o banheiro e lavou as crianças?

— Fiquei sem saber o que responder. Ele, percebendo que eu não tinha feito nada daquilo, riu:

— Venha comigo.

Eu o acompanhei. Entramos e ele, olhando para aquela coisa estranha que tinha no chão, falou:

— Ali, você vai sentar e fazer suas necessidades e, ali, você vai virar assim e veja o que acontece.

Ele virou a coisa que tinha na parede e um monte de água começou a sair. Eu nunca tinha visto uma coisa como aquela. Comecei a rir. Ele, também rindo, saiu e fechou a porta. Com minhas mãos, peguei a água que saía, lavei meu rosto e passei um pouco pelos cabelos. Depois, lavei Jacinto, peguei o lado *do avesso do vestido que estava usando e enxuguei meu rosto e meu filho. Fiz o mesmo com Odila que estava toda sujinha, coitadinha. As roupas que eu havia lavado na canoa estavam secas, coloquei nos dois. Eu não tinha pegado roupas para mim. Apesar de estarem sujas, precisava continuar com elas mesmas. Saímos e Horácio, como sempre, rindo, olhou para Jacinto:*

— Você está muito bonito, menino!

Jacinto, também rindo, apontou para um vidro que estava no balcão:

— Quero aquilo!

Ele estava apontando para um vidro com balas dentro. O senhor Horácio pegou algumas balas e deu na mão dele. Depois, disse:

— Agora, preciso pegar um cavalo e ir até a fazenda do meu amigo. A cidade tem poucos moradores, mas acho que vai encontrar alguém que a ajude. Infelizmente, não trouxe dinheiro para deixar com você. Acha que vai ficar bem aqui?

— Eu não achava. Estava com medo, mas aquele homem já havia me ajudado tanto, não achei justo pedir que fizesse mais nada. Sorri e, segurando a mão que ele estendia, respondi:

— O senhor já fez muito por mim e pelas crianças. Se não tivesse me ajudado, eu não teria conseguido chegar até aqui. Vou andar por aí e encontrar alguém que me ajude.

— Ele apertou minha mão e se afastou. Eu fiquei ali olhando de um lado para outro. A estação estava quase vazia. Sentei em um banco feito de madeira e fiquei pensando no que poderia fazer. Eu só tinha visto aquelas casas, pequenas, ao lado da estrada. Não sabia se, além delas, havia outras. Precisava sair dali e procurar ajuda, mas quem ia me ajudar? Outra vez, pedi ajuda para Oxalá e para Oxum. Se alguém pudesse me ajudar, naquele momento, seriam eles. O homem que estava atrás do balcão saiu e veio até onde eu estava. Aproximou-se e perguntou:

— Para onde você está indo, moça?

— Comecei a chorar e respondi:

— Não sei, só sei que preciso de ajuda. Minhas crianças são muito pequenas.

— Por que está viajando sozinha com essas crianças?

Não sei por que, mas contei para ele o que havia acontecido comigo e com o meu Jacinto. Ele perguntou o nome do malvado. Eu disse e ele, parecendo assustado, disse:

— Você não pode ficar por aqui. Ele é conhecido e vem sempre para tomar o trem e ir para São Paulo.

Fiquei desesperada e com muito medo. Chorando, perguntei:

— O que vou fazer? Se ele me encontrar, vai me matar e também às minhas crianças!

— Acalme-se, moça. Daqui a pouco, aquela janela vai se abrir e um homem vai começar a vender as passagens para São Paulo.

— Não tenho dinheiro, como vou pagar por uma passagem?

— Vou conversar com ele e ver o que pode ser feito. Ele é um bom homem e, se puder, vai ajudar você. Agora, preciso voltar para o balcão. Fique aqui e vamos esperar que ele chegue.

— Fiquei ali por mais algum tempo. Vi que um homem entrava na sala onde havia uma janela. Logo depois, ele abriu a janela e o homem do balcão foi conversar com ele. Enquanto conversavam, olhavam para mim. Eu estava ansiosa para ver o que iam resolver. Depois de conversarem, o homem do balcão veio até onde eu estava e falou:

— Conversamos. Ele não pode deixar você embarcar no trem se não tiver uma passagem, porque, durante a viagem, o fiscal vai conferir. Se você não tiver passagem, quando chegar à estação, manda prender você. Ele disse que o que pode fazer é colocar você e as crianças em um vagão de carga. É apertado, mas você pode viajar sem medo, pois o fiscal não vai lá.

— Fiquei ali, sentada, olhando para todo o lado. As pessoas começaram a chegar. Algumas carregavam malas, outras sacolas e iam se acomodando. Olhavam para mim, mas não diziam nada. Depois de algum tempo, ouvi um barulho muito alto, parecendo que um pássaro muito grande cantava. Vi uma coisa grande se aproximando. Deduzi que aquilo devia ser o trem. As pessoas foram indo para perto dos trilhos e, assim que ele parou, começaram a entrar. Eu continuei ali, sentada, esperando para ver o que ia acontecer. Sabia que não tinha a passagem e que, por isso, não poderia entrar. Um homem desceu do

trem. Ele usava uma roupa igual à de outros homens que estavam ali. Foi até a janela e ficou conversando com ele. Conversavam e olhavam para mim. Depois de algum tempo, se aproximou e falou:

— Moça, sou o maquinista. Estava conversando com o José, aquele que vende as passagens, e ele pediu que eu a levasse para um vagão de carga. Vou levar você para um que não está muito cheio. Venha comigo.

— Eu, sem saber para onde estava indo, mas acreditando na bondade dos deuses, peguei Jacinto pela mão, a sacola e, com Odila no colo, acompanhei o homem. Ele me fez entrar em uma caixa grande, dizendo:

— Aqui não é muito confortável, mas vai ficar bem. Não pode descer nem quando o trem parar na estação. Somente amanhã bem cedo, quando chegarmos a São Paulo, eu venho até aqui e vou acompanhar você até fora da estação.

— Ele fechou a porta e foi embora. O trem apitou novamente e começou a andar. As crianças adormeceram. Na caixa, tinham algumas sacas de café. O cheiro era forte e eu comecei a sentir falta de ar. Percebi que as forças me faltavam. Sentia muita tontura e não conseguia segurar a cabeça. Sem conseguir me controlar, tive uma vontade imensa de deitar. Achei que ia morrer e fiquei preocupada com as crianças. Algum tempo depois, eu melhorei e vi que tinham frestas entre as madeiras da caixa. Fui até uma delas e respirei com muita força. Aquele ar gelado me fez bem. Voltei para junto das crianças e arrastei os sacos em que elas estavam deitadas para junto da fresta. Depois, peguei outro saco e as cobri. Em seguida me deitei ao lado delas e também adormeci. Só acordei quando a porta se abriu e vi o maquinista que, tentando sorrir, falou:

— Chegamos à cidade grande. Não sei o que vai ser de você, moça. Confie em Jesus Cristo e em Nossa Senhora que alguém vai aparecer para ajudar você. Agora, pegue a sua sacola e as crianças, desça e acompanhe as pessoas que estão saindo do trem. Elas vão para fora da estação.

— As crianças ainda estavam dormindo. Acordei Jacinto, peguei Odila e a sacola e saí do trem. As pessoas saíam e eu fui junto com elas. Quando cheguei, vi aquela casa grande e bonita. Sentei. Estava fraca. Senti que ia morrer e resolvi que precisava dar as minhas crianças para alguém cuidar. Foi aí que apareceu Domingos. O resto vocês já sabem. Agora, não me importo com nada *do que aconteceu, porque eu encontrei a senhora e o senhor de novo. Tive de passar por tudo isso, para estar aqui. Apesar de estar sozinha com as crianças, nunca me senti abandonada. Parecia que sempre tinha alguém para me ajudar a chegar até aqui. Acho que foram os deuses que tomaram conta de mim e das minhas crianças.*

Dona Justina pegou o marido que ainda estava ajoelhado, fez com que se levantasse e, chorando, os três se abraçaram:

— Foram eles sim, minha filha! Eles trouxeram você para os nossos braços de novo!

— Todos nós estávamos tomados de muita emoção. Imaginávamos tudo o que aquela menina havia passado e a felicidade que sentia pelo reencontro com os pais. Após alguns minutos, dona Justina voltou-se para Domingos e, ainda tomada de muita emoção, disse:

— Agora é o senhor, seu Domingos. Como tem um colar igual àquele que dei para os meus filhos? Quem deu para o senhor? Sei que é da minha família, só não sei como. Precisa me dizer.

Domingos, parecendo se lembrar do passado, disse:

— Também quero essas respostas, dona Justina. Não sei de que maneira, mas, mesmo assim, estou feliz em pertencer a sua família. Para descobrirmos isso, acho que precisam conhecer a minha história. Só assim, teremos as respostas. Vou contar, só que não pode ser hoje. Assim que terminarmos de jantar, vou para o meu trabalho.

— Não pode faltar, apenas hoje?

— Não, dona Beatrice, tenho responsabilidade. Amanhã cedo, quando o trem chegar, a estação precisa estar limpa e os passageiros têm que ser bem recebidos. Vou para o trabalho. Prometo que, amanhã, conto tudo o que aconteceu em minha vida.

Odila fechou o caderno, dizendo:

— Essa é a história da minha mãe. Ela foi uma heroína.

— Foi mesmo, tia. Tão nova e já com tanta responsabilidade. Se pensarmos bem, foi bom tudo aquilo ter acontecido. Só assim ela conseguiu voltar para os pais.

Olavo, que ouviu a história atentamente, perguntou:

— Mãe, acho estranho eles dizerem que foi Oxalá e Oxum que a ajudaram. Para mim, ela encontrou pessoas boas. Foi só por acaso. Eles estavam lá quando ela precisou.

— Não existe acaso, meu filho. Hoje, aceito de coração que existem coisas além da nossa imaginação e que sempre, nos piores momentos, temos proteção. Sinto que todas as vezes que precisei, alguma coisa ou alguém apareceu para me ajudar. Elas acreditavam que foram Oxalá e Oxum. Eu acredito que foram amigos espirituais, mas os nomes não importam, o que importa é que nunca estamos sós, sempre temos proteção.

— Acredita mesmo nisso, mãe?

— Claro que sim, Olavo. Estamos na Terra como se estivéssemos em uma escola. Aqui, aprendemos sempre e cada vez mais, até o dia em que conseguiremos atingir a perfeição.

— Ora, mãe! Isso de religião é conversa! Deus não existe. Nascemos, vivemos e morremos! O resto é tudo enganação para que as religiões continuem com o poder! Simples assim.

— Simples assim? Sinto muito por você, Olavo, se contentar com tão pouco.

— Como tão pouco?

— Em achar que a vida se resume aos poucos anos que vivemos aqui. A humanidade, desde a sua criação, sempre acreditou em deuses, em algo além. Houve um período em que se adorou o sol, a lua e até os gatos. Todas as religiões, sem exceção, acreditam em uma continuação depois da morte.

— É tudo enganação, mãe! Continuo dizendo que, quando eu morrer, acabou, não tem essa de céu ou de inferno. Não existe nada!

— Pois acredito, e muito, que haja alguma coisa, sim! Acredito que somos responsáveis por nossas ações e que, para cada ação, sempre existe uma reação. Tudo o que fazemos de bom ou de mau é sempre nossa responsabilidade, e para qualquer coisa que fizermos sempre haverá volta.

— Eu prefiro continuar pensando que não existe nada além desta vida.

— Nada posso fazer para que mude de ideia, meu filho. A vida sempre se encarrega de nos mostrar a verdade.

Carlos olhou para o caderno que estava na mão de Odila e perguntou:

— Por que a senhora fechou o caderno, tia?

Ela abriu o caderno, mostrou a última página e, rindo, disse:

— Porque acabou.

— Como acabou? Precisamos saber o resto da história!

— Não se preocupem, tem outro caderno. Está no meu quarto. Não peguei porque não achei que íamos ficar aqui até tão tarde. Poderia ir buscar, mas olhem o relógio, são três horas da manhã. Precisamos dormir!

— Não, mãe! Eu não estou com sono! Você está, Carlos?

— Nem um pouco! A senhora está cansada, tia?

— Eu estou cansada, mas acho que o melhor é continuarmos. Já li esses cadernos muitas vezes. Conheço bem a história e poderia contá-la, mas acho que, contada pelas palavras de Beatrice, nos mínimos detalhes, fica muito melhor.

— Também acho, mãe.

— Está bem, vou pegar o caderno. Espero que Genaro não acorde, pois, se isso acontecer, ele vai ficar muito bravo.

Saiu da sala. Olavo e Carlos ficaram ali, esperando ansioso para saber o restante da história.

A história de Domingos

Logo depois, Odila voltou com outro caderno na mão. Sentou-se, abriu o caderno e, sob o olhar atento de Olavo e de Carlos, começou a falar:

Beatrice continuou escrevendo:

No dia seguinte, Domingos trouxe carne, batata e um litro de vinho. Enquanto eu e dona Justina preparávamos a comida, ele e o senhor Sebastião pegaram em suas cozinhas duas mesas e as colocaram no quintal. Quando a comida ficou pronta, Lindinha deixou Odila deitada na cama e, com Jacinto no colo, sentou-se ao lado da mãe. Coloquei Genaro no seu cadeirão e me sentei ao lado dele. Domingos e o senhor Sebastião sentaram-se do outro lado. Alegremente, começamos a comer. Giuseppe não costumava vir para o jantar, por isso não esperamos por ele. Porém, ele chegou e ao nos ver ali sentados, comendo e conversando, foi direto para o quarto. Pela maneira como estava colocado o chapéu em sua cabeça, percebi que ele havia bebido. Normalmente, ele colocava o chapéu um pouco virado para o lado direito. Quando bebia, colocava-o todo para trás. Sabia que, se fosse outro dia qualquer, provavelmente me espancaria, mas ali, com todos nós juntos, ele não se atreveria. Percebendo que ele não estava bem, levantei-me e entrei no quarto. Ele estava tirando a camisa e parecia nervoso.

Assim que entrei, olhou-me com muita raiva e perguntou com a voz baixa para que os outros não ouvissem o que falávamos.

— O que está acontecendo, que festa é essa?
— Resolvemos fazer um jantar.
— Jantar? Por que? O que temos a ver com isso?
— São nossos amigos e estou feliz por dona Justina.
— Feliz, por quê? São apenas nossos vizinhos!
— São mais do que vizinhos! Dona Justina me trata como filha e eu a considero como uma mãe!
— Mãe? É apenas uma negra velha!
— Foi ela quem levou você para conhecer sua patroa! É por causa dela que tem a sua empresa e ganha muito dinheiro!
— Tenho minha empresa e consegui muito dinheiro porque sou bom no que faço! Se não trabalhasse bem, não adiantaria ela ter me apresentado a ninguém!
— Como você pode ser tão ingrato, Giuseppe?

Ele, furioso, agarrou-me pelos ombros e me jogou sobre a cama deitada de bruços! Em seguida, pegou minha caixa de costura, pegou uma agulha e, enquanto tirava minha blusa, falou em minha orelha:

— Não quero que ninguém ouça o que está acontecendo aqui. Por isso, não se preocupe. Embora mereça, não vou bater em você com a cinta.

Respirei fundo e agradeci a Deus, mas, para meu desespero, ele começou a enfiar a agulha, bem profundamente, em minhas costas. Eu sentia a picada, mas não gemi, muito menos gritei, pois sabia que, se fizesse qualquer coisa, ele ficaria mais furioso e não se importaria em me bater, mesmo que todos ouvissem. Eu não queria isso, pois morreria de vergonha. Naquele momento, senti muita raiva dele, pois sabia que depois voltaria me pedindo perdão. O pior é que eu, como sempre aconteceu, perdoaria e ficaria esperando pelas próximas cintadas ou agulhadas. Como eu quero deixar esta vida, pegar o meu filho e abandonar Giuseppe! Mas ir para onde? Sei que, se eu quiser, Domingos ficará comigo, mas nunca poderemos nos casar e eu não quero nem posso viver em pecado. Meus pais, mesmo se soubessem o que Giuseppe faz comigo, nunca aceitariam. Não sei o que fazer. Queria tanto ter coragem. Queria tanto não ser covarde...

— Coitada, tia. Aquele tempo era bem diferente de agora.

— Nem tanto, Carlos. Embora naquele tempo a sociedade fosse diferente, a mulher sem marido era desrespeitada e julgada como uma perdida. Ainda hoje existem mulheres que se deixam espancar por medo, vergonha e falta de coragem de tomar uma atitude. Elas não se sentem capazes de tocar a vida sem um homem ao seu lado. Naquele tempo, diferente de hoje, a mulher não tinha como trabalhar, como se sustentar, muito menos aos filhos. Hoje, existe muito trabalho. Mesmo assim, muitas continuam com medo de enfrentar a vida sozinhas.

— Não entendo como um homem pode ter a coragem de espancar e humilhar uma mulher, tia.

— Nem eu, Carlos.

Odila notou que Olavo permanecia calado, não participava da conversa nem dava opinião. Perguntou:

— O que você acha de tudo isso, Olavo?

Parecendo voltar de um lugar distante, nervoso, respondeu:

— Acho sobre o que, mamãe?

— Como o que, Olavo? Não ouviu o que eu li a respeito do que Giuseppe fazia com Beatrice?

— Ouvi, mamãe, claro que ouvi, mas fiquei pensando que estamos ouvindo apenas um lado da história. Não podemos nos esquecer de que ela o traiu!

— Entendo que ela o traiu e que não deveria ter feito isso, mas não podemos nos esquecer de que ele, antes disso, já a espancava. Será que se ele continuasse a ser como no começo, um marido bom, cuidadoso e que a respeitasse como mulher dele, aquela que escolheu viver ao seu lado para sempre, ela teria feito isso?

Ele, nervoso, levantou-se e falou alto:

— Assim como vocês dizem que não há justificativa para que um homem bata em uma mulher, também não há justificativa para que haja a traição! A traição dói como se fosse uma cintada!

— Por que está nervoso assim, Olavo? Por que essa história de traição? Você foi traído?

Só naquele momento, ele percebeu que havia se exaltado. Tentando remediar o que havia dito, tentando sorriu e respondeu:

— Não, mamãe, nunca fui traído, mas imagino o que uma traição deve fazer em qualquer ser humano. Deve doer muito.

— Tem razão, deve ser destruidor, mas, antes de responder com pancadas, o melhor a fazer é que haja uma separação, pois, no momento em que a traição acontece, significa que não existe mais amor ou respeito.

Carlos, que até aí estava calado ouvindo os argumentos dos dois, olhando, primeiro para Olavo e depois para Odila, disse:

— Concordo com a senhora, tia. Para esses dois casos, o melhor remédio é a separação. Só assim ambos poderão recomeçar suas vidas.

Olavo, percebendo que aquela conversa estava indo por um caminho que ele não queria, interrompeu:

— Acho melhor pararmos com essa conversa. Afinal, estamos acordados até agora para conhecermos a história de nossos avós. Pode continuar lendo, mamãe?

— Claro que sim, Olavo. Beatrice escreveu:

Depois que se cansou de enfiar as agulhas, Giuseppe vestiu uma camisa limpa e saiu do quarto. Eu sabia que ele ia para a farra e que voltaria bêbado, como já fazia há algum tempo. Fiquei ali deitada com dor e sentindo que o sangue corria pelas minhas costas, mas a pior dor que sentia era a de não ter coragem de reagir, de ir embora ou até mesmo de me matar. Continuei ali, deitada, sem coragem de sair do quarto. Alguns minutos depois, dona Justina bateu de leve na porta e a abriu. Perguntou baixinho:

— Você não vem jantar, menina?

Ao ouvir sua voz, chorando, levantei-me e abracei-me a ela:

— Não posso sair, sei que todos sabem o que aconteceu. Estou com dor e com muita vergonha por não reagir, por não deixar Giuseppe, mesmo que fosse para cair na vida...

— Deixe disso, menina. Ele é seu marido e você tem de ter paciência. Os homens são todos iguais. Eles sabem que são os nossos donos. Vamos fazer o quê?

— Não está certo, dona Justina! Não está certo!

— Também acho que não está certo, mas é assim que é, menina. Agora, enxugue os olhos, passe um pente nos cabelos e vamos jantar. Todos estão esperando por você. Hoje é um dia especial e feliz, não vamos deixar que seu marido estrague a nossa felicidade. Vamos, menina...

Não podia permitir que Giuseppe estragasse mais uma noite. Fiz o que ela havia sugerido, passei o pente pelos cabelos e saí, tentando sorrir. Sentei-me ao lado do cadeirão onde Genaro estava sentado e começamos a comer. Nenhum deles disse coisa alguma a respeito do que havia acontecido e o porquê de Giuseppe ter saído em um dia tão importante como aquele. Eu procurei me mostrar feliz e conversar como se nada tivesse acontecido, pois, no meu íntimo, estava feliz pela felicidade daquelas pessoas que haviam nos ajudado tanto. Enquanto comíamos, dona Justina olhava com carinho para Lindinha, que comia rápido, como se aquela fosse a última vez que comeria. Quando terminamos de comer, Domingos, levantando-se, disse:

— Enquanto comia, estive pensando que preciso contar minha história, pois só assim vamos descobrir quem sou eu na sua família, dona Justina.

— Quero muito que você conte, meu filho.

— Preciso trabalhar, não posso faltar. A estação precisa estar em ordem até amanhã, quando o trem chegar. Vou até a casa de um amigo e ver se ele pode ir no meu lugar. Se ele puder, volto aqui e conto tudo o que aconteceu comigo.

— Faz isso, meu filho, vá até lá e volte logo!

Ele, sorrindo, levantou-se e saiu.

Nós ficamos ali, conversamos mais um pouco, tiramos a louça da mesa e fomos até a minha cozinha para lavar. Mais ou menos meia hora depois, Domingos voltou e, rindo, disse:

— Meu amigo concordou em ficar trabalhando na estação até que eu chegue, por isso não posso me demorar muito. Ele não perguntou nem eu contei o motivo, mas preciso saber que parentesco tenho com a senhora, dona Justina, e com o senhor, seu Sebastião. Para descobrirmos isso, vou contar a minha história.

Dona Justina, abraçada a Lindinha, sorriu:

— Conta, meu filho, conta.

Ele começou a falar.

— O barão, meu pai, que havia ficado viúvo e tinha duas filhas pequenas, comprou minha mãe, que só tinha doze anos, para que o ajudasse a cuidar das meninas. A maior tinha oito anos; a outra, seis. Minha mãe me contou que a mãe dela ficou desesperada, porque ela era sua primeira filha e não queria que fosse levada. Pediu e implorou. Mesmo assim, o seu senhor, que era muito mau, vendeu minha mãe e ela teve de ir embora. Nesse dia, minha avó fez e deu o colar para minha mãe, que me contou essa história um pouco antes de morrer.

Ao ouvir aquilo, dona Justina largou Lindinha, olhou para o marido e, chorando, se abraçou a Domingos:

— Obrigada, meu pai! Conta, meu filho, conta qual é o nome da sua mãe.
Domingos, também emocionado, continuou falando:
— O nome dela era Iara.
— Iara? Olha, meu velho, ele é filho da nossa Iara! Ele é nosso neto!

O senhor Sebastião, que ainda chorava abraçado à Lindinha, se aproximou de Domingos e, chorando, se abraçou a ele, mas, emocionado, não conseguiu dizer uma palavra. Depois do abraço, afastou-se de Domingos que, com lágrimas nos olhos, continuou falando:

— Quando ela chegou à casa do barão e as meninas viram que ela era escrava, acharam que podiam fazer com ela o que quisessem. Minha mãe disse que elas faziam todo tipo de maldade: davam-lhe beliscões, puxavam-lhe os cabelos, batiam nela com um chicote e faziam com que ela comesse todo tipo de coisas nojentas. Criança, sem saber se defender e achando que, por ser escrava, precisava suportar tudo aquilo, ela apenas chorava e implorava para poder voltar para casa, para junto de seus pais. Ela disse que o barão era diferente, sempre a tratava com carinho e quando descobria que as meninas estavam fazendo maldade com ela castigava as duas.

— Ela não me contou como aconteceu, só sei que, quando ela tinha quatorze anos, eu nasci. Ela disse que por eu ser homem, ele ficou muito feliz e começou a tratá-la como se fosse sua esposa. Comprou uma escrava para que a ajudasse a cuidar de mim. Lembro-me dele sempre ao meu lado, brincando, e até me ensinou a andar a cavalo. Contratou professores para me ensinar a ler e a escrever.

— As filhas dele nunca aceitaram minha mãe nem a mim, mas eu não entendia e sempre que elas faziam algo para me magoar eu contava a ele. Ele, além de brigar com elas, que já eram grandes, dizia que tinham de me respeitar e cuidar de mim, pois eu era irmão delas. Eu era uma criança muito feliz. Não sabia da diferença que existia entre brancos e negros. Minha mãe ficou doente e morreu quando eu tinha oito anos.

Ao ouvir aquilo, dona Justina, ainda chorando, disse:

— Pobre da minha filha. Levada embora tão cedo...

Domingos continuou:

— Enquanto viveu ao lado do meu pai, ela foi muito feliz, dona Justina. Meu pai, o barão, como gostava muito dela, ficou infeliz e calado. Não tinha com quem conversar, pois seus amigos mais antigos, quando souberam de mim e de minha mãe, se afastaram. Suas filhas aproveitaram a tristeza dele e me batiam. A todo momento me chamavam de negrinho sujo. Eu não me importava e, por ser menino e mais esperto, sempre conseguia fugir delas.

— Meu pai dizia que eu era o negrinho mais lindo que ele já tinha visto e que, quando ele morresse, eu tomaria conta de tudo o que ele tinha. Em uma tarde em que eu e ele estávamos lendo na biblioteca, ouvi um gemido. Corri para ele, que estava com a mão esquerda sobre o peito. Tentei segurá-lo, mas não consegui. Ele caiu no chão e não se mexeu mais. Gritei por ele e, chorando, chamei minha babá, Jussara, que estava no quarto ao lado. Ela, ao ouvir meu grito, veio correndo, olhou para meu pai e viu que ele estava morto. Eu não estava entendendo muito bem o que estava acontecendo. Só sentia que algo muito ruim havia acontecido com ele. Nos dias que se seguiram, foi só tristeza. Jussara me contou que ele havia morrido e que seria enterrado ao lado de sua primeira esposa. Perguntei:

— Por que ele não vai ser enterrado ao lado da minha mãe? Sei que ele gostava muito dela.

— Ela sorriu e, beijando minha testa, disse:

— Gostava, sim, meu menino, mas a família não permitiria uma coisa como essa. Porém, não se preocupe, sei que, neste momento, eles estão juntos. Nunca vi um amor tão bonito como o deles.

— Dois dias depois de meu pai ser enterrado, descumprindo as ordens dele, suas filhas se aproximaram. Maria Rita, a mais velha, trazia uma sacola nas mãos e, furiosa, gritou:

— Negrinho sujo! Sua boa vida acabou! Pegue esta sacola e vá embora daqui!

— Não vou! Esta casa é minha!

— Sua? Coisa nenhuma! Ela era de nossos pais e, agora que os dois morreram, é só nossa!

— Embora eu tivesse doze anos, ainda não tinha me desenvolvido e era pequeno. Para mim, elas eram como gigantes. Vendo que eu não me mexia, elas começaram a me bater e a me empurrar para fora da casa. Continuaram fazendo isso pelo quintal, até chegarmos ao portão de ferro, onde havia o brasão do meu pai.

— Com muita força, me jogaram para fora. Enquanto elas me empurravam e batiam, alguns escravos da casa tentaram me proteger, mas elas os ameaçaram e eles tiveram de ficar parados. Minha babá chorava sem parar, mas nada pôde fazer.

— Só naquele momento eu percebi a diferença que existia entre brancos e negros. Entraram e mandaram que um dos escravos fechasse o portão. Ele, com lágrimas nos olhos, foi obrigado a obedecer. Fiquei ali, por muito tempo, batendo no portão e chamando por elas, mas nada aconteceu. Depois de algum tempo, entendi que com apenas doze anos estava sozinho e precisava encontrar um lugar para ficar.

Carlos, ao ouvir aquilo, não suportou. Levantou-se e falou alto:

— Tia, quanto mais a senhora lê, mas revoltado eu fico! Como, naquele tempo, havia tanta maldade?

Odila, tentando sorrir, disse:

— Realmente, Carlos, havia muita maldade, mas você acha que hoje é diferente?

— Não vejo coisas assim acontecendo.

— Talvez não no nosso meio, entre as pessoas que conhecemos. Entretanto, será que a maldade não existe entre aquelas que não conhecemos? Você não acha que, ainda hoje, existam aqueles que, aproveitando-se do poder que exercem sobre as outras pessoas, não praticam atos maldosos contra elas? Você acha que, ainda hoje, não existem homens que surram suas mulheres que, por terem menos força e medo de viver sozinhas, aceitam, caladas?

Carlos olhou para Olavo que estava com os olhos abaixados e respondeu:

— É verdade, tia, ainda existe muita maldade. Talvez por causa das leis que hoje existem, elas sejam de uma maneira diferente, mas não há dúvida de que elas existem.

— Existem e vão continuar a existir por muito tempo, até o dia em que as pessoas se reconhecerem como iguais. Segundo a minha doutrina, reconhecendo-se como espíritos livres as pessoas podem libertar-se e enfrentar a vida como ela vier.

Olavo, que até ali ouvia, calado, o que os dois falavam, disse:

— Continue lendo, mamãe. O que o menino fez?

Vou continuar lendo o que Beatrice escreveu. Tem muita coisa ainda.

Domingos continuou:

— Ao ver que elas não iam abrir o portão e que eu estava sozinho no mundo, me levantei, peguei a sacola e, batendo com força no portão, gritei:

— Eu vou crescer, vou voltar e matar vocês duas!

Beatrice, ao ouvir aquilo, indignada, perguntou:

— Perdido, com doze anos? Como sobreviveu, senhor Domingos, o que fez?

— Quando me vi na rua, fiquei sem saber o que fazer ou para onde ir. Comecei a andar de um lado para outro até chegar à estação. Estava escurecendo. Depois de andar o dia todo, eu estava com fome e com muito medo. Olhei para um lado e para outro, percebi que não havia muitas pessoas. Sentei atrás de um banco que estava quase encostado à parede e fiquei quieto. O espaço era pequeno, mas eu sabia que, ali, seria difícil alguém me encontrar e me fazer mal. A fome era muita. Meu estômago doía, mas, com medo e com muita raiva daquelas duas desalmadas, fiquei ali. Eu não sabia o que fazer. Lembrei-me de minha mãe que sempre dizia:

— A gente tem um anjo da guarda que cuida da gente o tempo todo. Se algum dia você ficar sozinho, com medo, reze para o seu anjo. Sei que ele vai ajudar.

— Assim que me lembrei do que ela sempre dizia, comecei a rezar:

— Mãe, a senhora está no céu, junto do meu pai e do meu anjo da guarda, pede para ele me ajudar. Estou com fome e com muito medo.

— Não sei, mas acho que ela me ouviu, Um homem estava varrendo a estação, quando me viu ali, todo encolhido. Aproximou-se e perguntou:

— O que está fazendo aí escondido, menino?

— Não entendi o que ele perguntou. Nunca tinha ouvido alguém que falasse daquela maneira. Mais tarde, vim saber que era espanhol. Com medo por ter sido descoberto, levantei e tentei fugir, mas ele me segurou pelo braço e falou, só que agora, bem devagar, tentando colocar algumas palavras em português:

— Não precisa ficar com medo. Não vou fazer mal a você, só preciso saber o que está fazendo sozinho e escondido a esta hora da noite.

— Entendi mais ou menos o que ele falou e me lembrei da minha mãe e do anjo da guarda e comecei a chorar. Ele fez com que eu me sentasse no banco e, sorrindo, de uma maneira que nunca vou me esquecer, perguntou:

— Você está com fome?

— Tentando parar de chorar, mas sem conseguir, apenas fiz com a cabeça que sim. Ele, passando carinhosamente a mão pelos meus cabelos, disse:

— Também estou com fome. Só falta um pedaço pequeno para eu varrer e passar um pano molhado. Depois, vou parar para comer. Trouxe comida, está ali, naquela sacola. Não tem muita, mas vai dar para nós dois. Espere só mais um pouco. Não vou demorar muito.

— Olhei para o lugar que ele apontava e vi, sobre um dos bancos, uma sacola. Sorri. Ele continuou varrendo. Olhei para o outro lado e vi que tinha uma lata de óleo com água e um pano dentro. Junto à lata vi um esfregão e pensei que, se eu o ajudasse, ele terminaria depressa e poderíamos comer. Estava morrendo de fome.

— Fui até lá e, enquanto ele varria, tirei o pano de dentro da lata, espremi, coloquei em volta do esfregão e comecei a passar pelos lugares por onde ele varria. Ele, ao ver o que eu estava fazendo, sorriu e continuou varrendo. Em pouco tempo, terminamos de limpar o que faltava. Sorrindo, ele disse:

— *Agora, vamos ver o que minha mulher colocou na sacola? Estou morrendo de fome!*

— Fomos até o banco onde a sacola estava. Ele a abriu e tirou de dentro dela uma panela coberta por um pano. Curioso e faminto, acompanhei tudo o que ele fazia. Ele tirou o pano e a tampa que cobria a panela. Dentro dela, tinha arroz, macarrão e um pedaço de carne. Como ele havia dito, não era muito, mas ele separou mais ou menos a metade, colocou sobre a tampa e me deu. A outra metade ele deixou na panela e, rindo, perguntou:

— *Como é o seu nome?*

— *Domingos.*

— *Pois bem, Domingos. Meu nome é Miguel. Estamos com um problema.*

— *Que problema?*

— *Só temos um garfo. Vamos fazer o seguinte: como parece que faz muito mais tempo que você não come do que eu, acho melhor você comer primeiro. Depois que terminar, eu como.*

— Peguei a tampa da panela, o garfo e comecei a comer rápido. Quando terminei, ele limpou o garfo no pano que cobria a panela e, rindo, disse:

— *Estava mesmo com fome, Domingos! Agora, vou comer. Enquanto eu faço isso, quer me contar o que está fazendo aqui, sozinho a uma hora dessas? Onde você mora? Precisa voltar para casa. Tenho de limpar mais um saguão. Precisa ser agora que quase não tem ninguém na estação. Amanhã, bem cedo, quando o trem chegar, isto aqui vai ficar fervilhando de gente. Depois que terminar, vou embora. Se quiser, posso levar você até sua casa.*

— *Não tenho casa...*

— *Como não tem casa?*

— Contei a ele tudo o que me havia acontecido e, chorando, terminei dizendo:

— *Como disse, não tenho casa, não tenho ninguém.*

— Ele, revoltado, falou alto:

— *Como essas moças puderam fazer isso com você? É ainda uma criança!*

— Ainda chorando, respondi:

— *Não sei... não sei. Só sei que vou crescer e matar as duas!*

— Ele, rindo, disse:

— Nem pense nisso, menino! Você vai crescer e será um homem de bem. Não se preocupe com a vingança, ela não faz bem. Deixe a vingança para Deus, Ele toma conta de tudo.

— Ele disse aquilo, mas eu não acreditei nele, assim como não acreditava em um Deus que tinha permitido que minha mãe morresse, depois meu pai e, agora, deixado que elas fizessem aquilo comigo. Elas sabiam que meu pai gostava muito de mim, por isso nunca deveriam ter me abandonado. Eu tinha certeza de que ainda me vingaria. Sem imaginar o que eu estava pensando, Miguel continuou falando:

— Agora, não precisa chorar mais. Moro aqui perto com minha mulher e meus dois filhos. Julinho tem oito anos e Paulinha, seis. Vamos lá para casa. Você não pode passar a noite aqui. Vou deixar você em casa e, depois, volto para cá. Tenho, ainda muito o que fazer. Vai dormir esta noite lá e, amanhã cedo, quando eu largar o trabalho e for para casa, vamos resolver o que fazer. Está bem assim?

— Lembrei-me da minha mãe, do anjo da guarda e, sorrindo, com a cabeça disse que sim. Ele conversou com outro homem que limpava o outro lado da estação e me levou. Andamos por cinco minutos e chegamos à sua casa. Quando chegamos, sua mulher, dona Isabel, estranhou. Primeiro por ele estar em casa àquela hora; segundo, por eu estar ao lado dele. Curiosa, perguntou:

— O que aconteceu, Miguel, para estar em casa a esta hora e quem é esse menino?

— Só vim trazer este menino. O nome dele é Domingos. Ele foi abandonado e não tem onde passar a noite. Comeu metade da minha comida, mas ainda deve estar com fome. Prepare alguma coisa para ele comer e um lugar para que possa dormir. Amanhã, quando eu voltar, vamos pensar no que vamos fazer com ele.

— Dizendo isso, pegou um pedaço de pão, passou manteiga e saiu apressado. Eu estava apavorado. Olhei para o quarto que era um pouco maior do que temos agora. Havia duas camas, uma de casal e outra de solteiro. Um menino e uma menina estavam sentados sobre a cama de solteiro e, calados, me olhavam. Mais tarde, disseram-me que se assustaram por eu ser mais escuro do que eles. Dona Isabel, embora desconfiada, me deu um pouco de macarrão e um copo de leite. Depois, tirou a menina da cama de solteiro e, colocando-a na sua cama, depois, olhando para mim, disse:

— Vocês vão dormir aqui. Um na cabeceira e o outro nos pés da cama, mas, antes disso, precisa trocar suas roupas. Tem alguma?

— Só naquele momento, abri a sacola para ver o que tinha dentro. Havia uma calça e três camisas. Ela, ao ver as roupas que eu tinha, disse:

— Está bem. Lá na cozinha tem água sobre o fogão e uma bacia. Lave seus pés e troque essas roupas.

— Ainda assustado, obedeci. Fui até a cozinha, lavei-me e voltei para o quarto. Olhei para ela que, apontando para a cama, disse:

— Deite-se ali e procure dormir.

— Deitei-me. Demorei muito para dormir. Não me conformava com aquela situação. Até aquele dia, eu tinha uma boa vida, uma cama só minha e o carinho do meu pai. Agora, estava ali, naquela casa de pessoas desconhecidas. Outra vez, pensei: elas vão pagar pelo que fizeram comigo!

— Finalmente, adormeci e só acordei quando Miguel chegou pela manhã. Trouxe pão fresco e uma garrafa de leite. Na minha frente, contou para dona Isabel o que havia acontecido comigo e terminou, dizendo:

— Como ele não tem onde ficar, vai morar aqui em casa. Ontem, ele me ajudou no trabalho. Acho que pode ir trabalhar comigo todos os dias. O que acha, Domingos?

— Eu ainda não acreditava que tudo aquilo estivesse acontecendo. Só sabia que não tinha onde ficar ou para onde ir. Com a voz trêmula, respondi:

— Para mim, está bem. Vou trabalhar muito para que o senhor não se arrependa de ter me ajudado.

— Miguel sorriu:

— Agora, preciso dormir. Você vai ficar aqui e, se quiser, pode ajudar a Isabel naquilo que ela precisar. Hoje à tarde, vamos trabalhar juntos na estação. Vamos ver o que você é capaz de fazer.

— Ele foi dormir. Dona Isabel pegou as crianças e fomos para o quintal. Enquanto ela cuidava da comida, eu brinquei com os meninos e a ajudei com a lavagem de roupas. Embora aquela casa fosse diferente da que havia vivido até ali, eu me senti bem. Dona Isabel não falou muito, mas, quando chegou a hora do almoço, ela me deu a mesma comida que ela e os filhos comeram.

— Quando Miguel acordou para ir trabalhar, eu estava pronto para acompanhá-lo. Fui com ele para a estação e limpamos tudo. Pela manhã, quando o trem chegou, me assustei com tantas pessoas carregando malas e sacolas. Elas andavam apressadas. Parecia que elas queriam sair dali o mais rápido possível. Enquanto Miguel carregava, no carrinho, algumas malas, eu ia ao seu lado carregando sacolas e pacotes. Quando a estação ficou vazia, tirei do meu bolso algumas moedas que eu havia ganhado. Eu estava feliz, pois nunca em minha vida havia visto tanto dinheiro, ainda mais ganhado por mim, com o meu trabalho. Com as moedas nas mãos, olhei para ele que, rindo, disse:

— Esse dinheiro é seu, Domingos. O que pretende fazer com ele?

Olhei para as moedas e para ele e, também rindo, respondi:

— Vou dar ao senhor, pois, se vou morar na sua casa, preciso ajudar de alguma maneira.

— Você é ainda um menino. Não precisa pagar, pois fui eu quem quis que morasse na minha casa. É um menino bom, merece que eu o ajude.

— Eu não preciso de dinheiro, nem sei o que fazer com ele.

— Mas eu sei. Você não pode continuar dormindo na cama junto com os meninos. Por isso, agora mesmo, vamos à loja de um turco, amigo meu, ele tem tudo lá. Vamos comprar um colchão para que possa dormir. Como o quarto é pequeno e não cabe mais uma cama, você vai ter que dormir no chão. Está bem assim?

— Para mim, está ótimo.

— Saímos dali e fomos para a loja do turco. Com as minhas moedas, demos entrada e nos comprometemos a pagar o restante todos os meses. O turco sabia que as minhas moedas não seriam suficientes para pagar as prestações, mas confiando no senhor Miguel, aceitou. O colchão, por ser feito de palha, não pesava muito. Colocamo-lo sobre as nossas cabeças e o carregamos.

— Continuei trabalhando e morando com eles. Nunca mais fui à escola, mas, como meu pai havia pagado um professor que dava aula em casa para mim e para minhas irmãs, eu sabia ler e escrever muito bem. Quando eu completei dezessete anos, o senhor que trabalhava durante o dia ficou doente e o senhor Miguel conseguiu a vaga dele. Daquele dia em diante, comecei a trabalhar à noite e ele, durante o dia. Com isso, passei a ganhar mais e resolvi que estava *na hora de morar sozinho. O senhor Miguel concordou e me alugou este quarto em que moro. Quando conheci a senhora e o Giuseppe, dona Beatrice, a minha vida mudou. Como sócio da empresa de sapatos, passei a ganhar mais dinheiro. Poderia, se quisesse, parar de trabalhar, mas não quero fazer isso. Gosto do meu trabalho. Lá, conheço pessoas, que é o que mais gosto de fazer. Hoje, posso me considerar um homem feliz. A única coisa que ainda desejo é conseguir me vingar daquelas duas e ainda vou conseguir! Essa é a minha história.*

— Que história, Tia! Outro qualquer, assim que tivesse tido a oportunidade que ele teve, após conseguir ganhar mais dinheiro, teria abandonado aquele emprego e se dedicaria somente à empresa.

— Assim que li, também pensei isso, mas dona Justina, com sua sabedoria, descobriu o motivo e Beatrice contou:

Domingos parou de falar. Todos nós estávamos emocionados por sua história. Dona Justina, que estava sentada, levantou-se, abraçou-se a Domingos e, chorando, disse:

— Você foi muito corajoso, filho. Apesar de tudo, conseguiu se manter honesto e trabalhador. Embora não soubesse, precisava continuar trabalhando na estação porque precisava encontrar e trazer a minha Lindinha para junto de mim. A gente não sabe nada...

Domingos, emocionado, olhou para Lindinha, que chorava e, com a cabeça, concordou e disse:

— A senhora tem razão, pois, se eu não estivesse ali, jamais a teria encontrado. Por isso, vou continuar trabalhando na estação. A senhora disse que teve oito filhos. Só encontrou duas. Quem sabe não vão aparecer os outros, não é?

— É verdade, filho. A estação é o melhor lugar para encontrarmos as pessoas. Oxalá proteja você para encontrar todos eles.

— Vou encontrar, minha avó, a senhora vai ver.

— Ele encontrou, mãe?

— Encontrou mais do que imaginava.

— Quem ele encontrou, tia?

Odila olhou para os dois e, rindo, disse:

— Agora chega. Estou cansada e com sono. Vamos dormir e, amanhã, continuamos.

— Não, tia! Não faça isso!

— Estou com sono, Carlos. Quase não consigo ficar com os olhos abertos! Amanhã teremos tempo de ler o resto. Achei que ia terminar logo, porque me esqueci deste outro caderno.

— Mamãe tem razão, Carlos. Ela não tem mais idade para ficar acordada até tão tarde. Vamos dormir. Confesso que, apesar de estar muito curioso com a história, também estou com sono. Amanhã, vamos acordar revigorados e vamos conhecer o resto da história.

Carlos deu de ombros e concordou.

Odila fechou o caderno, levantou-se e eles fizeram o mesmo. Ela foi para o seu quarto e eles, para o deles.

Olavo e Carlos entraram no quarto e se deitaram. Carlos olhou e viu que Olavo estava deitado de costas, olhando para o teto. Perguntou:

— No que está pensando, Olavo?

— Na história da nossa família. Alguma vez você imaginou que tinha sido dessa maneira?

— Não. Nunca imaginei que Domingos não fosse meu avô.

— Nem eu que Giuseppe também não fosse meu avô. Sempre tive muito orgulho dele. Foi um homem que chegou sem nada e conseguiu criar uma empresa como a nossa. Claro que contou com a ajuda de Domingos. Para mim, sempre foi um grande homem.

— É verdade. Eles faziam uma boa dupla. Eles não teriam chegado aonde chegaram se não tivessem se unido, pois, enquanto Giuseppe inventava os modelos e montava-os, Domingos conseguia os clientes.

— Ainda pensa que Domingos foi um grande homem, Olavo?

— Por que está me perguntando isso?

— Só para saber.

— Depois de conhecer toda a história, sinto que ele não era tão bom assim. Foi, sem dúvida, um bom profissional e empresário, mas como homem, deixou a desejar.

— Por que, Olavo? Você sentiu que tem algo em comum com ele?

— Enquanto mamãe lia os cadernos, parecia que eu estava ali, vivendo aquela vida. Que coisa louca, não?

— Também senti isso. Será que essa história de reencarnação é verdadeira?

— Claro que não, Carlos! Trata-se apenas de mais uma religião das muitas que existem.

— Não sei, não. Por que nos identificamos tanto com essa história?

— Ora, isso acontece até quando lemos um livro. Muitas vezes nos identificamos com ele.

— Quando titia leu a forma como ele batia em Beatrice, lembrei-me do que você faz com Helena. É muito igual, Olavo. Você também só bate nas costas para que ninguém veja. Se essa história de reencarnação existir realmente, você deve ser a reencarnação de Giuseppe.

Olavo começou a rir:

— Então, você deve ter sido Domingos! Deixa disso, Carlos. Isso não faz sentido algum!

Carlos, também rindo, disse:

— Tem razão, é loucura! Agora está na hora de dormirmos. Quando voltarmos para casa, vou procurar saber mais a esse respeito. Boa noite, Olavo.

— Boa noite.

Carlos ajeitou o travesseiro e fechou os olhos. Olavo fez o mesmo, porém não conseguiu dormir. As cenas de Giuseppe batendo em Beatrice e as dele batendo em Helena não saiam da sua cabeça.

Por que será que estou tão incomodado com a história de Giuseppe? Não poderia ficar assim, ele tinha seus motivos para bater em Beatrice. Ela o traiu com seu melhor amigo. Embora Carlos tenha razão, ele batia nela antes de isso acontecer...

Continuou pensando por mais alguns minutos e, cansado, sem perceber adormeceu.

Duas entidades que estavam ali desde que Odila começou a ler sorriram. A mulher disse:

— É, Tomas, está chegando a hora...

— Verdade, Maria Tereza, chegou a hora...

Olharam novamente para Olavo, que dormia. Sorriram e desapareceram.

A decisão

Helena estava dormindo e foi acordada por Narinha:
— Acorda, mamãe! Vamos passear?
Helena abriu os olhos e, sorrindo, disse;
— Passear, Narinha? Para onde quer ir?
— Vamos até o parque, quero tirar muitas fotografias para mostrar ao papai quando ele voltar da viagem. Vamos, mamãe...
— Está bem, vamos nos levantar, tomar café e, depois, vamos até o parque.

A menina ficou feliz e saiu correndo do quarto, voltando para o seu. Helena continuou deitada e pensando:

Como posso abandonar Olavo, com a minha filha gostando tanto dele? Preciso pensar no que vou fazer. Esta vida que estou levando é mentirosa e só tem me trazido dor, sofrimento e humilhação. Não estou suportando mais tanta falta de amor, de carinho. Será que todos nós nascemos para sofrer? Não consigo acreditar nisso. Em algum lugar deve estar a minha felicidade. Preciso procurar esse lugar.

Levantou-se, foi até o banheiro, olhou para o espelho. Voltou-se e, levantando a blusa do pijama, viu que suas costas estavam horríveis.

Isso não pode continuar! Preciso e vou encontrar uma maneira de fugir de tanta tortura, mas como fazer isso? Narinha, além de ter uma vida muito boa, mil vezes melhor do que a minha, adora o pai. Não sei se tenho o direito de separá-la dele.

Estava assim, pensando, quando Narinha entrou. Estava vestida e pronta para sair. Em suas mãos, estava a máquina fotográfica.

— Ainda não está vestida, mamãe?

Helena, através do espelho, voltou seus olhos para ela e, tentando demonstrar que tudo estava bem, respondeu:

— Já vou me vestir, minha filha. Enquanto faço isso, ligue a televisão.

A menina voltou a sair correndo do quarto. Helena tomou banho, vestiu-se e saiu do quarto. Passou pela sala, onde a menina estava assistindo a um desenho, e falou:

— Pronto, Narinha, estou pronta. Vamos tomar café e, depois, poderemos sair.

Enquanto caminhava em direção a cozinha, disse:

— Não se se esqueça de desligar a televisão.

Na cozinha, viu que Eunice, antes de ir embora, havia deixado a mesa do café colocada. Abriu a geladeira e viu que ela também tinha feito o bolo de que Narinha e ela mais gostavam. Pegou algumas frutas limpas e uma jarra de suco de uvas, o preferido das duas. Sorriu, esquentou leite, colocou achocolatado. Narinha desligou a televisão, entrou na cozinha, sentou-se à mesa e ficou esperando. Helena, após colocar tudo sobre a mesa, sentou-se e começaram a comer. Assim que terminaram, saíram da casa. Narinha, correndo, chegou junto ao carro. Juarez, o motorista, estava terminando de lavá-lo. Ela entrou no banco de trás e se sentou. O motorista olhou na direção da casa e viu que Helena também se aproximava:

— Bom dia, dona Helena, quer que a leve para algum lugar?

— Bom dia, Juarez, quero sim. Narinha quer ir até o parque. Pode nos levar?

— Claro quer sim, dona Helena, só vou em casa pegar o meu boné.

Helena sorriu e entrou no carro. Sentou-se ao lado de Narinha. Logo depois, Juarez voltou e colocou o carro em movimento. Durante o trajeto, Narinha olhava ansiosa para chegar ao parque e poder, além de brincar com as outras crianças que sempre estavam lá, tirar as fotografias para mostrar a Olavo. Mais ou menos quinze minutos depois, Juarez estacionou o carro. Desceu, deu a volta e abriu a porta para que Helena pudesse descer, mas quem desceu primeiro foi Narinha que, pulando sobre as pernas de Helena, foi mais rápida e desceu. Helena, ao ver a agilidade da filha, sorriu e desceu em seguida. Juarez, também rindo, perguntou:

— A senhora quer que eu a espere para poder ir almoçar em casa?
— Obrigada, mas não precisa, Juarez. Volte para casa. Não sei quanto tempo Narinha vai querer ficar aqui. Se até a hora do almoço ela ainda não quiser ir para casa, vamos comer alguma coisa por aqui mesmo.
— Como a senhora vai para casa?
— Não se preocupe. Quando ela se cansar, eu pego um táxi.
— O senhor Olavo vai ficar bravo comigo se souber que deixei a senhora aqui, sozinha...
— Ele não precisa saber. Está passando o fim de semana fora e acho que vai voltar, se voltar, somente amanhã à noite.
— Está bem, se é assim que a senhora deseja, vou embora.

Ele entrou no carro novamente e foi embora. Helena sentou-se em um banco em frente aos brinquedos, de onde podia ver Narinha brincando. A menina estava feliz. Ao seu lado, sentaram-se duas entidades e ficaram ali. Helena voltou os olhos e viu que, nos outros bancos, casais também olhavam e, orgulhosos, riam de qualquer brincadeira dos filhos. Continuou olhando e percebeu que algumas pessoas caminhavam, felizes e conversando. Outras estavam sozinhas, mas pareciam felizes. O lago continuava ali. Sua água estava tão limpa que era possível ver peixes nadando tranquilos. Junto ao lago, jovens deitados sobre a grama conversavam e trocavam carícias. Ela sentiu o coração apertar e pensou:

Como eu era feliz quando não tinha preocupação alguma como essas pessoas que estão aqui. Olavo, assim como os pais dessas crianças, poderia estar aqui ao nosso lado, mas não, ele está em algum lugar, fazendo carinho e agradando alguma mulher que, provavelmente, não conhece há muito tempo. Quando vejo esses jovens apaixonados e se acariciando, me pergunto: para onde foi aquela Helena que era tão feliz e não sabia? Para onde foi aquela Helena que tinha liberdade e não sabia dar valor a ela? Para onde foi aquela Helena que sonhava alto, muito mais alto do que qualquer pessoa? No que me transformei? Hoje, sou uma mulher sofrida que, embora tenha tudo, na realidade, nada tem. Uma mulher que, embora seja casada, está sempre só. Uma mulher que é sempre humilhada e espancada. Uma mulher que não tem amigos, quando, antes, tinha tantos. Uma mulher que, por vergonha, orgulho ou sei lá o que, afastou Débora, a única amiga a quem poderia ter pedido ajuda e que certamente a ajudaria. Não, isso não pode continuar. Sinto que minha alma está cansada e precisa se libertar. A única coisa que quero é ter minha vida de volta e poder sonhar, ter a minha liberdade e procurar a minha felicidade. Não quero mais ser humilhada e espancada! Chega, chega!

As entidades sorriram. A de mulher disse:

— Ainda bem, parece que agora ela vai começar a reagir.

— Você sabe que não vai ser fácil e que muitas vezes, nesta e em outras encarnações anteriores, ela tentou, mas nunca conseguiu.

— Tem razão, mas sempre há uma esperança. Tomara que, desta vez, ela consiga.

— Tomara...

Uma nova vida para todos

Olavo abriu os olhos, olhou para a cama ao lado e viu que Carlos não estava ali. Pelas frestas da janela, percebeu que o dia já estava claro. Olhou para o relógio que estava em seu pulso e se assustou:

Quase onze horas! Como dormi! Também, quando fomos dormir, já eram mais de três horas.

Levantou-se e foi para a cozinha. Assim que entrou, encontrou Carlos e sua mãe, que tomavam café e conversavam. Entrou e rindo, disse:

— Bom dia, pessoal!

— Bom dia, meu filho. Pensamos que não ia acordar mais!

— Também me assustei com as horas. Dormi muito mesmo!

— Sente-se, filho, venha tomar um café leve. Lena já está preparando o almoço.

— Onde está o papai?

— Ele foi até a feira comprar frutas e verduras. Depois de assistir à televisão, é o que mais gosta de fazer.

Olavo e Carlos se olharam e riram.

— É o que sempre gostou de fazer, mamãe. Ele conhece todos os feirantes.

— Eu e a titia estávamos esperando você acordar para ela continuar com a leitura.

— Só vou tomar uma xícara de café, pois, se comer agora, não vou conseguir almoçar.

— Tome logo, estou ansioso para saber o resto da história.

Olavo sentou-se, colocou um pouco de café com leite em uma xícara, tomou e falou:

— Pronto, já tomei o café. Podemos continuar com a leitura. Também estou ansioso em saber o resto da história.

Odila se levantou e se encaminhou para a sala, sendo seguida por eles. Sentaram-se nos sofás e ela, pegando o caderno que estava lendo, abriu na página marcada. Rindo, disse:

— Vamos continuar com a leitura. Sei que vocês vão se surpreender ainda mais. Vamos ver o que ela escreveu:

Depois de terminar de contar sua história, Domingos se levantou e foi para a estação, pois seu amigo o estava esperando. Eu e dona Justina fomos com Lindinha até o quarto dela. Seu Sebastião entrou no seu. Depois, dona Justina me acompanhou até o meu. Assim que entramos, comecei a chorar. Minhas costas estavam doendo por causa dos cortes e eu só me mantive forte para que os outros não notassem. Senti que a minha combinação estava grudada no meu corpo, presa pelo sangue que escorria. Dona Justina, sabendo o que havia acontecido, antes que eu tirasse o vestido, disse:

— Não tire o vestido, menina. Espere que vou buscar o chá para limpar suas costas.

Envergonhada, fiquei calada e chorando. Ela voltou logo depois, trazendo panos e a bacia tão conhecida por mim. Com cuidado, ajudou-me a tirar o vestido e fez com que eu me deitasse de costas. Foi molhando a combinação e ela foi se soltando do meu corpo. Quando estava toda solta, me ajudou a sentar e tirou a camisola. Depois de tirar todo o sangue, passou iodo e, enquanto fazia isso, falou:

— Para de chorar, menina. A vida é mesmo assim, a gente tem de suportar o sofrimento. Precisa ter paciência com seu marido. Ele é o dono da casa.

— Sei disso, dona Justina, mas é muito difícil. Não entendo por que Giuseppe mudou tanto. No começo, ele era tão bom e carinhoso. Algumas vezes, parece que ele me odeia.

— Não odeia, não, menina. Todos os homens são iguais e, nós, as mulheres, também. Eles nasceram para mandar e nós para obedecer.

— Não aceito isso, dona Justina, e só não abandono Giuseppe e vou embora porque não tenho para onde ir nem como me sustentar. Eu queria muito ter o meu próprio dinheiro.

— Sei como é, mas não adianta pensar assim, pois, mesmo que tivesse seu dinheiro, ia continuar tudo igual. Eu trabalho, tenho meu dinheiro e, mesmo assim, o Sebastião continua a me bater. Os homens precisam mostrar que mandam na gente. Mulher não larga o marido. Ela é largada. Por isso, mulher sozinha, sem homem, não tem valor e é marcada. Ela só consegue sobreviver se virar mulher da vida.

— O que a senhora está falando, tia? Era assim, mesmo?

— Era, Carlos e, se pensarmos bem, ainda é. Somente agora, a mulher está começando a se libertar. Algumas estão estudando e trabalhando, tendo seu próprio dinheiro. Mesmo assim, vai demorar muito para serem totalmente livres, para serem donas de si mesmas. Eu tive sorte, talvez por ter sido criado por uma mulher que sentiu na pele o sofrimento de ter passado por tudo isso, Genaro sempre foi um bom pai e marido. Só posso agradecer a Deus por ele.

Carlos olhou para Olavo e perguntou:

— Tia, a senhora acredita que os filhos seguem os exemplos dos pais?

— Claro que acredito, Carlos. Uma criança criada em um lar onde nunca presenciou uma briga dos pais cresce tranquila e se torna uma pessoa boa.

— Eu não acho isso verdadeiro, tia. Tenho um amigo que, embora tenha sido criado dessa maneira, hoje espanca e humilha a mulher de uma maneira violenta.

— É difícil isso acontecer, Carlos, mas sempre existe alguém que foge à regra. Eu disse a vocês que estou seguindo uma religião, onde aprendi que cada ser humano é um espirito e que todos nós estamos aqui na Terra para aprender e evoluir. Nascemos e renascemos várias vezes, sempre aprendendo e evoluindo.

— A senhora acredita mesmo nessa coisa de reencarnação?

— Acredito, Carlos. Basta olharmos a diferença que existe entre as pessoas. Por que umas têm a vida tão diferente das outras? Por que umas têm tudo e outras não têm nada? Para aceitarmos que existe um Deus, temos de aceitar a reencarnação, pois só ela pode dar essas respostas. Renascemos para consertar tudo o que fizemos de errado na encarnação passada.

— E se continuarmos a praticar os mesmos erros?

— Infelizmente, se isso acontecer, vai ser uma encarnação perdida, mas cada um tem seu livre-arbítrio para escolher o que deseja nesta vida.

Olavo, que ouvia o que eles falavam, nervoso, disse:

— Vamos acabar com essa conversa! Quero conhecer o resto da história da minha avó.

— Está bem, Olavo, vamos continuar. Ela escreveu:

Depois de me curar, me ajudar a colocar a camisola e me confortar, ela saiu. Eu fiquei ali, deitada e chorando. Giuseppe chegou quase meia-noite, cheirando a bebida e a perfume. Não entendo como ele, saindo todas as noites, pode se levantar todos os dias e ir trabalhar. Embora estivesse acordada, fingi que dormia. Ele se deitou ao meu lado e, quando foi me abraçar, sentindo dor, instintivamente, me afastei. Ele, percebendo que eu estava acordada e sentido dor, passou a mão pelos meus cabelos:

— Perdão, Beatrice, prometo que isso nunca mais vai se repetir.

Eu fiquei calada e chorando, pois sei que tudo vai continuar como sempre e que só vou parar de sofrer quando um de nós dois morrer. Com a sua mão sobre os meus cabelos, adormecemos. Pela manhã, todos foram trabalhar. Eu sentia dor nas costas, mas não comentei com Lindinha. Não queria que ela descobrisse, pelo menos não agora. Ela sofreu muito e não precisa ouvir coisas tristes. Preparei o café, pois sabia que Domingos logo ia chegar. Eu e Lindinha tomamos café, comemos pão e, enquanto ela deu de mamar para Odila, eu alimentei os meninos. Ficamos conversando sobre a história de Domingos e sobre tudo o que havia acontecido ontem. O tempo foi passando e Domingos não chegou. Começamos a ficar preocupadas, pois ele chegava sempre no mesmo horário, dormia um pouco e ia trabalhar na loja ou conversar com clientes. Lá pelas duas horas, voltava, dormia até as seis e ia trabalhar. Essa rotina era seguida há muito tempo, por isso estranhei a sua demora. Embora preocupadas, eu e Lindinha ficamos envolvidas com as crianças e a ansiedade passou. Eram quase onze horas da manhã. Lindinha cuidava das crianças, eu estava estendo roupas no varal. Vimos que Domingos chegava e fomos ao seu encontro. Ele se aproximou e, rindo, disse:

— *Vejo que estão preocupadas com minha demora.*

— *Realmente nos preocupamos, senhor Domingos, pois costuma chegar sempre no mesmo horário e hoje demorou.*

— *Pois não precisavam se preocupar, dona Beatrice. A senhora tem café?*

— *Claro que sim, vamos até a cozinha.*

Fomos até a cozinha e, enquanto tomava café, ele tirou dois papéis do bolso do paletó e, olhando para Lindinha, disse:

— *Durante a noite, estive pensando que suas crianças não podem ficar sem registro, por isso, hoje, assim que saí do trabalho, fui até a igreja, contei ao padre o que havia acontecido e que queria registrar as crianças no meu nome. Por eu ser homem, ele concordou e aqui estão os registros das crianças. A partir de hoje, você é a mãe e eu sou o pai. Sabe como é importante para um negro ter seu registro de nascimento. Disse ao padre que vou levar dona Justina e o senhor Sebastião para registrarem você.*

Lindinha pegou os papéis e ficou olhando durante alguns minutos. Depois, embora estivesse rindo, seus olhos estavam cheios de lágrimas. Disse:

— *Eu não sei ler, Domingos. Tudo o que você disse está escrito aqui?*

— *Está, sim, Lindinha. Nesses papéis está escrito que eles são nossos filhos, netos da dona Justina e do seu Sebastião, da minha mãe Iara e do meu pai, o Barão.*

Ela, sem que ele esperasse, se abraçou a ele com muita força e, chorando, ficou agradecendo, sem parar. Domingos, embora não quisesse demonstrar, também estava muito emocionado. Eu não conseguia esconder a minha emoção nem evitar que as lágrimas escorressem pelo meu rosto.

Carlos, demonstrando tristeza, interrompeu Odila:

— Foi isso que aconteceu, tia? Eu sempre pensei que ele fosse o meu avô. Vejo, agora, que não é...

— Também fiquei surpresa quando descobri que ele não era meu pai, mas nos criou a mim e ao seu pai como se fôssemos seus verdadeiros filhos. Foi um pai muito carinhoso.

— Quanta coisa aconteceu com a nossa família que não sabíamos, mamãe.

— É verdade, Olavo, mas tudo o que aconteceu não nos impediu de termos, hoje, uma família linda. Eu e seu pai estamos casados há tanto tempo e, embora algumas vezes tenha havido algumas rusgas, nos amamos e somos felizes. Você, meu filho, está casado e feliz com Helena e com a nossa linda Narinha. E você, Carlos, quando vai se decidir e se casar com a Celina? Ela é uma boa moça.

Carlos olhou para Olavo e respondeu:

— Não sei, tia. O casamento é um passo muito importante e só vou dar esse passo quando achar que vai ser para sempre.

— Isso você só vai descobrir quando se casar. Somente a convivência vai mostrar a você se o casamento vai durar para sempre. Na vida precisamos fazer de tudo para sermos felizes, até nos arriscarmos a descobrir o desconhecido.

— Tudo isso é muito bonito, mamãe, mas podemos continuar com a leitura?

— Claro que sim, meu filho.

— Então continue...

— Beatrice continuou:

Depois do abraço, Domingos se afastou e, tentando encobrir a emoção, disse:

— *Estive pensado em algumas coisas e, assim que dona Justina e o senhor Sebastião chegarem, vamos conversar.*

— Agora que sabe que eles são seus avós, por que continua chamando-os pelos nomes próprios?

— Acho que é o costume, dona Beatrice. Somos vizinhos há tanto tempo que vai demorar para eu me acostumar, mas esse dia vai chegar.

Lindinha, curiosa, perguntou:

— O que quer falar com meus pais, Domingos?

— Agora, estou com sono, preciso dormir um pouco. Quando eles chegarem, vamos conversar e você vai ficar sabendo.

Dizendo isso, ele foi para o seu quarto. Eu e Lindinha nos olhamos e fomos cuidar do almoço e das crianças. Dona Justina chegou mais cedo do que de costume. Estranhei:

— O que aconteceu, dona Justina? Por que chegou mais cedo, está doente?

Ela abraçou e beijou Lindinha e respondeu:

— Nada aconteceu, menina. Contei para a minha patroa tudo o que aconteceu e ela deixou que eu saísse mais cedo para que pudesse ficar mais tempo com a minha filha e os meus netos. Ela é uma mulher muito boa.

Lindinha foi até o quarto e trouxe os papéis que Domingos havia lhe dado e os entregou para dona Justina que, depois de olhar, falou:

— Sabe que não sei ler. O que está escrito aqui nesses papéis, Lindinha?

— Domingos registrou meus dois filhos como se fossem dele. Agora, as minhas crianças têm nome, como as brancas, mãe!

Dona Justina, com lágrimas nos olhos, disse:

— Oxalá seja louvado! Esse menino é muito bom, ele vale ouro! Esteve todos esse tempo ao meu lado e eu nunca desconfiei de que fosse da minha família... como isso pode acontecer?

— Isso não importa, mãe! Agora ele está aqui do nosso lado. O mais importante é que estamos todos juntos outra vez!

— É verdade, minha filha. Agora, vou brincar com os meninos. Faz tempo que não tenho uma criança por perto.

— Vai, mãe. Vai e brinca muito com eles.

Dona Justina tirou do bolso uma bola de meia que ela havia feito, jogou para Jacinto que correu para pegar. Genaro, embora não andasse, também foi, engatinhando, atrás da bola. Eu e Lindinha rimos da felicidade que dona

Justina estava sentindo. Os gritos de Jacinto e Genaro correndo atrás da bola e rindo sem parar acordaram Domingos, que saiu na porta e, rindo, falou:

— O senhor Pedro tinha razão quando disse que não queria crianças, porque as pessoas reclamavam que com o barulho delas, não conseguiam dormir. Elas me acordaram.

Ao ouvir aquilo, eu e Lindinha corremos para pegar as crianças no colo e tentar fazer com que se calassem. Foi a pior coisa que poderíamos ter feito. Elas, ao serem tiradas da brincadeira, começaram a chorar. Domingos, ainda rindo, falou:

— Deixem as crianças. O barulho delas é maravilhoso! São crianças e precisam mesmo brincar. Acordei porque já havia dormido o suficiente. Boa tarde, dona Justina. A senhora está bem?

— Boa tarde, meu neto. Estou bem e feliz por você ter registrado as crianças. Só assim elas poderão ter um sobrenome e os direitos de serem brasileiras, não é?

— Isso mesmo, dona Justina. Achei importante e fiz, mesmo sem consultar a senhora e você, Lindinha.

— Não diz isso, Domingos, eu e a mãe estamos felizes, não é, mãe?

— Claro que estamos, Domingos! O que você fez foi uma caridade! Obrigada, meu neto. Estou muito feliz por ter encontrado você!

— Também estou, dona Justina. Assim que o senhor Sebastião chegar, precisamos conversar.

— Quer conversar sobre o quê?

— Pretendo falar só uma vez, portanto é preciso esperar que ele chegue. Agora, enquanto ele não chega, vou me preparar para o trabalho.

Assim dizendo, entrou no quarto. Curiosas, nós nos olhamos. Algum tempo depois, seu Sebastião chegou, como sempre, carregando os sapatos sobre os ombros. Assim que se aproximou, beijou Lindinha e Jacinto, que estava em seus braços. Dona Justina, ao ver aquilo, se emocionou. Somente ela sabia que, apesar de calado, ele havia sofrido com a separação dos filhos. Ele me cumprimentou e entrou em seu quarto. Dona Justina foi atrás. Logo depois, Domingos saiu do quarto vestido para o trabalho. Trazia em suas mãos o chapéu *que sempre usava. Vendo que nem dona Justina nem seu Sebastião estavam ali, perguntou:*

— Onde eles estão? Ouvi quando seu Sebastião chegou.

— Estão no quarto, vou chamar.

Lindinha foi chamar e eu, sem saber o que ele ia falar, disse:

— Já que precisa conversar com eles, acho melhor eu pegar o Genaro e ir passear com ele na rua.

— Não precisa fazer isso, dona Beatrice. A senhora já faz parte da nossa família. O que pode fazer é nos emprestar um banquinho para que possamos nos sentar. A conversa não vai ser longa.

Eu respirei fundo, não conseguia disfarçar a curiosidade que estava sentindo. Ele deve ter percebido, por isso, disse:

— Podia também nos fazer um café. Assim, a conversa vai ficar melhor.

— Vou fazer isso.

Entrei na cozinha, peguei a chaleira que estava com água e coloquei sobre a chapa para que fervesse. Depois peguei os dois banquinhos e coloquei em frente à porta da minha cozinha. Dona Justina, acompanhada pelo senhor Sebastião e Lindinha, saíram do quarto. Assim que Lindinha viu Domingos sentado no banquinho, voltou para o quarto da mãe e pegou mais dois. Em seguida, entrou no quarto que estava usando e pegou mais um. Logo, todos estavam sentados. Entrei novamente na cozinha e vi que a água já estava fervendo. Coloquei o pó de café no coador e joguei a água por cima. Logo, o aroma do café invadiu o quintal. Coloquei-o em canecas de alumínio e entreguei-as para eles. Com Genaro no colo, também me sentei. Domingos começou a falar:

— Desde que fui expulso da minha casa, muita coisa aconteceu. Durante todo esse tempo, sempre senti muita falta de ter uma família, de me sentir protegido dentro de um lar. Hoje, essa falta não existe mais, — parou de falar, olhou para mim, sorriu e continuou — vovó, vovô e você, Lindinha, minha linda tia, são a minha família e estou muito feliz por ter encontrado vocês. Por isso fiquei pensando e acho que é meu dever ajudar a todos da melhor maneira que eu conseguir. A senhora, vovó, já trabalhou e sofreu muito. Acho que não precisa mais trabalhar. Pode ficar em casa.

Para minha surpresa, dona Justina se levantou e, nervosa, disse:
— Não, meu filho, eu não quero parar de trabalhar!
— Por que não? A senhora já trabalhou tanto!
— Nasci escrava e, somente agora, depois de trabalhar e ter o meu próprio dinheiro, estou totalmente livre! Gosto de trabalhar, gosto da minha patroa e gosto de ter o meu dinheiro. Sem ele eu ia depender de você e isso não quero! Enquanto Oxalá me der forças, vou trabalhar e sei que vou ser feliz.
— Está bem, vó. Se a senhora prefere que seja assim, assim será, mas, se precisar de alguma coisa e sentir que não quer ou não pode mais trabalhar, eu estou aqui. A senhora só deve fazer o que quiser. Achei que ia querer ficar em casa, descansar.
— Não quero, não, meu filho. Não quero não.
— Eu gostaria muito de trabalhar, mas não posso, preciso cuidar das crianças.
— Sei disso, Lindinha, e em nenhum momento pensei que pudesse trabalhar.
— Se quiser trabalhar e ter o seu próprio dinheiro, Lindinha, posso cuidar das crianças.
— A senhora faria isso?
— Fico o dia inteiro em casa, Giuseppe não quer que eu trabalhe. Posso cuidar das suas crianças junto com Genaro.
— Ele vai deixar?
— Acho que sim, dona Justina. Ele não gosta que eu saia de casa. Quando sabe que fui dar um passeio com Genaro ou fui até o senhor Pedro comprar alguma coisa que está faltando, fica brabo. Por isso, vai ficar contente em saber que, cuidando de três crianças, não vou ter tempo para sair de casa.
— Pode ser, menina, mas acho melhor falar antes com ele.
— Vou falar, dona Justina, mas sei que vai concordar.
— Se ele concordar, você consegue um emprego para mim, Domingos?
— Posso conversar com o senhor Miguel, aquele que me abrigou. Dona Isabel, sua mulher, trabalha em um hotel perto da estação, mas você não precisa trabalhar, Lindinha. Além do meu trabalho na estação, ainda ganho um bom dinheiro com a empresa de sapatos. Sou sócio e posso sustentar vocês todos.

— Sei disso, mas já fez muito por mim e por minhas crianças. Quero trabalhar e tentar cuidar delas sozinha.

— Está bem, se é isso o que quer, vou conversar com o senhor Miguel.

Inesperadamente, Lindinha se abraçou nele:

— Obrigada, meu sobrinho, você é um anjo que Oxalá mandou para me ajudar.

Domingos a abraçou também. Depois, a afastou e, rindo, disse:

— Não, não, não. Eu não vou chamar você de tia! É ainda uma menina!

— Posso ser uma menina, mas sou sua tia! Você precisa me respeitar!

— Ainda rindo, ele balançando a cabeça, dizendo não com ela, foi para o seu quarto. Alguns minutos depois, foi para o trabalho.

Odila fechou o caderno e disse:

— Agora, vamos almoçar. Depois podemos continuar.

— Normalmente, eu não ia querer parar, tia, mas estou com fome.

— Eu também!

Eles olharam para a porta e viram Genaro que entrava carregando uma sacola com as frutas e verduras que havia comprado na feira.

Rindo, foram para a sala de jantar, onde a mesa já estava colocada.

A hora da vingança

Enquanto almoçavam, Genaro, de muito bom humor, rindo, perguntou;

— Então, meninos, gostaram da história tenebrosa da nossa família?

Odila, também rindo, respondeu:

— Por que tenebrosa, Genaro? Não é tenebrosa, é linda!

— Como linda, Odila? Foi tenebrosa. Nunca imaginamos, você e eu, que meu pai era aquele homem violento e que maltratava tanto a minha mãe. Ela nunca se queixou. Diante de nós, estava sempre rindo. Parecia feliz.

— Nisso você tem razão, Genaro. Ela foi uma mulher maravilhosa tanto para você, seu filho, como para mim e para o Jacinto. Nunca fez diferença. Por isso foi que, quando li os cadernos, fiquei abismada. Jamais poderia imaginar. Não consigo acreditar que existam homens capazes de fazer uma maldade como seu pai fazia com ela...

Carlos olhou para Olavo que abaixou os olhos.

— Também não acredito, tia, mas, infelizmente, devem existir muitos.

— Não entendo como as mulheres, ainda hoje, aceitam esse tipo de coisa.

Olavo, que estava comendo, ainda com os olhos baixos, ficou calado e continuou comendo. Depois de terminarem o almoço, tomaram café e Genaro disse:

— Sei que vocês estão loucos para conhecer o resto da história. Como já a conheço e não quero ouvir aquelas atrocidades novamente, vou me deitar. Nada como um bom sono depois do almoço.

— Não precisa encontrar uma desculpa, Genaro. Todos sabemos que você, todos os dias, depois do almoço, tira uma sonequinha. Pode ir. Eu vou continuar lendo para os meninos.

Genaro, rindo, saiu da sala. Odila se levantou, foi para a sala e foi seguida pelos dois que estavam ansiosos para conhecer o resto da história. Sentaram-se. Ela abriu o caderno e começou a falar:

— Beatrice demorou para voltar a escrever. Mais de quatro meses depois, ela escreveu:

Estou quase louca cuidando de três crianças, por isso não tenho escrito. Vou aproveitar agora, que almoçaram e estão dormindo, para escrever. Cuidar deles foi a melhor coisa que podia ter me acontecido. Giuseppe ficou feliz por eu estar cuidando das crianças, pois assim tem certeza de que eu não posso sair de casa. Eu não me importo, adoro as crianças e, para mim, são meus filhos. Quando Domingos quis se mudar com sua família, Giuseppe disse que, para não nos separarmos, eles poderiam comprar o cortiço e todos nós continuaríamos juntos. Domingos gostou da ideia e fizeram uma proposta para o senhor Pedro, que aceitou. Hoje, o cortiço é nosso. Acho que foi Deus quem mandou essas crianças para mim. Somente elas podem fazer com que eu consiga seguir com a minha vida tão sofrida. Giuseppe continua me tratando mal e sempre encontra um motivo para me castigar. Sofro, mas não tenho o que fazer. Não posso sair de casa, pois não tenho para onde ir. Preciso fazer tudo para que as crianças não percebam. Quero que elas cresçam com tranquilidade. Lindinha está trabalhando no hotel. Ela está forte e feliz por ter encontrado a família. Domingos, dona Justina e o senhor Sebastião continuam com a rotina de sempre. Estava tudo caminhando bem, até hoje pela manhã. Vi Domingos chegando acompanhado por duas senhoras que pareciam mendigas e cada uma trazia uma mala de roupas. Estranhei e fiquei esperando que se aproximassem. Assim que chegou, ele, sorrindo, perguntou:

— Bom dia, dona Beatrice, eu trouxe visitas. A senhora tem um pouco de café?

Disfarçando a minha curiosidade, respondi:

— Bom dia, senhor Domingos. Tenho café, sim, vou pegar.

Entrei na cozinha, peguei três canecas, coloquei café e saí dando para eles. Por estar quente, beberam devagar. Quando terminaram de beber, Domingos disse:

— Conhecendo a senhora como conheço, sei que está curiosa, por isso vou apresentar. Essa é Maria Cecília e ela, Maria Rita. São minhas meias-irmãs.

Ao ouvir aquilo, quase desmaiei. Não conseguia acreditar que aquelas mulheres eram as mesmas que o haviam expulsado de casa, mas me calei pois, conhecendo a história, não estava entendendo o que estava acontecendo. Ele, parecendo adivinhar meus pensamentos, disse:

— Eu as trouxe porque estão cansadas. Vou deixar que descansem no meu quarto. Como aqui não há mais quartos vagos, vou sair e encontrar em um outro cortiço um quarto para elas.

Dizendo isso, acompanhado por elas, entrou em seu quarto. Eu fiquei ali, parada, tentando entender o que estava acontecendo, pois ele, apesar de ser um homem bom, sempre disse odiar aquelas duas. Eu não conseguia deixar de pensar no que havia acontecido para que elas estivessem naquela situação e ele, apesar de sempre ter dito que as odiava, agora as estava ajudando. Após alguns minutos, ele saiu do quarto e, sem nada dizer, com a mão se despediu e foi embora. Eu fiquei ali, curiosa, sem saber o que fazer. Jacinto brincava com um carrinho feito de madeira que Domingos trouxera e Genaro, que já dava os primeiros passos, tentava também brincar com outro carrinho. Odila dormia deitada dentro de uma caixa de frutas que eu forrei com palha e que ficava sempre ao meu lado. Depois de pensar um pouco, peguei dois pedaços de pão, passei manteiga, coloquei leite em duas canecas e, tentando descobrir alguma coisa, bati à porta do quarto onde elas estavam. Alguns minutos depois, uma delas abriu a porta. Era a mais nova. Eu, um pouco constrangida, mas muito curiosa, falei:

— As senhoras não me conhecem. Moro aqui há muito tempo, conheço Domingos e sua família que também moram aqui.

— Ele tem família?

— Tem. Os avós, uma tia e dois sobrinhos. O menino é aquele que está brincando e a menina está naquela caixa. Pensei que as senhoras talvez devessem estar com fome, por isso trouxe pão e leite. Se não quiserem, não precisam tomar.

— Realmente, estamos com fome, mas dissemos a Domingos que não estávamos. Ele fez muito em nos trazer para cá e vai providenciar um quarto para podermos ficar.

— Ele é um homem muito bom. Quando eu e meu marido chegamos do interior, ele nos encontrou na estação e nos ajudou muito.

— A senhora tem razão. Ele é, sim, um homem bom e a senhora, por mais que pense, nunca vai poder imaginar o quanto. Por favor, entre. Minha irmã está deitada. Ela não está se sentindo muito bem e, enquanto comemos o pão e tomamos o leite, poderemos continuar a nossa conversa.

Embora estivesse morta de curiosidade, não podia entrar. Precisava ficar de olho nos meninos que continuavam brincando.

— Desculpe, mas não posso entrar, preciso cuidar dos meninos. Eles ainda são muito pequenos.

— É uma pena, gostaríamos de conversarmos com a senhora para sabermos mais a respeito de Domingos.

— Eu também gostaria, mas, como pode ver, agora, isso não vai ser possível.

Ela sorriu e fechou a porta. Decepcionada, voltei para minha cozinha, precisava preparar uma sopa para as crianças. Eu não fazia almoço. Todas as tardes, quando Giuseppe chegava, eu precisava estar com o jantar pronto e quente. Se isso não acontecesse, ele ficava nervoso e me castigava. Ele chegava, tomava banho, jantava, se trocava, se perfumava e saía. Eu ficava rezando para que a noite fosse boa para ele, pois se não fosse ele descontaria em mim. Enquanto cortava os legumes para fazer a sopa, não conseguia entender o que havia acontecido para que aquelas duas mulheres estivessem ali no quarto de Domingos.

— É estranho, mesmo, mamãe. Ele odiava as irmãs e tinha motivos para isso, por que as trouxe para sua casa?

— Quando li, também, assim como vocês, fiquei abismada, mas o melhor a fazer é continuar lendo.

— Tem razão, tia, continue lendo.

Odila continuou:

Terminei de fazer a sopa e Domingos não chegava. A porta do quarto se abriu e as duas saíram e se aproximaram. Haviam trocado de roupa e estavam usando vestidos bonitos e limpos. Aproximaram-se, jogaram os vestidos sujos no tanque, e a mais velha disse:

— Eu e minha irmã estivemos conversando e percebemos que não tivemos a oportunidade de conversar muito com Domingos nem com a senhora.

Estranhei e fiquei olhando para elas, tentando entender o que estava acontecendo. Ela continuou:

— Desculpe-me, a senhora não nos conhece. Talvez Domingos tenha falado nosso nome e não se lembre. Eu sou Maria Cecília e esta é minha irmã, Maria Rita. Muito prazer. Estamos fazendo isso porque Domingos disse o seu nome, mas não nos lembramos. Estávamos cansadas. Muito prazer.

— Muito prazer. Desculpe, mas eu não me lembrava mesmo das senhoras. Meu nome é Beatrice. Posso ajudar em alguma coisa?

Embora elas estivessem tentando ser agradáveis, não sei se, por conhecer a história, não conseguia me sentir bem ao lado delas. Elas me pareceram pedantes. Maria Cecília continuou:

— A senhora nos disse que Domingos mora aqui com sua família. Pode nos contar mais a esse respeito?

Fiquei preocupada com aquela pergunta:

— Por que querem saber da vida dele?

— A senhora ouviu quando ele disse que somos suas meias-irmãs. Ele é filho de nosso pai. Gostaríamos de saber mais sobre esse outro lado da família.

Ao me lembrar de tudo o que elas haviam feito com ele, senti uma raiva imensa e continuava sem entender o porquê de Domingos ter trazido aquelas duas para casa. Perguntei:

— Ele, sendo meio irmão das senhoras, o que aconteceu para estarem separados?

— Ele nunca contou?

Como eu queria saber o outro lado da história, menti:

— Não, ele não fala sobre seu passado.

— Como pode ver, ele é mulato, filho do nosso pai com uma escrava.

Fiz uma cara de surpresa e ela continuou:

— Quando nossa mãe morreu, nosso pai trouxe uma escrava para cuidar de mim e da Maria Rita. Com o tempo, ele se deitou com a escrava e Domingos nasceu. Meu pai gostava muito dele. Ele teve a mesma educação que nós. A mãe dele morreu, mas meu pai nunca deixou de dar-lhe tudo o que ele precisava. Éramos felizes até o dia em que meu pai também morreu. Não sabemos o motivo, mas Domingos desapareceu e, embora tenhamos procurado muito por ele, nunca mais o encontramos. Isso só aconteceu hoje, quando nos encontramos na estação e ele nos trouxe para cá.

Senti muita raiva por ouvir tanta mentira, mas me contive. Ela continuou:

— Por isso estamos interessadas em saber o que aconteceu depois que ele fugiu de casa. Como foi que ele encontrou essa outra parte da família?

Com muita raiva das mentiras que estavam contando, respondi:

— Acho que aconteceu o mesmo que com as senhoras. Ele encontrou uma tia na estação e, quando a trouxe, descobriu que dona Justina e o senhor Sebastião, que moravam aqui há muito tempo, eram avós dele. Desde então, todos moram aqui.

— Ele não parece estar muito bem de vida, pois, se estivesse, não moraria em um cortiço como este. Teria uma bela casa.

Ao ouvir aquilo, fiquei mais nervosa ainda:

— Ele está muito bem, sim. É sócio na empresa de calçados do meu marido e estão ganhando muito dinheiro. Este cortiço pertence a ele e ao meu marido.

Ela, parecendo não acreditar, olhou para a irmã, que sorriu, demonstrando claramente que também não acreditava. Eu fiz um esforço muito grande para não deixar minha raiva transparecer. Elas, apesar de parecerem mendigas, se comportavam como se tivessem o rei na barriga. Resolvi me calar sobre aquele assunto e perguntei:

— As senhoras querem um prato de sopa? Acabei de fazer.

Elas, mesmo disfarçando, respiraram fundo. Pela primeira vez, a mais nova, Maria Rita, respondeu:

— Se a senhora não se importar, gostaríamos muito. Não queremos dar trabalho...

— Não é trabalho algum. Entrem e sentem-se. Ainda bem que Domingos e meu marido fizeram uma reforma e a cozinha está maior. Se fosse antes, não teriam como entrar e se sentar.

Eu sabia que elas não estavam interessadas se tinha dado trabalho ou não. Queriam era comer, pareciam famintas. Coloquei a panela com a sopa sobre a mesa e dois pratos:

— Sirvam-se à vontade.

Elas não esperaram falar duas vezes. Rapidamente, encheram os pratos e começaram a comer. Eu saí da cozinha, peguei os meninos que brincavam e fui cuidar de Odila, que começou a chorar. Como os três já haviam tomado a sopa, estavam com sono. Após trocar a fralda de Odila, coloquei os três para dormir. Quando vi que estavam dormindo, saí do quarto e vi que Domingos chegava. Ele, ao me ver, veio ao meu encontro.

— Onde elas estão, dona Beatrice?

— Eu fui cuidar das crianças. Elas estavam na cozinha, tomando sopa.

— Estamos aqui, Domingos.

Olhamos e vimos Maria Cecília que, ainda sentada e tomando a sopa, foi quem falou. Eu e Domingos fomos até elas. Assim que entrou, ele disse com a voz grave:

— Aluguei um quarto para vocês em um cortiço de um amigo meu. Podemos ir agora.

Maria Rita, que ainda estava sentada, levantou-se e, colocando-se ao lado da irmã, falou:

— Vai nos levar para um cortiço?

— Sim. Paguei o aluguel por seis meses. Vocês poderão ficar lá por esse tempo. Só paguei o aluguel. O resto vai ficar por conta de vocês. Também conversei com meu amigo e ele vai arrumar um emprego para vocês como arrumadeiras no hotel dele.

— Arrumadeiras? Nós não podemos ser arrumadeiras. Não sabemos nem arrumar uma cama! Sempre tivemos quem fizesse isso para nós!

— Isso foi em outros tempos. Agora, tudo mudou. Precisam sobreviver e eu as estou ajudando a recomeçar.

Eu estava ouvindo-o falar, mas não estava reconhecendo aquele homem que sempre fora doce e gentil. Estava tenso e falando com firmeza. Maria Cecília, olhando para mim, disse:

— Esta senhora disse que você é o dono deste cortiço. Vimos que tem muito terreno vazio. Por que não manda construir um quarto e, assim, poderemos morar aqui?

Ele me olhou de uma maneira que me fez estremecer. Depois, disse:

— Isso não poder ser. Este cortiço é somente para a minha família e para a família de Giuseppe, meu amigo.

— Como pode dizer isso, Domingos? Somos sua família! Somos suas irmãs!

Ele olhou nos olhos de cada uma e, sorrindo, disse:

— Quando meu pai estava vivo, sempre achei que pertencia àquela família, mas, depois que ele morreu, descobri, a duras penas, que nunca pertenci realmente a ela.

— Não fale assim, Domingos. Somos suas irmãs e sempre gostamos muito de você...

Domingos, parecendo não escutar o que elas falavam, disse:

— Vamos embora. Vou levar vocês até lá e depois, quando voltar, vou dormir. Estou cansado.

— Não entendo, Domingos. Se tem tanta raiva de nós duas, por que nos ajudou na estação e nos trouxe para cá?

— Ajudei vocês, Maria Cecília, como sempre ajudei qualquer pessoa que encontrei perdida sem um caminho para seguir, somente isso. Depois que contaram que haviam se casado com dois irmãos e que eles jogaram no baralho toda a fortuna do meu pai e que vocês perderam tudo, até a casa, percebi que a justiça de Deus já havia sido feita e que eu podia me sentir vingado. Por isso, resolvi ajudar vocês a recomeçarem.

— Não pode fazer isso. Não pode nos jogar na rua da amargura...

— Não diga isso, Maria Rita. Estou deixando vocês abrigadas em um cortiço com quarto e cozinha, muito mais do que você fizeram comigo, ainda uma criança. Acho que tudo o que nos acontece na vida sempre tem um motivo e um aprendizado. Vocês, que sempre foram tão pedantes, orgulhosas, egoístas e poderosas, vão, daqui para frente, conhecer uma vida de trabalho e sacrifício, como acontece com a maioria das pessoas de bem.

Maria Cecília, não conseguindo se controlar, quase gritou:

— Soubemos que você encontrou sua família. Deve ser composta de negros como você!

— Sim, são negros, e eu amos todos eles e sou amado também. Agora, chega de conversa. Vamos embora!

Ao verem que Domingos não ia mudar de ideia, para minha surpresa, jogaram-se aos pés dele e, enquanto Maria Rita chorava, Maria Cecília implorava:

— Por favor, Domingos, nos perdoe! Quando fizemos aquilo com você, éramos jovens, não sabíamos o que estávamos fazendo, não nos odeie... perdão, perdão...

Domingos olhou para mim que, abismada, olhava aquela cena. Ele se afastou e, ainda com uma voz firme que eu não conhecia, disse:

— Levantem-se. Eu não odeio vocês, mas não sou obrigado a conviver com as pessoas que pensaram em me fazer tanto mal. Porém, não conseguiram, porque Deus, que sempre esteve ao meu lado, colocou, no meu caminho, pessoas maravilhosas para me ajudar. Estou dando um recomeço, um lugar para que possam morar. Agora, cabe a cada uma de vocês seguir em frente, tirando algum ensinamento de tudo isso. Vamos embora!

Dizendo isso, fez com que as duas se levantassem e, pegando as malas que estavam junto à porta do quarto, começou a andar em direção à rua. Eu fiquei ali, atônita, olhando que eles saíssem do cortiço. Eu estava assim, parada, quando ouvi o choro de Odila. Entrei no quarto e as crianças estavam acordadas. Dei leite para os três, coloquei os meninos no quintal para que brincassem, peguei Odila, coloquei-a na caixa e a levei para junto do tanque, onde eu precisava lavar roupa. Com as reformas que Giuseppe e Domingos fizeram no cortiço, havia um banheiro para cada casa. Eles também colocaram o tanque junto à cozinha. Assim, eu não preciso mais ir até os fundos do quintal e posso, enquanto lavo roupa, ficar de olho nas crianças. Estava lavando roupa, quando vi Domingos. Ele caminhava com os passos lentos, parecia estar cansado. Aproximou-se, perguntando:

— O que a senhora achou de tudo o que aconteceu?

Fiquei sem saber o que responder, pois não queria magoá-lo. Ele, vendo que eu não respondia, disse:

— A senhora acha que fiz bem?

— Nunca poderia imaginar que algo assim poderia acontecer, senhor Domingos.

— Nem eu, dona Beatrice.

— Como as encontrou?

— Eu estava me preparando para sair da estação, quando vi duas mulheres sentadas em um dos bancos. Percebi, pelo estado de suas roupas, que estavam com problemas. Resolvi me aproximar para ver se poderia ajudar. Quando me aproximei e vi aquelas duas na minha frente, meu corpo estremeceu. Quase desmaiei. Por muito tempo, pensei nesse encontro e em como poderia me vingar, mas, quando o meu desejo foi realizado, fiquei sem saber o que falar ou fazer. Eu não acreditava que eram elas que estavam naquela situação deprimente. Elas, que sempre foram tão altivas, orgulhosas e más, estavam ali em uma situação deplorável. Tentei me afastar, mas Maria Cecília, ao me ver, levantou-se e, segurando o meu braço, quase gritou:

— Domingos, é você mesmo?

— Sou eu, Maria Cecília. O que aconteceu para estarem aqui e nessa situação?

— Ela começou a chorar e foi acompanhada por Maria Rita, que chorava copiosamente.

— Nós nos casamos com dois rapazes maravilhosos. São irmãos, achamos que seríamos felizes para sempre, mas isso não aconteceu. Eles perderam, no jogo de baralho, todo o nosso dinheiro. Faz três dias que fomos despejadas da nossa casa. Pudemos pegar apenas algumas roupas que colocamos nessas malas. Temos comido restos de comida do lixo de um restaurante. Estamos perdidas, Domingos! Não temos onde dormir nem o que comer. Estamos, há três dias, sem destino. Hoje, depois de caminharmos a noite toda, resolvemos vir até aqui para podermos nos sentar e descansar um pouco. Foi a melhor ideia que pudemos ter, pois, só assim, conseguimos encontrar você, meu irmão. Você precisa nos ajudar, Domingos...

— Incrédulo, ouvi tudo o que ela disse e pensei:

— Isso não pode estar acontecendo, devo estar sonhando. Como Deus é justo...

— Elas continuaram falando, contando em detalhes como haviam sido enganadas pelos dois irmãos. Enquanto elas falavam, eu tentei olhar para elas como se fossem mais algumas das pessoas que tantas vezes encontrei na estação, lugar em que um dia fui encontrado e ajudado. Fiquei pensando no que podia fazer para ajudar aquelas duas pessoas tão ruins, mas que agora estavam ali, amargando os seus erros. Resolvi que eu devia perdoar, mas não quero conviver com elas. Por isso eu as trouxe para cá. Sabia que um meu amigo poderia alugar um quarto no cortiço onde mora e que outro poderia arrumar emprego no hotel. Foi o que fiz. Aluguei o quarto e arrumei o emprego. Daqui para frente, elas que vivam a vida como quiserem. Só não quero que elas vivam ao lado da minha família, que são pessoas de bem. Não sei se fiz o certo ou o errado, mas estou bem com a decisão que tomei. Não preciso me vingar mais delas. Deus ou a própria vida se encarregou disso.

— Acho que fez bem, senhor Domingos. A raiva e o ódio só atrapalham a nossa vida. O senhor vai procurar saber como elas estão?

— Não, não pretendo fazer isso. Tudo o que tinha de fazer, já fiz. Agora, sinto que posso continuar a minha vida ao lado das pessoas que amo e com quem pretendo ser feliz. Antes que eu dissesse qualquer coisa, Odila começou a chorar. Eu fui atendê-la e Domingos entrou em seu quarto. O dia havia sido de muita emoção e ele precisava dormir.

Odila parou de ler e olhou para eles, que continuavam atentos. Perguntou:

— O que acharam da atitude de Domingos?

— Quanto mais eu ouço a senhora falar dele, mais o admiro.

— Pois eu acho que ele não devia ter ajudado aquelas duas!

— Por que, Olavo?

— Elas foram más, jogaram um menino no meio da rua sem se preocuparem com o que aconteceria com ele. Perderam tudo, bem feito! Ele deveria era, sim, morrer de rir e ter deixado que elas procurassem o caminho que deveriam seguir, na miséria e passando fome, como fizeram com ele!

— Pois eu acho que ele fez muito bem, meu filho. Ele, ao perdoar as irmãs, tirou de cima de seus ombros o ódio, que sempre faz muito mal. Como disse seu primo, eu o admiro muito. Ele foi um homem de bem.

— Admira? Homem de bem? Ele foi um traidor, mamãe! Enganou e traiu seu melhor amigo! Homem de bem foi Giuseppe, porque, mesmo sabendo que Genaro não era seu filho, sempre o tratou muito bem! Ele, sim, foi um homem de bem!

— Como pode falar isso, Olavo? Giuseppe maltratava e humilhava a mulher física e moralmente!

— Era o que ela merecia por haver traído o marido!

— Você está se esquecendo de que ele, mesmo antes da traição, já a maltratava? Não estou defendendo Beatrice, mas foi o que a levou à traição. Se ele tivesse sido o homem que era quando se casaram, garanto que a traição não teria acontecido.

— Para mim, mamãe, traição não tem perdão!

— É muito ruim que pense assim, pois a mágoa e o ódio só trazem sofrimento.

Carlos ouvia-os discutindo, mas permaneceu em silêncio. Sabia o que se escondia por trás das palavras de Olavo, pois ele, assim como Giuseppe fazia com Beatrice, também maltratava Helena.

— Está bem, meu filho. Vamos parar com essa conversa. Com o tempo, você vai entender que o ódio e a mágoa só podem trazer sofrimento. Vamos dar uma paradinha? Preciso tomar um café. Vocês querem também?

Com a cabeça, disseram que sim.

Odila fechou o caderno.

As entidades, que a tudo acompanhavam, sorriram.

A surpresa

Terminaram de tomar o café e Odila voltou a abrir o caderno:

— Beatrice deixou de escrever coisas importantes por muito tempo. Só foi anotando a felicidade que sentia nos dias dos nossos aniversários, nosso primeiro dia de aula e como estava feliz por nós três falarmos perfeitamente italiano e português. Só voltou a escrever algo sério seis anos depois. Aqui falou da reforma da casa.

A empresa está muito bem. Giuseppe continua o mesmo, deixa-me sozinha, volta com manchas de batom e continua bebendo. Continua me violentando. Não há um centímetro de minhas costas que não tenha uma marca, mas eu não tenho o que fazer. Dou todo o meu amor para as crianças. Domingos deixou de trabalhar na estação e está se dedicando apenas à empresa. O cortiço foi reformado novamente. Agora, foram construídas duas casas grandes, com todo o conforto, uma para mim com Giuseppe e Genaro; outra para dona Justina, Domingos, Lindinha e as crianças. O senhor Sebastião morreu há algum tempo. Ele ficou muito doente por causa da grande quantidade de bebida que tomou durante toda sua vida. Dona Justina deixou de trabalhar e, apesar de tudo o que ele havia feito com ela, cuidou dele com todo o carinho. Agora, estamos vivendo bem melhor do que quando chegamos. Eu vou levando minha vida, tentando ter alguns minutos de felicidade com as crianças. Queria ter coragem de abandonar Giuseppe, mas sempre penso no que seria de mim sem ele para me dar tudo o que eu e Genaro precisamos.

— Ela deixou de escrever por mais alguns dias e voltou só dez dias depois.

Hoje estou muito triste. Meu coração está apertado e por mais que eu tente evitar para que as crianças não percebam que estou sofrendo, as lágrimas insistem em cair. Lindinha, durante todo esse tempo, nunca deixou de trabalhar e eu, de cuidar das crianças. Há três dias, pela manhã, quando saiu para o trabalho, como sempre faz, beijou as crianças e a mim, dizendo:

— Obrigada, dona Beatrice, pelo carinho com que cuida das minhas crianças. Vou trabalhar tranquila, pois sei que elas, com a senhora, estão melhor do que comigo. A senhora é a verdadeira mãe delas.

— Não fale assim, Lindinha. Você trabalha para dar o melhor para elas.

— Sei disso e a senhora sempre deixou isso bem claro para elas, dizendo que eu era mãe, mas, se alguma coisa me acontecer, promete que vai cuidar delas como se fossem suas?

— Que bobagem é essa, Lindinha? É jovem e nada vai acontecer com você.

— Não sei, dona Beatrice, mas estou com um pressentimento muito ruim.

— Pressentimento coisa nenhuma! Pare de falar besteiras e vá trabalhar. À noite, quando chegar, todos estaremos esperando por você!

— Eu vou, mas não se esqueça de cuidar bem das minhas crianças. Elas são tudo para mim. Se não fosse por elas, eu não teria aguentado tudo o que passei e a saudade que sinto de Jacinto.

Ela beijou as crianças e foi embora. Depois de algum tempo, coloquei o uniforme da escola em Jacinto e em Genaro e, pegando Odila pela mão, fui levar os dois para a escola. Odila é muito pequena, ainda não vai à escola. Depois de deixar os meninos na escola, eu e Odila voltamos para casa. Ela está linda. Não lembra nem de longe a bebezinha que eu vi pela primeira vez. Assim que chegamos, enquanto ela brincava com uma boneca de pano que dona Justina fez, *fui cuidar dos meus afazeres e do almoço. Estava distraída junto ao fogão que, agora, é novo e não solta mais fumaça como fazia antes, quando vi Giuseppe chegando. Estranhei, pois ele saía todos os dias bem cedo e só chegava à tardinha, tomava um banho, trocava de roupa, saía e só voltava lá pela meia-noite. Por isso, admirei-me de ele estar em casa àquela hora. Perguntei:*

— O que aconteceu, Giuseppe, para você estar em casa a esta hora?
— Sente-se, Beatrice.
— Sentar-me, por quê?
— Aconteceu uma coisa que sei que vai deixar você muito triste...
— O que foi, Giuseppe? Fala logo, está me deixando assustada!
— Lindinha foi atropelada por uma carroça e não sobreviveu.
— O que está dizendo, Giuseppe?
— Isso que você ouviu, Beatrice. Ela está morta.
— Como morta? Você disse que foi atropelada por uma carroça, como uma coisa como essa pôde acontecer?
— Disseram que ela estava atravessando a rua para entrar no hotel e que uma carroça estava se aproximando. Aconteceu alguma coisa que assustou o cavalo e ele começou a pular de um lado para outro. O cocheiro perdeu o controle, a carroça virou e caiu sobre Lindinha.
— Meu Deus do céu! Ela não viu que a carroça estava se aproximando?
— Dona Isabel, a mulher do Miguel, que é amigo do Domingos e que também trabalha no hotel, disse que estava em frente à porta do hotel e viu como tudo aconteceu. Disse que a carroça estava distante e que dava para Lindinha atravessar, mas, quando o cavalo se assustou, fez com que a carroça andasse mais rápido até virar. Foi ela quem foi até a loja nos avisar.

Fiquei sem saber o que fazer ou falar, somente chorei. Depois de alguns segundos, perguntei:

— Dona Justina já sabe?
— Depois de irmos até a delegacia para saber o que havia acontecido, Domingos foi até o trabalho dela para contar. Agora, ela já deve estar sabendo.
— Meu, Deus. Ela deve estar desesperada.
— Imagino que sim. Já devem estar chegando.

Eu estava inconformada. Não conseguia entender como uma coisa igual aquela havia acontecido. Lindinha era tão jovem e já havia sofrido tanto. Agora que estava feliz, refazendo sua vida, morreu sem explicação alguma. Eu não conseguia parar de chorar e imaginava como dona Justina devia estar desesperada. Olhei para o relógio que estava pendurado à parede e vi que estava na hora de ir pegar os meninos na escola.

— *Giuseppe, está na hora de pegar os meninos na escola. Você poderia fazer isso? Estou muito nervosa.*

Ele, que por um momento voltou a ser o homem que eu havia conhecido quando nos casamos, me abraçou, beijou minha testa e respondeu:

— *Vou, sim. Fique aqui esperando dona Justina chegar. Ela vai precisar de muita ajuda.*

— *Vou ficar e tentar consolá-la.*

Giuseppe saiu e eu fiquei ali, chorando e me lembrando da conversa que havia tido, pela manhã, com Lindinha e de como ela havia previsto sua morte. Estava assim, quando vi dona Justina que entrava no quintal, acompanhada por Domingos. Corri para eles e, chorando, me abracei a ela:

— *Dona Justina, que desgraça... como isso pôde acontecer... ela era tão jovem e estava feliz com a vida.*

Para minha surpresa, ela também, abraçando-me, disse:

— *Vai saber, menina. Oxalá é o único que sabe. Acho que ele quis que a minha menina ficasse junto dele lá no céu. Acho que ele devia ter me levado e deixado a minha menina para terminar de criar seus filhos. Eu já estou velha e cansada. Acho que ele não precisa de mim, mas precisa dela. Meu único desejo é que ela esteja bem, junto a Oxalá, os anjos do céu e ao lado de Oxum, em quem ela acreditava muito. Conheço muito bem a minha Lindinha, por isso sei que ela está lá, sim. Para de chorar, menina. Ela precisa saber que a gente está bem e que as suas crianças também vão ficar bem. A minha única preocupação é que estou velha e que, logo mais, vou morrer e elas vão ficar sozinhas.*

— *Pelo amor de Deus, dona Justina, não fale isso! A senhora ainda vai viver muito, vai ver as crianças crescerem! Vou contar a conversa que tive, hoje pela manhã, com Lindinha. Parece que ela sabia que ia morrer.*

Contei toda a conversa. Quando terminei, ela, sorrindo, disse:

— Ela não sabia, mas sentia, menina. Oxalá, nosso deus, está no comando de tudo e achou que estava na hora de levar a minha Lindinha para que ela, assim como uma estrela, pudesse brilhar lá no céu.

Ao ouvir aquilo, fiquei parada e pensando: como uma pessoa, que eu julguei que ia chorar, gritar e se desesperar, podia estar ali, com toda calma, falando coisas tão lindas? Definitivamente, eu não entendo nada da vida e dessa religião. Ela olhou para mim e para Domingos. Sorriu:

— Agora vocês vão me dar licença, preciso ficar sozinha para poder rezar.

Dizendo isso, afastou-se. Eu olhei para Domingos e perguntei:

— Como ela pode reagir assim, senhor Domingos?

— Não sei, dona Beatrice. Também estranhei a reação dela, quando contei o que havia acontecido. Ela somente levantou os braços para o alto e falou:

— Faça boa viagem, minha filha. Oxalá acompanhe você.

— Essa crença deve ter surgido na África e foi trazida de geração a geração até hoje.

— Deve ser isso, senhor Domingos. Deve ser isso...

Também acredito que seja. Agora, vou até a delegacia para ver como está a papelada. Precisamos enterrar a nossa Lindinha.

— Vá. Eu, por minha vez, vou cumprir a promessa que fiz. Vou criar essas crianças como se fossem minhas e sempre contar para elas a grande mulher que a mãe foi.

— Estou tranquilo, sei que a senhora vai fazer isso.

— Ela cumpriu a promessa, não foi, mamãe?

Odila, com os olhos cheios de lágrimas, respondeu.

— Cumpriu, sim, meu filho. Criou-nos com muito carinho. Esteve sempre presente em todos os momentos da nossa vida. Ensinou-nos a falar, a ler e a escrever em italiano. Nunca, nunca mesmo, deixou que nós sequer desconfiássemos das atrocidades que Giuseppe fazia com ela. Foi uma grande mulher e mãe. Se houver mesmo uma nova encarnação, ela vai ser muito feliz e vai ter, ao seu lado, um homem que a ame e a faça feliz.

Carlos olhou para Olavo, que estava com a cabeça abaixada. Falou:

— A senhora tem razão, tia. Se essa encarnação existir mesmo, ela vai ser feliz.

— Eu me lembro desse dia. Beatrice foi para a cozinha e preparou o almoço. Quando os meninos chegaram com Giuseppe, almoçamos e, como fazíamos todos os dias, fomos brincar. À tarde, a vó Justina veio com um bolo de chocolate, que ela sabia que nós gostávamos. Colocou sobre a mesa e, após nos sentarmos, ela deu um pedaço para cada um. Beatrice também se sentou e comeu do bolo. Quando terminamos, a vó disse:

— *Um dia, Deus chamou a mãe de vocês e falou: "Você precisa nascer lá na Terra, para deixar nascer duas crianças que eu amo muito". Ela ficou contente, nasceu e deixou que vocês nascessem. Hoje, Deus chamou ela de novo e falou: "Lindinha, agora preciso que você volte para me ajudar aqui no céu". Ela ficou um pouco triste por ter de deixar vocês aqui, mas sabendo que eu, a dona Beatrice e o Domingos vamos cuidar de vocês, ela atendeu ao chamado de Deus e voltou para o céu. Deus ficou contente e, para que ela pudesse ver vocês todas as noites, fez com que ela se transformasse em uma estrela. Então, todas as noites, quando vocês sentirem saudade, vão lá para fora, olhem para o céu e vão ver uma estrela que vai piscar. É a mãe de vocês que está olhando para baixo, sorrindo.*

— Nós olhamos para ela e para Beatrice, não entendemos muito bem o que ela quis dizer, mas ficamos felizes por saber que nossa mãe tinha virado uma estrela e, à noite, nós três fomos para fora para poder olhar para o céu e ver a nossa mãe. E não é que uma estrela piscou mesmo? Durante muito tempo, fizemos isso, até que deixamos de fazer, talvez por termos crescido e entendido o que havia acontecido realmente. Mesmo assim, de vez em quando, eu ainda olho para o céu e vejo a estrela piscando. No dia seguinte, como acontecia todos os dias, Beatrice levou os meninos para a escola. Fui junto, só que naquele dia foi diferente. Quando chegamos, ela conversou alguma coisa com a professora. Depois as duas vieram para onde eu estava e a professora falou:

— Hoje você vai ficar aqui na escola, Odila. Está quase na hora de você começar a estudar, por isso vai ficar para ver se gosta.

Como eu tinha muita curiosidade em saber o que acontecia na escola, fiquei feliz. Beatrice me deu um beijo. A professora pegou na minha mão e entramos. Essa era Beatrice, sempre preocupada com os nossos sentimentos e com o nosso bem-estar. Bem, agora vamos continuar com a leitura?

Dona Justina conversou com as crianças de uma maneira linda, transformou Lindinha em uma estrela, disse que ela estaria todas as noites olhando para elas. Parece que as crianças estão bem. Depois de todos os papéis ficarem prontos, fomos enterrar Lindinha. Ela estava linda no caixão, nem parecia que estava morta. Quando chegamos diante da sepultura, dona Justina, com lágrimas nos olhos, disse:

— Não entendo por que Deus levou você, tão jovem, e não me levou, já que estou velha e cansada. Ele deve ter seus motivos e precisamos aceitar. Trouxemos você até aqui. Daqui para frente, vai ter de seguir sozinha. Vai com Deus, minha filha, e que Oxalá a acompanhe.

Todos os que estavam ali não conseguiram evitar as lágrimas. Dona Justina olhou para o céu e sorriu, parecendo ver Lindinha partir. Domingos ficou calado o tempo todo. Acho que estava relembrando o dia em que a encontrou na estação e, por isso, reencontrou sua família. Depois que o enterro terminou, Domingos levou dona Justina para casa.

Eu e Giuseppe fomos até a escola buscar as crianças. Elas saíram e, como sempre, estavam rindo, felizes. Não imaginavam o que havia acontecido. Eu, Domingos e dona Justina resolvemos que elas não deveriam ver Lindinha morta para que pudessem guardar na lembrança a imagem dela sempre linda, brincando e feliz. Desde o enterro, fiquei cuidando das crianças e sabendo que sempre as amaria como se fossem meus filhos. Só hoje tive vontade de escrever, para que, quando crescerem, possam lembrar com carinho da mãe.

Odila, com a voz embargada, disse:

— Nós só ficamos sabendo como nossa mãe havia morrido quando já tínhamos idade para entender. Beatrice nunca deixou de nos falar como ela era e tudo o que havia feito para nos salvar.

— Quanto mais a senhora lê, mais eu admiro essa mulher. Continue, tia. Esses cadernos são tão bons que poderiam se tornar um livro.
— Eu e Genaro já pensamos nisso. Vamos ver o que vai acontecer.
Ela voltou a escrever quatro meses depois.

Desde que Lindinha morreu, todos nós ficamos mais tristes. Mesmo assim, procuramos fazer com que as crianças não percebam. Não podemos reclamar de falta de dinheiro. A empresa está cada vez melhor. Já me acostumei com aos abusos de Giuseppe e à sua falta de amor e de respeito. Entendi que não tenho o que fazer. Aliás, sei qual seria o caminho, mas não tenho coragem de seguir por ele. Ontem, na hora do almoço, Domingos chegou. Estranhei, porque ele sempre sai pela manhã e só volta à noite:

— *O que aconteceu, senhor Domingos, para estar em casa a esta hora?*
— *Preciso falar com a senhora e com minha avó. Tenho um pedido a fazer.*
— *Pedido? Que pedido?*
— *Vamos falar com vovó e ficará sabendo.*

Fomos até a casa de dona Justina. Faz algum tempo que Domingos a convenceu que devia parar de trabalhar e ela parou. Ela, agora, só se dedica à arrumação da casa e a me ajudar a cuidar das crianças. Entramos. Ela estava sentada, fazendo crochê. Ao ver Domingos, também estranhou, diria até que se assustou. Olhou para mim, depois para ele e perguntou:

— *O que aconteceu, meu filho?*
— *Nada, vovó. Por que estão estranhando tanto?*
— *Além de achar estranho, estou preocupada.*
— *Eu também...*

Ele olhou para nós duas e disse:

— *Não precisam ficar preocupadas. Estou muito feliz!*
— *O que aconteceu, meu filho, para que você ficasse tão feliz?*
— *Já faz algum tempo que conheci uma moça. Ela é linda e mulata como eu. Começamos a namorar e, como sempre falo da minha família, ela quer conhecer todos. Por isso, convidei-a para que viesse jantar conosco hoje à noite e ela aceitou. Quero que a conheçam e, depois, me digam o que acharam dela. O meu pedido é que façam um jantar especial, delicioso, como sabem fazer. Quero que ela sinta como a minha família é maravilhosa.*

Eu, ao ouvir aquilo, estremeci. Tive Domingos tanto tempo do meu lado e senti que, com a chegada dessa moça, tudo o que sempre tivemos ia terminar. Dona Justina, ao contrário, ficou feliz:

— Até que enfim, meu filho! Você é um menino muito bom, precisa ter uma mulher ao seu lado, ter a sua própria família! Pode trazer a moça que eu e a Beatrice vamos fazer um jantar muito bom, não é, menina?

Eu fiz uma força incrível para responder:

— Vamos, sim, dona Justina.

— Está vendo, meu filho? Eu e a menina vamos fazer um jantar de que você nunca mais vai se esquecer. Mas, quem é essa moça?

— O nome dela é Conceição. O pai dela é português e a mãe, uma mulata. Ela é linda e estou gostando muito de ficar ao seu lado.

— Estou feliz, meu filho. Você merece toda a felicidade deste mundo. Vai almoçar?

— Não, vovó, vou almoçar com ela.

— Vai meu, filho, vai. Quando chegar, à noite, o jantar vai estar preparado.

Ele saiu e dona Justina ficou falando na moça, curiosa e ao mesmo tempo feliz por Domingos ter encontrado alguém de quem gostasse. Embora eu e Domingos nunca mais tenhamos tido algo, sempre nos tratamos com respeito e amizade. Eu estava me sentindo muito mal. Não consigo entender o porquê daquela minha reação. Meu único pensamento era de que a moça deveria ser muito chata e ruim. Durante toda a tarde, eu e dona Justina ficamos preparando o jantar. Quando estava chegando a hora de Domingos chegar, enquanto ela terminava de preparar a comida, eu arrumei a mesa. Agora, depois da reforma, tanto na casa dela como na minha havia uma sala de jantar com uma mesa no meio. Arrumei tudo da melhor forma possível, mas não conseguia controlar a minha curiosidade em conhecer a tal moça. Na hora de sempre, eles chegaram e, quando vi a moça, fiquei com muita raiva, pois ela, realmente, é linda! Depois das apresentações, tentei não participar do jantar:

— Desculpem, mas não posso ficar para o jantar. Preciso alimentar as crianças.

Domingos, desolado, falou:

— Não faça isso, dona Beatrice, as crianças já estão grandes e não vejo problema algum em que jantem conosco.

Olhei para as crianças e as três balançaram a cabeça, dizendo que sim. Mesmo a contragosto, não tive como evitar. Mostrei o lugar em que deviam se sentar e fui ajudar dona Justina a trazer a comida para a mesa. Meu único desejo era que ela fizesse alguma coisa que deixasse dona Justina triste ou então algo que magoasse as crianças, mas isso não aconteceu. Ela riu, brincou com as crianças e foi muito agradável comigo e com dona Justina. Olhei para Domingos e vi que ele estava encantado. Assim que terminamos de comer, fiz com que Genaro se levantasse, dizendo:

— Vamos, Genaro, está na hora de você dormir.

Ele, protestando, levantou-se. Segurei a mão dele e disse:

— Desculpem, mas está na hora de Genaro dormir.

Olhei para Conceição e, mentindo, falei:

— Fiquei muito feliz em conhecer você.

Ela sorriu com aqueles dentes lindos:

— Obrigada, também fiquei feliz em conhecer vocês. Domingos não para de falar em todos. Ele gosta muito de vocês.

Saí de lá o mais rápido que pude. No quarto, coloquei Genaro para dormir e fui para o meu quarto. Deitei sobre a cama e chorei por muito tempo. Senti sede e fui para a cozinha, quando Giuseppe chegou. Olhou para mim e viu que meus olhos estavam vermelhos.

— Por que você está chorando, Beatrice?

— Estou com dor de cabeça.

— Dor de cabeça? Nunca vi você com dor de cabeça.

— Querendo acabar com aquela conversa, peguei água e estava voltando para o quarto, quando ele gritou:

— Eu sei por que você está chorando. É por causa dele, não é?

— Não sei sobre o que você está falando.

Ele, com violência, pegou o meu braço e, fazendo com que meus olhos encontrassem com os dele, falou sem gritar, mas com muita raiva:

— Está chorando porque Domingos encontrou uma moça e vai se casar, não é?

— Você está louco!

— Louco! Louco, não! Idiota! É isso que você sempre achou de mim! Acredita mesmo que eu não sei o que há entre vocês dois? Acredita que eu não sei que Genaro é filho dele? Só se eu fosse realmente idiota, mas eu não sou! Você, com essa cara de santa, não passa de uma traidora.

Começou a me bater sem parar. Depois, me jogou no chão e começou a me chutar com muita violência, falando baixo:

— Não solte um pio, pois se o seu filho acordar, vai apanhar também! Estou cansado de você e dele!

Eu fiquei ali, chorando, mas sem gritar e sem conseguir me defender. Depois de muito me bater, ele saiu e só voltou três horas depois. Depois que ele saiu, com muita dificuldade, consegui me levantar e fui até o quarto de Genaro. Ele estava dormindo profundamente. Agradeci a Deus e fui para o meu quarto. Deitei-me e, embora quisesse, não consegui parar de chorar.

— Ela mereceu! É mesmo uma traidora!

— O quer é isso, Olavo? Como pode pensar assim! Nada justifica uma violência igual a essa!

Olavo percebeu que havia se deixado levar pela emoção e tentou consertar:

— Ela foi mesmo uma traidora, mamãe. Giuseppe teve razão de ficar furioso, ainda mais por ver como ela estava pelo casamento de Domingos! O que a senhora queria que ele fizesse?

— Não posso negar que ela o traiu e que ele precisava tomar uma decisão, mas nunca a de espancar! Ele poderia tê-la abandonado e deixado que ela continuasse sua vida e arcasse com o que havia feito. Poderia ter deixado que ela seguisse com a sua consciência.

— Não sei se isso seria suficiente. Talvez ele não devesse ter batido, mas também não acho que deveria tê-la deixado sozinha para que pudesse ficar com o outro.

Carlos, que tudo ouvia e sabia o motivo de Olavo estar daquela maneira, disse:

— Penso como a senhora, titia. Nenhum homem tem o direito de exercer a força contra a mulher que, comprovadamente, é mais fraca.

— Está certo, Carlos, mas, embora ache que o homem não tem o direito, por motivo algum, de espancar uma mulher, ela também não pode se deixar espancar sem reagir. Não digo que deva bater também, pois isso seria quase impossível pela condição física, mas ela pode e precisa tomar a atitude de abandonar esse homem violento. A mulher precisa reconhecer o seu lugar dentro do lar, não como se fosse uma escrava, mas, sim, o esteio da família.

— É verdade, tia. A senhora tem razão.

Olavo ouviu o que eles falaram e permaneceu calado.

Odila voltou os olhos para o caderno e continuou lendo:

Hoje, estou com o corpo todo doendo. Levei os meninos para a escola e Odila está brincando no quintal com sua boneca. Estou cansada desta vida de violência, mas, por mais que pense, não encontro um meio de me livrar de tudo isso. Penso em abandonar Giuseppe, mas como fazer isso? Tenho meu filho e, mesmo sabendo que não é dele, Giuseppe, embora não seja carinhoso nem comigo nem com Genaro, não nos deixa faltar nada. Definitivamente, sou uma covarde e vou ter que seguir ao lado dele até o fim da minha vida.

— Aqui, ela parou de escrever novamente. Bem, agora vamos dar uma paradinha e vamos tomar um café ou um refresco?

— Boa ideia, titia. Estou com sede.

— Eu também, mamãe.

Fim da história

Depois de tomarem o refresco, Odila voltou para o caderno:

— Beatrice voltou a escrever seis meses depois.

Minha vida continua como sempre. Minha única razão para viver são as crianças, elas preenchem todas as minhas horas e minha vida. Giuseppe continua da mesma maneira, chegando tarde, cheirando a bebida e a perfume de mulher. Continua encontrando qualquer motivo para me bater. Agora, não é mais só nas minhas costas, mas em todo o meu corpo. Ainda bem que tenho dona Justina para me consolar e para cuidar das minhas feridas. Sem ela, não sei o que seria da minha vida. Eu, como não tenho coragem para tomar uma decisão, continuo ao lado dele.

Conceição continua vindo aqui em casa. Eu me esforço para não deixar transparecer o que estou sentindo. Por mais que eu queira encontrar um motivo qualquer para achar que ela não devia ficar com Domingos, não consigo. Ela é uma pessoa maravilhosa, não só comigo e dona Justina, mas muito mais com as crianças, que a adoram. Domingos comunicou que vai começar a construir uma casa para que possam morar, assim que se casarem. Ao ouvir o que ele disse, meu coração se apertou ainda mais. Definitivamente, eles vão se casar e eu vou perder o único homem que sempre me protegeu. Eu, por minha vez, vou tentar ser amiga de Conceição e vou dar todo apoio para que sejam felizes.

Odila levantou os olhos do caderno:

— Ela só voltou a escrever seis meses depois.

Vou aproveitar que Genaro está dormindo e que Giuseppe ainda não chegou para escrever algo maravilhoso que aconteceu hoje. Está tudo pronto para o casamento. A casa ficou pronta e está linda. Eu queria odiar Conceição, mas não foi possível. Ela é uma moça maravilhosa. Convidou a mim e dona Justina para que fôssemos com ela comprar os móveis e tudo o que vai precisar para a casa. Ela disse que sua mãe está doente e não pode acompanhá-la. Eu aceitei, embora a cada coisa que ela comprava, mais o meu coração doía. Ela está muito feliz. O casamento vai ser amanhã. Eu e Giuseppe vamos ser os padrinhos. O dia passou normalmente com todos nós preparando tudo para a festa, que vai ser no nosso quintal. Giuseppe, Domingos e alguns amigos colocavam uma lona para proteger as mesas se, por acaso chovesse. Dona Justina fazia o bolo e os doces. Eu cuidava dos salgados e das carnes que seriam servidas. Domingos e Conceição não convidaram muitos amigos.

No meio da tarde, quando paramos para tomar café e comer um lanche, para nossa surpresa e muito mais de Domingos, Maria Rita, uma das irmãs dele, chegou. Desde aquele dia em que ele as trouxe e depois as levou embora, poucas vezes elas vieram até o cortiço. Quando faziam, sempre pediam para que ele deixasse que elas morassem aqui, mas ele nunca deixou. Dava algum dinheiro e as levava de volta. Elas continuavam trabalhando no hotel e morando no mesmo quarto. Domingos ainda pagava o aluguel, mas ele se recusava a tê-las por perto. Assim que elas viram que alguma festa estava para acontecer, correram e se abraçaram a Domingos.

— *Domingos! Vai ter uma festa aqui?*

Ele se desvencilhou delas e respondeu:

— *Vai sim, Maria Rita, vou me casar amanhã.*

— *Vai se casar com quem?*

— *Ela não está aqui, mas o que você faz aqui?*

— *Vim visitar você e estou constrangida.*

— *Constrangida, por que, Maria Rita?*

— Como você pode se casar sem nos convidar? Somos suas irmãs!

— Agora, diz que são minhas irmãs, porque precisam da minha ajuda, mas, quando eram ricas e poderosas chamavam-me de negrinho e colocaram-me para fora, roubando, assim, tudo a que eu tinha direito. Por favor, pode ir embora, nada mais temos o que conversar.

— Você não pode fazer isso, Domingos.

— Não posso, por quê?

— Quando precisamos, você nos ajudou, nos deu um teto e nos arrumou um emprego, humilhante, quero destacar, mas, mesmo assim, moramos, por todo esse tempo, naquele quartinho infecto e trabalhamos em serviços humilhantes para a nossa anterior condição. Reconhecemos que erramos e aprendemos com a lição que você nos deu, mas agora é diferente. Maria Cecília está muito doente do pulmão e não pode mais trabalhar. O médico disse que ela precisa ficar em um lugar arejado, sob pena de sua situação de saúde piorar e não conseguir se curar nunca mais. Por isso, estou aqui, para pedir, mais uma vez, que nos ajude. Ela está doente e preciso cuidar dela, portanto também não posso mais trabalhar.

Abismado, Domingos olhou para nós, que conhecíamos toda a história. Ia dizer alguma coisa, quando Maria Rita se ajoelhou, agarrou suas pernas e falou, chorando:

— Por favor, Domingos, sei que não merecemos, mas nos ajude...

Constrangido, Domingos fez com que ela se levantasse, dizendo:

— Levante-se, Maria Rita. Vou ajudar. Só que não vai ser hoje. Estou pensando somente no meu casamento. Na segunda-feira, vou até onde moram e vamos encontrar uma solução. Por favor, agora vá embora e me espere.

Ele a ajudou a se levantar. Ela pegou sua mão e beijou. Domingos se afastou e, apontando para fora do cortiço, disse:

— Agora vá, Maria Rita. Precisamos continuar com os preparativos para o casamento.

Ela, com a cabeça abaixada, saiu caminhando devagar.

Domingos voltou a olhar para todos nós, respirou fundo e disse:

— Agora, vamos continuar. Temos muito a fazer.

Continuamos com nosso trabalho. Quando tudo estava pronto, Giuseppe olhou no relógio e, olhando para mim, disse:

— Preciso sair, tenho um compromisso. Não me espere porque vou chegar tarde.

Embora estivesse envergonhada, fiquei calada. Ele tomou banho, perfumou-se e saiu. Como já estava acostumada com essa atitude, fui para a cozinha e ia preparar o jantar para mim e Genaro, quando dona Justina disse:

— Não precisa preparar comida, menina. Sobrou muita da hora do almoço, você e Genaro podem comer comigo, com Domingos e com as crianças.

— Está bem, dona Justina, mas preciso lavar e arrumar a cozinha. A senhora pode dar comida para Genaro?

— Claro que dou. Pode ir cuidar da sua cozinha. Domingos, você vem?

— Não, vovó, preciso conversar com dona Beatrice a respeito de algumas coisas sobre o casamento.

— Está bem. Vou cuidar das crianças.

Ela chamou as crianças e entrou em casa. Eu olhei para Domingos e, curiosa, perguntei:

— O que o senhor quer falar comigo, senhor Domingos? Parece que tudo está perfeito para o casamento.

— A senhora poderia me dar um pouco de café, para podermos tomar enquanto conversamos?

— Claro que sim. Vamos para a minha cozinha e vou coar um bem fresquinho.

Entramos na cozinha e Domingos se sentou em uma cadeira. Enquanto eu colocava para o meio do fogão a chaleira com água que estava sobre a chapa, Domingos falou:

— O que a senhora está achando do meu casamento, dona Beatrice?

Fiquei espantada com aquela pergunta. Queria dizer que estava triste, que não queria que ele se casasse, mas como estava virada para o fogão, me voltei para ele e menti:

— Acho que o senhor vai ser muito feliz. Conceição é uma moça maravilhosa.

— Está certa do que está dizendo?

— *Claro que sim, por que não estaria?*

— *Pois eu não. Não acredito que vou ser feliz.*

— *Como pode dizer uma coisa como essa, senhor Domingos? Está tudo pronto para o casamento!*

— *Sei que está tudo pronto e, agora, estou arrependido de deixar que as coisas tenham chegado até aqui. Não posso me casar, dona Beatrice...*

— *Por que não?*

— *Porque não a amo, portanto não vou ser feliz.*

— *Não estou entendendo. Se não a ama, como pôde chegar até aqui? Se não se casar, o que vai ser dela? O senhor já pensou nisso?*

— *Claro que pensei e tenho pensado há muito tempo. Tentei conversar com Conceição, mas ela, não sei se por desconfiar sobre o que eu ia falar, assim que eu começava a falar mudava de assunto e não permitia que eu continuasse.*

— *Por que está conversando sobre isso comigo, senhor Domingos?*

— *Porque a senhora pode me ajudar a tomar uma decisão.*

— *Eu? Como?*

— *A senhora foi a única mulher que amei e continuo amando. Embora, desde aquele dia, nunca mais tenhamos tido coisa alguma, eu, que já a amava desde o dia em que encontrei a senhora e Giuseppe na estação, respeitei o seu desejo. Durante todo esse tempo, muita coisa aconteceu. Nosso filho nasceu, a empresa cresceu e tenho muito dinheiro guardado. Quero fazer à senhora um último apelo.*

Eu estava tremendo muito, nervosa, sem saber o que fazer ou falar. Ele continuou:

— *Como disse, tenho muito dinheiro guardado, o suficiente para irmos embora para bem longe daqui e começarmos uma nova vida juntos. Se a senhora aceitar, minhas dúvidas terminam. Sei que poderemos ser felizes.*

Ao ouvir aquilo, fiquei apavorada, confusa e sem saber o que responder. Ele continuou:

— *Sei que a senhora também sempre gostou de mim. Podemos realizar nossos sonhos, dona Beatrice...*

— *Não posso, não posso! Não posso abandonar Giuseppe!*

— Como não, se ele, durante todo esse tempo, tem violentado e espancado a senhora? Chega de sofrer, a senhora pode e merece ser feliz. Garanto que, ao meu lado, isso vai acontecer. Podemos levar Genaro conosco, ele é meu filho e eu o amo...

Fiquei sem saber o que falar. Durante tanto tempo, eu sonhei em viver com ele, que é um bom homem, carinhoso e atencioso, tão diferente de Giuseppe, mas não consegui aceitar:

— Não posso, senhor Domingos. Se lhe fizer bem, vou dizer que também sempre gostei muito do senhor e que estou muito triste pelo seu casamento, mas não posso. Giuseppe é meu marido e eu jurei ficar com ele até o fim da minha vida e vou fazer isso.

— A senhora tem certeza disso? Quer continuar com essa vida de sofrimento ao lado de um homem que não a ama nem a respeita?

Chorando, respondi:

— Sim, tenho certeza e agradeço por tudo o que disse. Suas palavras me fizeram muito feliz. Desejo do fundo do meu coração que o senhor seja e faça Conceição muito feliz. Ela é uma boa moça e merece a felicidade que eu nunca tive, mas que o senhor tem condições de dar a ela. Agora, por favor, me deixe sozinha.

— Está certa disso? Quero dizer à senhora que, se eu sair daqui, sozinho, nunca mais vou tocar nesse assunto.

Eu queria me jogar em seus braços, mas não consegui e apenas disse:

— Saia, por favor, senhor Domingos.

Ele saiu e eu fiquei ali, chorando, sem conseguir parar. Aquilo que eu mais desejei aconteceu e eu não tive coragem para aceitar. Sempre que Giuseppe me espanca, tenho vontade de sumir, mas nunca consigo. Agora que tive uma chance, fui covarde e mereço continuar sendo espancada. Olhei para o fogão e a água estava fervendo. Coei o café, coloquei-o em uma caneca, sentei-me e, tentando controlar meu choro, tomei-o bem devagar.

— Desde o começo, percebi que esse homem foi um canalha!

— O que está dizendo, Olavo? Ele não foi um canalha.

— Como não, Carlos? Ele traiu o amigo e um dia antes de se casar faz uma proposta como essa e você diz que ele não foi um canalha?

— Claro que não! Ele fez uma última tentativa para ficar com a mulher que amava e que só sofria! Ele a amava, Olavo, será que você não entendeu isso?

— Entendi que ele, com esse pedido, traiu não só o amigo como, também, a mulher com a qual ia se casar e que o amava! Foi isso que entendi! Foi, sim, um canalha!

— Você acha que, por ele amar Beatrice, foi um canalha, mas não ouvi você dizer qualquer coisa parecida contra Giuseppe, que sempre a maltratou. Não estou entendo você, Olavo.

— São coisas diferentes, mamãe.

— Como diferentes? A única coisa diferente é que Domingos a amava e Giuseppe a espancava, essa era a diferença.

— Será que a senhora não entende que Giuseppe foi traído e criou Genaro como seu filho, mesmo sabendo que não era?

— Nisso você tem razão, mas, mesmo assim, não deixou de ser um canalha por espancar sua mulher.

— O que a senhora queria que ele fizesse, mamãe? Ele foi traído...

— Não se faça de desentendido, Olavo. Ele já a espancava antes disso e garanto a você que, se ele tivesse sido um bom marido, essa traição jamais teria acontecido. Ela aturou muito, se fosse eu, na primeira vez em que ele me espancasse, eu o teria abandonado.

— O que você acha, Carlos?

— Acho que os dois têm bons argumentos, mas, ainda assim, o da titia é melhor. Não consigo aceitar a ideia de um homem bater em uma mulher. Não encontro motivo algum para justificar isso. Acho que, se ele não está feliz com qualquer situação, deve abandoná-la para que os dois possam seguir com a sua vida.

— Isso mesmo, Carlos.

— Titia, a senhora disse que acredita na reencarnação. Será que as coisas se repetem?

— Por tudo o que estou aprendendo, repetem-se, sim. E vão continuar se repetindo até que o espírito aprenda a respeitar e exigir ser respeitado, pois, perante Deus, nenhum é melhor do que o outro.

— Interessante essa posição. O que acha, Olavo? Será que se repetem mesmo?

— Como vou saber, Carlos? Nem sei se acredito nisso. Para mim, parece mais uma loucura! Onde já se viu nascer e renascer? É algo inconcebível!

Odila, percebendo que Olavo estava alterado, interrompeu:

— Não entendo essa sua reação, Olavo, mas acho melhor continuar com a leitura.

— Também acho, mamãe. Precisamos voltar para casa.

— Você não disse que só ia amanhã?

— Disse, mas quero ir hoje. Estava curioso para saber da história, agora que já sei, estou satisfeito. Continue, por favor, mamãe.

— Está bem, vou continuar. Beatrice só voltou a escrever na noite do dia seguinte:

Giuseppe acabou de sair e, como sempre, bem vestido e perfumado. Genaro está dormindo, por isso, posso escrever. O casamento foi muito bonito. Conceição estava linda e Domingos também. Ele estava emocionado e na hora de dizer o sim, olhou para mim e eu, com os olhos molhados, apenas sorri. Naquele momento, senti que minha vida havia terminado. A festa foi muito boa. Domingos tem muitos amigos. Daqui para frente, vou ter de me acostumar a viver sozinha, pois, embora viva ao lado de Giuseppe, não sinto mais coisa alguma por ele. Domingos, durante todos esses anos, tem sido a minha companhia. Agora, vou tentar dormir e esperar que Giuseppe tenha uma ótima noite para, quando chegar, não descontar em mim. Não sei por que sou tão covarde e não luto pela minha felicidade. Também, acho que felicidade não existe. Acho que algumas pessoas nasceram só para sofrer.

— Como sofreu essa mulher!

— Ela desistiu da felicidade, tia. Por que será que preferiu ficar com um marido tão mau?

— Vai saber, Carlos. Até hoje, existem mulheres que têm medo de ficar sozinhas, sem marido. Naquele tempo, a mulher era criada para servir ao marido e aos filhos, mas agora as coisas estão mudando. A mulher está estudando e se preparando para ter o seu próprio dinheiro e, quando isso acontecer, só vai ficar com um homem se o amar e for amada por ele. A liberdade só vem depois de se conseguir a liberdade financeira. Sem ela, a mulher ou qualquer um fica na dependência, não tem jeito. Sempre foi assim e vai continuar a ser. Beatrice, talvez por ter passado por tudo isso, já me criou com esses valores, sempre me falando da importância de sermos livres para podermos decidir sobre a nossa vida.

— Até hoje ainda existem mulheres assim, tia. Conheço algumas que, mesmo sendo espancadas e torturadas, não têm coragem de se separar, de viver sozinhas.

— É verdade, Carlos, mas o novo milênio está chegando. Quando ele chegar, as filhas da minha geração serão as mães e saberão orientar suas filhas e seus filhos para que respeitem suas mulheres.

Carlos olhou para Olavo, que permaneceu calado. Depois, voltou os olhos para o caderno e continuou:

— Ela só voltou a escrever um ano depois.

Desde o casamento de Domingos, eu não tive coisa alguma para escrever. Como eu havia previsto, as nossas conversas nunca mais foram possíveis. Domingos trata Conceição com muito carinho e ela a ele. Hoje pela manhã, ele pediu que eu e dona Justina ficássemos com Conceição. Saiu apressado e voltou com a parteira. A parteira, eu e dona Justina ficamos ao lado de Conceição, ajudando-a para a hora do parto. Quase seis horas da tarde, uma menina nasceu. Domingos está feliz, dona Justina e Conceição também. Eu, embora preferisse que fosse minha filha, não posso ficar triste e desejo que ela tenha uma vida muito feliz. Os meninos cresceram, terminaram o primário e estão indo para a empresa. Eu não queria, pois acho que ainda são crianças e que precisavam brincar, mas tanto Giuseppe quanto Domingos acham importante que eles comecem desde já a conhecer o trabalho, porque eles terão de cuidar de tudo quando ambos não puderem mais. Embora saiba que eles têm razão, gostaria que os meninos pudessem viver como crianças, sem responsabilidade. Odila está linda! Ela é a minha companheira. Eu estou ensinando a ela tudo o que vai precisar saber para que, quando se casar, não fique perdida e possa cuidar da sua casa muito bem. Porém, também a estou ensinando que deve sempre tentar ser livre e nunca covarde como eu. Por isso, precisa estudar e se preparar para poder ter uma profissão. Ela diz que quer ser professora. Espero que seja. Ela fica brincando com as bonecas e repetindo as palavras para que elas aprendam a ler. Sempre que a vejo assim, fico orgulhosa da minha menina, pois, além de ser linda, é muito inteligente e vai ser uma ótima professora!

Olavo começou a rir:

— Do que está rindo, Olavo?

— A senhora está inventando essa parte, mamãe! Ela não escreveu isso!

Odila, parecendo ofendida, disse:

— Claro que ela escreveu, Olavo! Por que diz isso? Não me acha bonita? Não fui uma ótima professora?

— A senhora é linda, mamãe, e uma ótima professora. Só estranhei a senhora ler como se estivesse falando de outra pessoa!

Carlos apenas sorriu. Odila continuou:

— Deixe de debochar, Olavo, vou continuar a leitura. Está quase terminando e, também, na hora de tomarmos o lanche da tarde. Vamos esperar mais um pouco até que seu pai acorde. Ela só voltou a escrever alguns meses depois:

Estou vivendo os dias mais infelizes da minha vida. Tudo o que Giuseppe me fez sofrer e ainda me faz não se compara ao sofrimento que estou sentindo agora. Pela manhã, Domingos fez o que não fazia há muito tempo. Saiu da sua casa e veio até a minha. Bateu, de leve, à porta e, quando atendi, sorrindo, perguntou:

— *A senhora pode me oferecer um café, dona Beatrice?*

Fiquei sem saber o que fazer. Embora sobre um dos meus olhos houvesse uma mancha preta, eu já não escondia mais. Notei que ele viu, mas fez de conta que não estava vendo. Um pouco nervosa, respondi:

— *Entre, por favor, senhor Domingos...*

Ele entrou, sentou-se e disse:

— *Desculpe-me, mas hoje senti vontade de tomar seu café como fazíamos antigamente. A Conceição e a Dorinha estão dormindo. Resolvi não acordá-las*

e vir conversar um pouco com a senhora, tomar do seu café. Vi que Giuseppe saiu com Genaro.
— Sim, eles foram trabalhar.
— Também vou daqui a pouco, mas antes vou tomar o seu café.

Um pouco desajeitada, peguei uma panela com água e coloquei sobre a chapa do fogão para que fervesse. Ainda de costas, ouvi quando ele perguntou:
— Ele ainda continua maltratando a senhora, não é?
Voltei-me e respondi:
— Não tenho como negar, ele está cada vez mais violento, mas já me acostumei. Cheguei à conclusão de que nasci para sofrer e contra isso nada tenho a fazer.
— Nunca acreditei que precisamos sofrer, dona Beatrice. Acho que tudo depende de nossas escolhas. A senhora teve a chance de terminar com todo esse sofrimento, sabe bem disso.

Lembrei-me do dia em que ele me convidou para que fôssemos embora. Sorri:
— O senhor disse que nunca mais ia tocar nesse assunto.
— Disse e não pretendia. Estou feliz ao lado de Conceição. Ela é uma mulher admirável, vive para mim e para Dorinha, que eu amo muito, mas ela não é a senhora. Embora esteja tocando minha vida, fico infeliz ao constatar que a senhora ainda sofre dessa maneira. A senhora precisa reagir, dona Beatrice. Agora, sei que não posso mais ir embora com a senhora, mas ainda posso ajudar com dinheiro e encontrando um lugar onde possa ficar. Apesar de eu estar casado, não posso negar que a senhora foi a única mulher que amei e que continuo amando. Não sei o porquê de eu estar aqui falando essas coisas, mas senti que precisava dizer. Agora vou embora e nunca mais vou tocar nesse assunto. Não se esqueça de que, quando quiser tomar uma atitude, eu estarei aqui para ajudar a senhora no que for preciso.

Eu queria me jogar nos braços dele. Tentei falar alguma coisa, mas não consegui. Ele se levantou e a única coisa que consegui falar foi:
— O senhor não vai tomar café?
— Não, dona Beatrice. Obrigado, mas preciso ir embora. Não devia ter entrado aqui e muito menos falar o que falei. Estou sentindo algo estranho que

não sei o que é, mas nunca senti isso. Vou embora e, ainda que me arrependa de estar aqui, não me arrependo do que disse. A senhora foi a única mulher que eu amei e que continuarei a amar por toda minha vida. Se existir outra vida depois da morte, vou continuar amando a senhora.

Ele sorriu e saiu. Fiquei ali com um caroço na garganta, fazendo um esforço enorme para não chorar e não correr atrás dele. Depois de alguns minutos, chorei muito. Eu sempre fui covarde e continuo a ser. Nunca tive coragem de tomar uma atitude e ainda não tenho. Porém, a vida precisa continuar e fui cuidar dos meus afazeres. Eu e dona Justina ajudamos Conceição a cuidar da menina que está ficando, a cada dia, mais bonita. Queria odiar Conceição, mas não posso. Ela é uma pessoa muito boa. Eu estava terminando de lavar roupas, precisava fazer o almoço para dar a Odila e depois levá-la à escola. Conceição cuidava da sua casa. Dona Justina e Odila brincavam no quintal, quando vimos Giuseppe chegando. Ficamos surpresas, pois ele não costumava estar em casa àquela hora. Quando ele se aproximou, notei pela expressão do seu rosto que algo havia acontecido.

— O que foi que aconteceu, Giuseppe? Por que está aqui a esta hora?

Ele fez algo que não fazia há muito tempo, abraçou-me, e falou baixinho para que dona Justina não ouvisse:

— Domingos morreu...

Ao ouvir aquilo, senti que minhas pernas amoleceram e só não caí porque Giuseppe estava me abraçando. Por detrás do ombro de Giuseppe, olhei para dona Justina, que percebeu que algo estava acontecendo. Ela, que estava sentada em um banquinho, levantou-se, veio para junto de nós e perguntou:

— O que está acontecendo, menina? Por que você está nervosa desse jeito?

Ao ver o estado dela, percebi que não podia me deixar levar pela emoção e que precisava cuidar dela. Larguei Giuseppe e, abrindo os braços, fui até ela e a abracei. Ela, já com a voz chorosa, perguntou:

— Que foi que aconteceu, menina?

Sem conseguir impedir que as lágrimas corressem pelo meu rosto, respondi:

— Domingos está morto...

Ela se afastou, levantou os braços para o alto e gritou:

— Oxalá, meu pai! Por que está fazendo isso comigo? Por que está levando embora a minha família que custei tanto a encontrar? Por que não me levou, já que estou velha?

Depois disso, sentou no chão e ficou chorando sem parar. Eu estava com o coração partido pela morte de Domingos e pela situação dela. Conceição, ao ouvir o grito de dona Justina, saiu à porta e perguntou:

— O que está acontecendo? Por que estão chorando?

Ao olhar para ela, fiquei sem saber o que dizer. Dona Justina, assim que ouviu sua voz, se levantou e, chorando, disse:

— Domingos foi embora, Conceição, ele deixou a gente. Foi para o céu...

— O que a senhora está falando, dona Justina? Está dizendo que Domingos morreu?

— Morreu, filha... morreu...

— Como aconteceu? Onde ele está? Preciso estar ao lado dele!

Só naquele momento, percebi que nem eu nem dona Justina perguntamos aquilo. A surpresa foi tanta que só pensamos na sua morte, não como havia acontecido. Giuseppe contou:

— Estávamos conversando sobre o andamento da empresa. De repente, ele colocou a mão no braço esquerdo, dizendo que estava doendo muito, em seguida caiu e percebi que ele estava morto. Acho que foi um ataque do coração.

— Onde ele está, Giuseppe?

— A polícia veio e levou o corpo, Conceição, vim até aqui para avisar vocês e, agora, vou tratar dos documentos.

— Dizendo isso, ele saiu apressado. Eu fiquei pensando no dia em que Domingos contou da maneira que seu pai havia morrido. Meu coração estava apertado e eu tinha na garganta como se fosse um caroço. Quase não conseguia respirar. Senti como se meu coração fosse explodir. Aquilo não podia ter acontecido, não com ele que sempre foi um homem tão bom. Conceição e dona Justina estavam inconsoláveis, mas eu sabia que precisávamos preparar a casa para receber Domingos que voltaria para cá, pela última vez. Embora estivesse com o coração despedaçado, sabia que era preciso. Chorando muito, fui afastando os móveis da sala para que o corpo pudesse ser colocado sobre a mesa. Algumas horas depois, chegaram os homens da funerária e forraram todas as paredes da sala com panos pretos e, nos quatro cantos da mesa, colocaram velas grossas e altas. Eu olhava para tudo aquilo e não conseguia me conformar. Como aquilo podia ter acontecido? Estava assim, pensando, quando as irmãs de Domingos chegaram. Maria Rita apoiava Maria Cecília, que quase não conseguia andar. Desde que ela ficou doente, Domingos alugou uma casa maior e melhor, onde elas passaram a morar, e também começou a mandar, todos os meses, uma boa quantia para que elas pudessem viver com tranquilidade, sem que precisassem mais trabalhar e Maria Rita pudesse cuidar da irmã. Sempre admirei aquela atitude, embora achasse e continuo achando que elas não mereciam. Elas olharam tudo e choravam muito também. Choraram, gritaram alto e choraram muito, tanto que eu e alguns vizinhos que estavam ali para esperar o corpo nos emocionamos e choramos também. Depois se aproximaram de mim e Maria Rita disse:

— Assim que um rapaz chegou, dizendo que o seu marido o mandou lá em casa para nos avisar que Domingos havia morrido, nos apressamos. A senhora sabe que Domingos cuidava de mim e da minha irmã. Estamos aqui para pedir e, se for preciso, nos humilhar para que seu marido continue nos ajudando. Sabemos que nosso irmão é sócio da empresa e que, portanto, temos algum direito.

Não acreditei no que estava ouvindo. Como elas podiam estar ali, não por causa da morte do irmão, mas para garantir que continuariam a receber dinheiro e, principalmente, reclamando uma parte na empresa a que claramente não tinham direito, pois ficaria para Conceição e Dorinha. Triste, entendi que, apesar de tudo o que tinham passado, não haviam aprendido coisa alguma. Sem responder, me afastei e fui para a casa de dona Justina, onde ela e Conceição estavam. Assim que entrei, vi que elas continuavam chorando, desoladas. Dona Justina não se conformava por Oxalá ter levado Lindinha e Domingos e tê-la deixado ali. Conceição chorava por ter perdido o marido tão jovem e a quem tanto amava. Olhei em volta e não vi Odila. Ia perguntar, mas achei que não tinha o direito de interromper a dor que sentiam. Resolvi procurar pela casa e, no quarto, ela e Dorinha dormiam. Agradeci a Deus, em pensamento, por elas estarem, pelo menos naquele momento, ausentes de todo sofrimento. Acho que elas não tinham a compreensão do que estava acontecendo. O corpo *chegou e foi colocado sobre a mesa. Muitas pessoas vieram, amigos e clientes. Flores chegaram, através de crianças do bairro que o conheciam e gostavam dele. Foram de casa em casa pedir flores. A dor que eu senti foi imensa. Hoje, pela manhã, fomos ao cemitério e o enterramos. Ao ver a terra sendo jogada sobre o caixão, senti que uma parte de mim também estava sendo enterrada. Eu sabia que a minha vida e a de todas as outras pessoas ia continuar. Porém, a minha, embora continuasse, não teria mais por perto aquele homem, que não sei se amei ou apenas admirei. Eu continuaria ao lado de Giuseppe, mesmo sabendo que seria maltratada até o fim dos meus dias, mas iria até o fim.* Odila fechou o caderno e falou:

— Esse foi o último dia que ela escreveu.

Os dois se admiraram:

— Terminou como, mamãe?

— Não sei o motivo, mas é tudo o que tem nesses dois cadernos.

— O que aconteceu com os outros, dona Justina, Conceição, as irmãs dele e Giuseppe?

— Eu acho que ela nunca mais escreveu porque, como ela mesma disse, uma parte dela havia morrido com ele. Eu não entendi muito bem o que aconteceu naquele dia. Só sabia que Domingos havia morrido. Sofri muito, mas logo esqueci, pois, como criança, e pelo amor que tanto eu, como Genaro e Jacinto tínhamos em casa, nossa atenção foi levada para outras coisas. Lembro-me de que, naquele dia, as três passaram a usar roupas pretas. Vovó Justina e Beatrice usaram preto até o último dia de vida.

— Conceição, após algum tempo, não sei quanto, se casou com um português. Lembro-me bem daquele dia porque Beatrice me fez um vestido azul que amei. Depois que ela se casou, foi morar com o marido em Portugal.

— Beatrice, depois da morte de Domingos, chamou as irmãs e permitiu que elas fossem morar na casa que era dele com Conceição. Elas sempre estavam bravas e brigavam por qualquer coisa. Por isso, nem eu nem meus irmãos nunca gostamos delas. Maria Rita, por incrível que pareça, morreu antes de Maria Cecília, que sempre foi a doente.

Depois de algum tempo, Maria Cecília também morreu. Beatrice e vó Justina cuidaram das duas.

— Vovó Justina morreu acho que cinco anos depois de Domingos. Ela ficou muito doente, até hoje não sei qual foi a doença, só sei que Beatrice cuidou dela com muito carinho. Lembro-me que ela chorou muito. Giuseppe ficou muito doente e Beatrice cuidou dele até o fim. Ele ficou tuberculoso. Hoje, acho que foi pela vida desregrada que sempre teve, com bebidas e mulheres. Quando ele morreu, Genaro e Jacinto já conheciam todo o trabalho da empresa e continuaram. Quando eu e Genaro resolvemos nos casar, Beatrice ficou muito contente. Disse que ia continuar com seus dois filhos. Nós nos casamos e continuamos morando com ela até o dia em que morreu. Jacinto se casou com a filha de uma família de portugueses. Teve dois filhos, você e sua irmã, Carlos.

— Beatrice, depois de ficar doente por um tempo, também morreu. Eu, seguindo o exemplo dela, fiquei a seu lado até o seu último suspiro e, até hoje, sempre que penso nela, tenho certeza de que foi uma grande mulher, que eu amei e amo muito. Tomara que tudo o que estou aprendendo nessa doutrina que estou estudando seja verdade, porque, assim, vou poder encontrar Beatrice novamente. Se isso acontecer, vou ser muito feliz. Hoje, vocês estão à frente da empresa e sinto muito orgulho dos dois.

— Mas eu queria saber mais, mamãe!

— Beatrice contou a história deles, Olavo. Agora a história da nossa família está nas mãos de vocês, que precisam continuar, com orgulho da família que tiveram, para que, um dia, algum de seus filhos possa contar para aqueles que vão chegar, com o mesmo orgulho que contei hoje.

— Pois eu gostei muito, titia, e, como a senhora, também acho que Beatrice foi uma grande mulher. Aceitou tudo o que Giuseppe fez e, além de ficar ao seu lado todo o tempo, ainda cuidou dele quando ficou doente.

— Como pode dizer isso, Carlos? Ela gostou o tempo todo de outro!

— É verdade, mas, mesmo assim, apesar de ser maltratada e violentada, ficou ao lado dele. Poucas mulheres fariam isso.

— Vocês ainda estão lendo esse caderno?

Voltaram-se e viram Genaro que, com cara de sono, havia perguntado.

— Já terminamos, Genaro. Estávamos só conversando a respeito de tudo o que lemos, sobre a história da nossa família.

— A nossa família é única, acho que não existe outra igual, meninos. — disse, rindo.

Todos riram.

— Já que você acordou, Genaro, vamos tomar o lanche?

— Vamos lá, pessoal. Sempre acordo do meu sono da tarde com muita fome.

Foram para a sala de jantar. A mesa já estava colocada e começaram a comer. Enquanto comiam, foram conversando sobre a história da família. De repente, Olavo olhou para Carlos e perguntou:

— Você precisa voltar hoje, Carlos?

— Não! Foi você que disse que queria ir. Não tínhamos combinado que só iríamos amanhã?

— Não sei o que aconteceu. Enquanto eu ouvia a senhora lendo os cadernos, em certo momento, fiquei muito nervoso e quis ir embora. Mas, agora, estou cansado, mamãe, vamos amanhã, mesmo.

— Que bom, meu filho! Vou ter você por mais um dia! Não sabe como isso me deixa feliz!

— Claro que sei, mamãe, e só não me mudo para cá por causa da empresa, mas, assim que eu me aposentar, eu venho para cá.

Genaro começou a rir:

— Você ouviu o que ele disse, Odila? O safado ainda nem começou a trabalhar e já está pensando na aposentadoria!

Todos começaram a rir.

Maria Tereza, uma das entidades que estiveram ali o tempo todo, olhou para o companheiro e falou:

— Está quase chegando a hora, Tomas.

— Sim, Maria Tereza. Todos estão em um momento de decisão e precisam conversar em um ambiente tranquilo.

Maria Tereza sorriu e voltou os olhos para os quatro que, felizes, continuavam conversando.

À noite, foram a uma churrascaria e comeram. Somente Odila e Genaro tomaram cerveja. Olavo e Carlos não entenderam por que, mas não quiseram beber e tomaram apenas água, o que bastou para que Genaro risse muito. Depois do jantar, foram se sentar em uma praça que havia perto do restaurante e continuaram conversando. Odila e Genaro estavam felizes por terem ali com eles o filho e o sobrinho, coisa que quase nunca acontecia.

Depois, foram para casa. Odila preparou um chá e, após tomarem, foram se deitar. Assim que se deitaram, Olavo perguntou:

— O que você achou da história da nossa família, Carlos?

— Confesso que fiquei surpreso, jamais poderia imaginar que tantas coisas haviam acontecido. Nossa avó parecia ser uma pessoa tão séria, nunca pensei que tivesse tido uma vida tão cheia. Não só ela, mas todos.

— Também fiquei surpreso. Nunca imaginei que o nosso avô, que não conhecemos, tivesse sido tão violento.

— Não imaginou por que, Olavo, se você é igual a ele?

— Tenho meus motivos.

— Não vou mais discutir isso com você, sei que não adianta. Estou pensando no colar de dona Justina.

— No colar, por quê?

— Você sabe que meu pai, antes de morrer, ficou muito doente. No dia em que ele morreu, no meio da tarde, ele mandou me chamar na empresa. Assim que entrei em seu quarto, ele tirou um colar do pescoço e me deu, falando:

— *Este colar representa a história da nossa família. Fique com ele e, quando tiver seus filhos, não importa quantos, homens ou mulheres, dê a cada um deles um colar para que passem para seus filhos. Este colar deve estar sempre presente em todas as gerações da nossa família. Todos que tiverem um igual pertencerão a nossa família. Promete que vai fazer isso, meu filho?*

— Eu não dei atenção para o que ele disse e nem queria aquele colar feito com sementes e tão pobre, mas a ansiedade que vi no rosto dele quando fez a pergunta fez com que eu respondesse;

— *Vou fazer, papai, claro que vou fazer...*

— Conversei um pouco mais com ele, mas, como tinha muito trabalho, me despedi. Coloquei o colar no bolso do paletó e fui embora. Às dez horas da noite, o telefone tocou. Era Suzana, a enfermeira que cuidava do meu pai. Assim que atendi, ela falou:

— *Seu pai partiu, Carlos.*

— Embora estivesse esperando por aquele momento, senti um aperto no coração. Peguei meu paletó e saí. A única coisa que me confortou era saber que ele, finalmente, ia encontrar com minha mãe. Eles se amavam muito. No dia seguinte, após o enterro, fui para casa. Assim que coloquei a mão no bolso para pegar a chave, passei a mão pelo colar. Segurei-o por alguns segundos na mão e o coloquei sobre a mesa. Nunca imaginei que um colar feito com sementes tivesse tanto valor.

— Onde está o colar, Carlos?

— Não sei, em algum lugar na minha casa. Nem sei se a empregada não o jogou fora. Assim que chegar a casa, vou perguntar.

— Nunca vi um colar assim. Será que minha mãe não guardou?

— Como vou saber? Amanhã, você pergunta.

— Vou fazer isso, mas agora estou com sono. Acho melhor dormirmos.

Está certo, também estou com sono. Boa noite, Olavo.

— Boa noite, Carlos.

Adormeceram em seguida.

Outra surpresa

Pela manhã, assim que Carlos acordou, olhou para a cama ao lado, onde Olavo dormia profundamente. Sentou-se sobre a cama e pensou:

Depois de tudo o que faz com Helena, como pode dormir dessa maneira?

Levantou-se, olhou novamente para Olavo, sorriu e saiu. Entrou na sala de jantar. Odila e Genaro tomavam café.

— Bom dia, vocês acordam cedo aqui, não é? Ainda mais em um domingo!

— Durante toda minha vida, sempre acordei cedo. Acho que meu corpo se acostumou.

Odila, ao ouvir aquilo, rindo, disse:

— E eu, que não tinha nada a ver com o trabalho dele, também acordava e também me acostumei. Sente-se, Carlos, venha tomar café.

— Vou até o banheiro e já volto. Preciso escovar os dentes e lavar o rosto.

Carlos saiu. Genaro e Odila continuaram comendo.

Assim que entrou no corredor e deu alguns passos, viu que a porta do banheiro estava aberta e que Olavo escovava os dentes. Encostou-se à porta;

— Bom dia, Olavo. Parece que dormiu bem.
— Dormi, sim, e você?
— Também dormi. Vamos embora depois do almoço, não é?
— Estou pensando em tentar pegar um voo mais cedo.
— Por que isso, Olavo?
— Quero chegar a casa o mais rápido possível. Preciso conversar com Helena e tentar acertar a nossa vida.
— Por que isso, Olavo?
— Não sei, Carlos, mas depois que conheci a história de Giuseppe e Beatrice, acho que a vida que eu e Helena estamos vivendo não está certa. Quero mudar tudo e recomeçar.
— Fico contente em ouvir isso, Olavo. Helena é uma boa mulher e merece ser feliz.
— Agora, vamos tomar café?
— Vamos, sim. Vá na frente que vou em seguida.

Olavo saiu do banheiro, Carlos entrou e, olhando para o espelho, pensou:

Helena merece ser feliz, mesmo.

Olavo entrou na sala e foi recebido com alegria pelos pais. Sentou-se e começou a tomar o café. Carlos chegou logo depois. Enquanto comia, Genaro perguntou sobre a empresa e eles o colocaram por dentro de tudo. Rindo, Olavo perguntou:

— Pai, o senhor não sente vontade de voltar ao trabalho?
— Quem, eu? Não, meu filho. Só trabalhei na empresa porque meu pai quis. Se eu pudesse ter escolhido, teria feito outra coisa.
— Que coisa, papai?
— Sei lá, médico, advogado, qualquer coisa que tivesse um "doutor" na frente.

Todos começaram a rir.

— É por isso que o senhor queria que eu fosse médico?
— Foi, meu filho, mas você não quis. Preferiu trabalhar na empresa. Sempre disse que ela era como se fosse sua desde o início. Nunca entendi muito bem, mas, fazer o que, você quis...

— Eu sempre gostei muito. O senhor não se lembra de como, desde criança, sempre quis ir lá?

Odila olhou para Carlos:

— Você também sempre gostou da empresa não é, Carlos?

— É verdade, tia. Sempre e ainda gosto. Não me vejo fazendo outra coisa. Adoro lidar com os clientes e os vendedores.

— O motivo de ela sempre ter dado certo foi justamente isso, a paixão que sentimos por ela.

— É verdade, Olavo. Para que algo dê certo é preciso paixão.

Conversaram mais um pouco e, assim que terminaram de tomar café, Olavo se levantou e disse:

— Agora vamos embora.

— Já? Você não disse que só iriam depois do almoço?

— Eu disse, mamãe, mas, depois de conhecer a história da nossa família, fiquei com uma vontade imensa de ver Helena e Narinha. Estou morrendo de saudade...

— Que pena, meu filho. Eu ia fazer um almoço delicioso...

— Fica para outra vez, mamãe. Adorei estar aqui, mas preciso ficar com a minha família. Trabalho a semana inteira até tarde, quase não tenho tempo de ficar com elas. Preciso dar atenção para elas, a senhora não acha?

Maria Tereza e Tomas, que estavam atrás de Odila, estenderam as mãos sobre a cabeça dela, que falou:

— Também estou morrendo de saudade delas, principalmente da minha neta. Tive uma ideia. Genaro, vamos com eles? Podemos passar alguns dias e ficar com a nossa neta. O que você acha?

— Pensando bem, até que eu vou gostar. Assim poderei visitar a empresa e ver como tudo está por lá.

Carlos olhou para Olavo, que estava muito nervoso, por não poder impedir que eles fossem. Ao ver o amigo naquela situação, tentou argumentar;

— Poderiam deixar para outro dia. Estamos muito ocupados na empresa.

— Nós não queremos que vocês fiquem ao nosso lado. Vamos visitar Helena e Narinha. Tem algum problema, Olavo?

— Claro que não, mamãe! Elas vão ficar muito felizes.

— Então, Genaro, venha me ajudar a arrumar as malas!

— Vamos. Estou feliz com a ideia que você teve!

Maria Tereza e Tomas sorriram.

Assim que eles saíram, Carlos, preocupado, perguntou:

— O que vai acontecer se sua mãe descobrir o que está acontecendo?

— Também estou preocupado, mas não tive como evitar. Assim que chegar, vou conversar com Helena e ela não vai se atrever a contar.

— Tomara que isso aconteça, pois, se sua mãe descobrir, você está perdido...

— Não se preocupe com isso, Carlos. Na minha casa, tenho tudo sob controle.

— Tomara que tenha mesmo...

Depois de algum tempo, Odila e Genaro voltaram. Ele carregava uma mala. Odila disse:

— Como não vamos ficar muito tempo, estou levando pouca roupa. Olhe o que encontrei em uma das minhas gavetas, Olavo!

Olavo olhou para a mão de Odila, que mostrava um colar.

— Assim que você nasceu, eu comprei as sementes e fiz. Guardei para dar a você, quando tivesse condições de entender, mas acabei me esquecendo. Hoje, enquanto lia, me lembrei dele. Leve com você. Dê a Narinha e conte o que ela precisa fazer. Em homenagem à vovó Justina, vamos continuar com a tradição?

Olavo pegou o colar em suas mãos e sentiu um arrepio por todo o corpo.

— Claro que sim, mamãe. Acho que é muito importante.

— Estou feliz por ter lido e por ter me lembrado dele. Agora, podemos ir?

— Está bem, mamãe. Podemos ir.

— Espere. Vamos até o quarto pegar as malas. Vamos, Carlos?

Foram até o quarto, pegaram as malas e voltaram para a sala. Olavo, sem alternativa, pegou sua mala e a dos pais e saíram. Odila e Genaro estavam felizes. Carlos e Olavo estavam preocupados.

Olavo conseguiu trocar as passagens e comprar a dos pais. Esperaram um pouco e tomaram o avião. Assim que chegaram, chamaram um táxi e foram para a casa de Helena. Enquanto o táxi andava, Olavo falou:

— Como a senhora não me deixou avisar Helena de que estamos chegando, ela não está nos esperando, por isso vamos ter de almoçar fora. Tem algum problema, mamãe?

— Claro que não, Olavo! Quero fazer uma surpresa e abraçar as duas com muito carinho.

— Elas vão ficar muito felizes, mamãe. Tanto uma como a outra gostam muito da senhora e do papai.

Depois de algum tempo, o táxi parou em frente a casa. Desceram. Olavo e Carlos pegaram as malas. Ele abriu o portão e entraram. Odila, olhando para a entrada da casa e o jardim, disse:

— Eu não conhecia esta casa, Olavo. Ela é linda! Parabéns!

— É linda, mesmo, meu filho. Quem mora aqui só pode ser feliz...

Carlos olhou para Olavo, que abaixou os olhos.

Eles, Maria Tereza e Tomas entraram.

Encontro inesperado

Assim que entraram, para surpresa de Olavo, Eunice se aproximou:

— Boa tarde, senhor Olavo.

Olhou para os outros e sorriu:

— Boa tarde, dona Odila, senhor Genaro e o senhor, Carlos.

Todos responderam ao cumprimento. Olavo, curioso, perguntou:

— Eunice, hoje é domingo, o que está fazendo aqui?

— Ontem à tarde, dona Helena pediu que Juarez fosse até minha casa e pediu que eu viesse e ficasse aqui até que o senhor chegasse.

— Por que ela fez isso? Onde ela está?

— Não sei, senhor. Quando cheguei nem ela nem Narinha estavam aqui. Só encontrei esse envelope sobre a mesa.

Olavo olhou para a mesa que Eunice apontava. Viu um envelope, pegou, abriu e leu. À medida que lia, seu rosto foi se transformando. Quando terminou de ler, colocou o envelope dentro do bolso e caminhou em direção ao quarto.

Odila e os outros perceberam que alguma coisa ruim havia acontecido. Ela seguiu Olavo, perguntando:

— O que aconteceu, Olavo? Onde está Helena e Narinha? O que está escrito nesta carta?

Sem responder, ele entrou no quarto e começou a abrir as portas e gavetas do armário e constatou que estavam quase vazias. Furioso, voltou para a sala e, olhando para Eunice, perguntou, gritando:

— Para onde ela foi, Eunice?

— Não sei, senhor. Quando cheguei ela não estava mais aqui, somente o envelope.

— Sei que você está mentindo! Pensa que não cansei de ver vocês cochichando? Sei que você conhece cada movimento dela!

— Desculpe-me, senhor, mas não sei.

Furioso, com o rosto totalmente transtornado, saiu da casa e caminhou em direção da casa onde o motorista morava. Juarez, que viu quando eles chegaram, estava em frente à garagem. Olavo se aproximou e, colocando o dedo em frente ao rosto de Juarez, perguntou, gritando:

— Para onde ela foi, Juarez?

— Não tenho ideia, senhor. Ela saiu. Pediu-me para ir buscar a Eunice e, quando voltamos, ela não estava mais aqui.

— Está falando a verdade?

— Claro que sim, senhor. Por que eu mentiria?

— Pare com isso, Olavo! Você precisa se acalmar!

— Como posso me acalmar, papai? Ela foi embora e levou minha filha!

— Você tem razão para ficar assim, mas precisa se acalmar para poder resolver o que vai fazer. Esse seu nervosismo não vai levar você a lugar algum. Vamos entrar e pensar qual vai ser o nosso próximo passo. Vamos...

— Seu pai tem razão, meu filho. Você está muito nervoso, vamos entrar e conversar.

Olavo parou e viu que eles estavam com a razão. Todos caminharam em direção à porta da casa. Carlos sabia muito bem o que havia acontecido e qual fora o motivo, mas sabia também que Olavo não teria coragem de contar aos pais, principalmente à mãe, tudo o que havia feito.

Assim que entraram, Odila fez com que Olavo se sentasse e falou para Eunice, que ainda estava parada no mesmo lugar:

— Eunice, por favor, traga um copo com água para que Olavo possa beber.

— Sim, senhora, vou buscar.

Eunice, assim que saiu da sala, começou a sorrir e a pensar:

Finalmente, a senhora tomou uma atitude, dona Helena. Pegou sua boneca e foi embora, sem olhar para trás. Bem que esse monstro merece o que está acontecendo. Quero ver se ele vai ter coragem de contar para os pais e para o senhor Carlos o que tem feito durante todos esses anos. Vai pagar por tudo o que tem feito, seu monstro...

No mesmo instante, lembrou-se de tudo o que havia aprendido com aquela nova doutrina que estava estudando. Levantou os olhos para o céu e pensou:

Perdoe-me, meu Deus, por esses pensamentos de felicidade ao ver um irmão sendo descoberto, mas não consegui me conter. Ele é, realmente, um monstro e o Senhor sabe disso.

Entrou na cozinha e foi pegar água.

Enquanto fazia isso, Odila, inconformada com tudo o que estava acontecendo, perguntou:

— O que aconteceu para que Helena tomasse uma atitude como essa, Olavo? O que está escrito nesta carta?

— Ela me traiu, mamãe...

— Como pode dizer uma coisa como essa, Olavo? Helena é uma moça muito boa! Jamais faria algo assim!

— Tenho certeza de que ela me traiu!

— Como pode ter certeza? Você pegou a traição, alguém contou?

— Não, não peguei traição alguma e ninguém me falou algo a respeito, mas eu sei!

— Como pode saber, Olavo? O que ela escreveu nesse papel? Deixe-me ver!

Nervoso, ele colocou a mão no bolso para tirar o papel. Quando tirou a mão, o colar que estava ali veio junto. Eunice, que estava entrando com uma bandeja com quatro copos e uma jarra com água, deixou a bandeja cair e os copos se quebraram. Todos olharam para ela, que estava branca como cera olhando para o colar. Preocupada, Odila perguntou:

— O que aconteceu, Eunice? Por que está tão nervosa?

Ela, ainda olhando para o colar, respondeu:

— Este colar... tenho um igual na minha casa. Ele faz parte da tradição da minha família...

Eles se entreolharam e depois voltaram os olhos para Eunice. Odila disse:

— Sente-se aqui, Eunice, na ponta da mesa, e nós vamos nos sentar ao redor da mesa para podermos olhar nos seus olhos enquanto nos conta a sua história.

— Preciso pegar mais água...

— Deixe para depois. Agora, nos conte o que esse colar representa para você.

Ainda muito emocionada, com os olhos cheios de lágrimas, Eunice começou a falar:

— Minha tataravó era escrava. Quando seus filhos começaram a ser levados embora, ela fez para cada um deles um colar igual a esse para que fosse passado de geração a geração. Ela disse que, se eles fizessem isso, mesmo que se passassem cem anos, sua família poderia ser reunida novamente.

Todos estavam muito emocionados. Descrente, Olavo perguntou:

— Você sabe o nome dela?

— Sei, minha mãe me contou toda história. O nome dela era Justina.

Odila não conseguiu evitar que as lágrimas caíssem por seu rosto.

— O nome de seu avô ou avó, qual era?

O nome do meu avô era Domingos, um português. A minha avó chamava-se Conceição e minha mãe chama-se Dora.

Agora, todos faziam força para não chorar. Odila só conseguiu falar:

— Meu Deus...

Eunice, intrigada e sem entender o que estava acontecendo, perguntou:

— Por que todos estão me olhando dessa maneira?

Odila, que estava chorando, levantou-se, caminhou até a ponta da mesa onde Eunice estava sentada, fez com que ela se levantasse e, chorando, abraçou-a com muita força e falou:

— Vovó Justina tinha razão, quando dizia... *"mesmo que se passem cem anos, se vocês guardarem e passarem este colar para seus filhos, nossa família vai se reunir novamente."* Você faz parte da nossa família, Eunice. Genaro é filho de Domingos e eu, sua tia, mas fui criada por ele como filha e carrego o seu nome. Carlos é filho de meu irmão que também foi criado por ele. Conheci vovó Justina, que era uma mulher muito carinhosa. Conheci, também, sua avó Conceição e, no dia do seu casamento, minha mãe me fez um vestido azul tão lindo que nunca mais esqueci. Quando criança, brinquei muito com sua mãe, Dorinha.

Eunice se afastou:

— Não pode ser. Quando minha mãe me deu o colar e disse que era para eu fazer um igual para cada uma das minhas duas filhas, não dei muita atenção e jamais acreditei que aquela história fosse verdadeira.

— É verdadeira, sim. Muito verdadeira.

Tremendo e tentando se levantar, Eunice disse:

— Desculpe, dona Odila, mas quem está precisando beber água agora sou eu.

Ao ouvir aquilo, Carlos se levantou e, também emocionado, disse:

— Eu vou buscar. Continue sentada, Eunice.

Antes que ela dissesse qualquer coisa, ele foi para a cozinha. Voltou em seguida trazendo uma bandeja com copos para todos. Não viram, mas tanto Maria Tereza como Tomas jogaram luz branca e brilhante sobre a água. Todos beberam a água e Odila perguntou:

— Quando sua avó se casou, foi para Portugal e levou sua mãe. Como você está aqui?

— Minha mãe me contou que houve uma gripe muito forte que matou muitas pessoas, entre elas o meu pai e meus dois irmãos. Quando isso aconteceu, vendo-se sozinha, minha avó resolveu voltar para o Brasil e foi morar com seus pais. Minha mãe se casou com um homem importante e foi com ele para Fortaleza. Eu me casei com um homem da sociedade de Fortaleza e tive duas filhas.

— Se você se casou com um homem da sociedade, como está aqui, vivendo e trabalhando como empregada?

Só aí ela se lembrou de Helena e de Olavo e respondeu:

— Meu marido era muito violento, me batia todos os dias. Isso durou muito tempo, até o dia em que consegui fugir com minhas filhas. Hoje, vivo como doméstica, mas sou mais feliz do que era no tempo em que vivia com ele e tinha tudo o que muita gente quer. Minha mãe voltou de Fortaleza para me ajudar com as crianças.

— Fez muito bem, Eunice. Mulher alguma precisa viver ao lado de um homem que a maltrata e humilha. Somos todos filhos do mesmo Deus e merecemos tudo o que houver de bom aqui na Terra.

— Também acho, dona Odila.

Ao ouvir aquilo, Olavo levantou-se, colocou o papel no bolso novamente e, nervoso, falou:

— Preciso encontrar Helena! Você não sabe mesmo onde ela está, Eunice?

— Não, senhor, não sei. Agora, preciso recolher os cacos de vidro e secar o chão.

— Não consigo entender por que Helena fez isso. Deve ter algum motivo. Olavo, você tem certeza de que não sabe o motivo?

— Já disse, ela me traiu!

— Como é que pode dizer isso?

— Narinha não é minha filha!

— Como não? Está louco! De onde tirou essa ideia?

— Estou dizendo porque sei, mamãe!

Odila olhou para Carlos e Genaro, que perguntou:

— Como pode dizer que sabe, Olavo? Ela contou a você?

— Esperem!

Ele saiu da sala e foi para o seu quarto. Abriu um cofre que estava preso a uma parede e cujo código só ele sabia. Tirou de dentro dele um papel e voltou para sala.

Entrou na sala e entregou o papel para Odila que, após ler, muito nervosa, entregou para Genaro que, assim como ela, nervoso, deu para Carlos que, assim que terminou de ler, perguntou:

— Você é estéril, Olavo?

— É o que está escrito aí nesse papel!

— Por que fez esse exame?

— Helena queria muito um filho e, como não acontecia, resolvi fazer o exame. Quando vi o resultado, fiquei envergonhado e não comentei com ela. Preferi esperar um pouco para sugerir que adotássemos uma criança, mas não deu tempo. Um mês depois, ela veio toda carinhosa e, me abraçando, disse que estava grávida!

— Você nunca me contou isso, Olavo! Não entendo, sempre me considerei seu melhor amigo...

— Você é, Carlos, mas não tive coragem. Fiquei envergonhado quando recebi o resultado e, depois, Helena ficou grávida. Como é que eu ia contar?

— Se tivesse me contado, eu entenderia muita coisa que aconteceu. Nunca precisaria se envergonhar de algo de que não tem culpa. Acho que deve ter outros motivos para se envergonhar, mas, com certeza, não é esse.

— Carlos tem razão, meu filho. Não tinha motivo para se envergonhar. Não depende de você. Muitos homens passam por isso.

— Também acho isso, meu filho. Não deveria ter se calado, devia, sim, ter contado a sua mulher. Ela saberia entender.

— Sei disso, papai, mas, como disse, me senti envergonhado e muito mais, quando descobri que ela havia me traído.

— É por isso que você sempre ficava nervoso, enquanto eu lia os cadernos de Beatrice e aparecia a palavra traição. Agora entendo.

— Este sempre foi o motivo.

— Só não entendo uma coisa: se ela não tinha conhecimento do resultado do exame, e você nunca disse a ela que Narinha não era sua filha, qual seria o motivo de ela ter ido embora? Será que ela fugiu com o pai da menina?

— Claro que sim, mamãe!

Carlos, ao ouvir aquilo, se levantou, bateu com força a mão sobre a mesa e quase gritou:

— Isso não é verdade, Olavo! Você sabe muito bem qual foi o motivo de ela ter fugido!

— Por que você a está defendendo assim? Não vá me dizer que você é o pai da Narinha!

Carlos, com as mãos fechadas, partiu para cima de Olavo. Foi impedido por Genaro e Odila, que disse:

— Parem com isso! Vocês sempre foram amigos! Carlos, por que está dizendo que Olavo sabe o motivo de Helena ter ido embora?

Olavo, percebendo que Carlos ia contar, tentou sorrir e, com a voz baixa, disse:

— Desculpe-me, Carlos. Estou nervoso. Sei que você não tem e nunca teve coisa alguma com Helena. O pai da Narinha é o Rafael, irmão da Débora, amiga da Helena. Quando nos conhecemos, eles estavam namorando. Acho que ela só desmanchou o namoro porque eu podia dar a ela tudo com que ela sempre sonhou, mas sei que nunca deixou de amá-lo.

Eunice, que estava abaixada pegando os cacos no chão, levantou-se e ficou olhando, esperando o que ia acontecer.

Carlos percebeu que Olavo estava com medo. Sorriu:

— Está bem, Olavo. Agora precisamos nos ajudar para podermos encontrar Helena.

— Não consigo acreditar que Helena traiu você, Olavo. Ela sempre amou você. Qualquer um podia ver isso.

— Não acredito nisso, Carlos. Este papel prova que ela me traiu...

— Deve ter alguma explicação. Se tivesse conversado com ela, talvez tivesse tenha a explicação para tudo isso.

— Não há explicação para a traição, Carlos.

Odila interferiu:

— Talvez ela tenha ido para a casa da mãe.

— Não acredito, mamãe. A mãe dela gosta muito de mim e nunca teria aceitado que ela me abandonasse.

— As coisas podem ter mudado, Olavo. Sua mãe tem razão. Vamos até a casa da mãe dela.

— Vou com vocês.

Com medo que o pai descobrisse o que ele havia feito com ela, retrucou:

— Não, papai. O senhor está cansado. É melhor descansar.

Ele tem razão, meu velho. Vamos ficar aqui e esperar.

Olhou para onde Eunice estava e perguntou:

— Eunice, será que pode nos preparar algo para comer?

— Claro que sim, dona Odila.

— Espere, somos família. Portanto, me chame de tia.

Eunice sorriu.

— A senhora vai precisar esperar até eu me acostumar.

— Se quiser, posso ajudar você com o almoço.

— Não precisa. Eu faço rapidinho.

— Está bem. Vamos esperar. Depois que tudo isso que está acontecendo terminar, quero visitar sua mãe. Posso?

— Claro que sim. Só preciso dizer que tanto a casa como o bairro em que ela mora são muito pobres.

— Não vou visitar seu bairro ou sua casa. Vou visitar minha prima que, depois de tanto tempo, reencontrei.

— Sendo assim, será bem-vinda. Agora, vou para a cozinha. Quando estiver pronto, eu chamo.

Olavo e Carlos saíram. Odila sentou-se ao lado de Genaro, que estava com ar preocupado:

— O que será que aconteceu, Odila?
— Não sei, meu velho, mas seja o que for vamos descobrir.
Maria Tereza olhou para Tomas e falou:
— Está tudo se encaminhando, Tomas. Logo mais tudo vai ficar bem.
— Tem razão. Agora, vamos acompanhar Olavo e Carlos?
— Vamos, sim.
Sorriram e desapareceram.

A procura

Olavo e Carlos saíram. Juarez estava junto ao carro e, vendo que eles se aproximavam, perguntou:

— O senhor vai sair, senhor Olavo?

— Vou, sim, Juarez.

Juarez abriu a porta do carro para que eles entrassem. Olavo disse:

— Precisa nos levar até a empresa para que eu pegue o meu carro. Depois, volte aqui para casa, caso meus pais queiram sair.

— Está bem, senhor.

Olavo e Carlos entraram no carro. Depois, Juarez também entrou. Não podiam conversar sobre Helena na frente de Juarez, por isso foram conversando sobre outras coisas. Assim que chegaram, desceram e Juarez foi embora.

Entraram no carro. Olavo deu a partida e saíram. Carlos, assim que o carro começou a andar, disse:

— Não acredito que Helena traiu você, Olavo. Ela sempre foi muito apaixonada, mesmo depois que você começou a maltratá-la.

— Como sabe disso, Carlos?

— Algumas vezes, depois de você a machucar, ela me telefonou para pedir que eu conversasse com você e descobrisse porque a odiava tanto e tentasse convencer você a não fazer mais isso.

— Foi por isso que muitas vezes você tocou no assunto e tentou me convencer?

— Foi, Olavo. Se ela não gostasse de você, não teria aguentado por tanto tempo. Você a maltratou muito. Enquanto a titia lia os cadernos e ia descrevendo tudo o que Giuseppe fez com Beatrice, senti que era igual ao que você tem feito com Helena. Confesso que fiquei intrigado. Será que existe, mesmo, esse negócio de reencarnação?

— Está delirando, Carlos? Claro que nada disso existe! Isso é coisa de quem não tem o que fazer.

— Não sei, Olavo. Eu estava com algumas dúvidas, mas quando seu pai disse que você sempre achou que a empresa era sua, fiquei pensando. Será que você não é a reencarnação de Giuseppe?

Olavo começou a rir:

— Está brincando, Carlos?

— Não estou brincando, Olavo, tenho essa sensação.

— Se formos pensar assim, você deve ser Domingos e deve ter me traído com ela e, possivelmente, você é o pai de Narinha.

— Pare com isso, Olavo! Nunca traí você e não sou o pai de Narinha. O pai dela é você!

— O resultado do exame diz o contrário. Não se preocupe, não sou o pai de Narinha, mas sei que você também não é.

— Pode ter certeza de que não sou mesmo.

— Você é engraçado, Carlos. Eu posso ser Giuseppe, mas você não pode ser o traidor do Domingos.

Carlos ficou calado e só pensando no que o amigo havia dito. Olavo, por sua vez, também ficou pensando naquilo que Carlos havia dito:

Será que eu fui mesmo Giuseppe?

Meia hora depois, chegaram à rua onde a mãe de Helena morava. Assim que parou em frente da casa, Ondina saiu na janela e, ao ver o carro, sorrindo, abriu a porta e foi até o portão:

— Olavo! O que está fazendo aqui a esta hora? Veio para almoçar?

— Boa tarde, dona Ondina. Não, não viemos para almoçar. Vim aqui para conversa com Helena. Posso entrar?

— Com Helena? Ela não está aqui. Vamos entrar e você vai poder me dizer o que está acontecendo. Entre, meu filho. Desculpe-me, Carlos, não o cumprimentei, foi porque fiquei nervosa ao ver vocês aqui sem Helena.

Carlos apenas sorriu. Entraram na casa e, na sala, sentaram-se em um sofá apontado por ela. Depois de sentados, ela, aparentemente nervosa, perguntou:

— Por que está procurando por Helena? Onde ela está?

— Não sei onde ela está. É por isso que estou aqui. Pensei que, talvez, ela tivesse vindo para cá.

— Hoje ela não veio, mas, na sexta-feira antes de pegar Narinha na escola, esteve aqui.

— O que ela veio fazer, dona Ondina?

Com medo de falar demais, ela, ao invés de responder, perguntou:

— Como pode ter certeza de que ela foi embora para sempre?

— Fui passar o fim de semana na casa dos meus pais e, hoje, quando retornei, ela não estava em casa. Levou quase todas as suas roupas e as de Narinha também e me deixou um bilhete. O que foi que ela veio fazer aqui, dona Ondina?

— Ela veio pedir para que a recebesse aqui em casa, porque queria se separar de você.

— Ela disse o motivo?

— Disse e me mostrou o motivo. Confesso que, ao ver as costas dela, fiquei assustada. Você tem sido muito violento.

— O que a senhora respondeu a ela? Disse que podia vir para cá?

— Claro que não, Olavo! Disse a ela que precisava voltar para casa e continuar ao seu lado, porque você é um homem bom, que não deixa faltar coisa alguma para ela e para Narinha. Disse que, se você fez aquelas coisas horríveis, ela deve ter dado algum motivo. Jamais eu aceitaria uma separação entre vocês. Jamais!

— Obrigado, dona Ondina, mas a senhora sabe para onde ela foi?

— Não sei, meu filho. Eu e Helena nunca conversamos, mas a culpa é dela, porque eu e ela nunca concordamos com nada. Ela pensa de modo totalmente diferente do meu.

— Sobre o que conversaram, além do que eu tenho feito?

— Nem me lembro direito, só sei que fiquei o tempo todo tentando tirar aquela ideia da sua cabeça. Tentei convencê-la a continuar do seu lado. Ela não ficou por muito tempo, logo foi embora.

— Está bem, dona Ondina. Vou continuar procurando.

Levantaram-se. Ele estendeu a mão, mas ela falou;

— Vou acompanhar vocês até o portão.

— Obrigado.

Quando chegaram ao portão, ela olhou para a rua somente para ver se algumas das suas vizinhas estavam olhando o lindo carro do deu genro. Olavo voltou a estender a mão. Ela pegou com força e perguntou:

— Preciso fazer uma pergunta, meu filho.

— Pode fazer, dona Ondina.

— Se vocês se separarem, vai querer que eu me mude desta casa?

Olavo olhou para Carlos, que estava sorrindo, e respondeu:

— Não, dona Ondina. Não vou me separar de Helena e, mesmo que isso aconteça, pode ficar sossegada. Vai morar nesta casa até quando quiser.

Para surpresa e constrangimento dos dois, ela começou a beijar a mão de Olavo, que precisou fazer força para retirar a mão.

Carlos, rindo por aquela situação, entrou no carro.

Olavo, depois de conseguir se soltar da mão dela, também entrou no carro. Ligou, acelerou e foi embora.

Carlos, com o rosto sério, disse:

— Como uma mulher como essa pode ser mãe de Helena, uma moça tão diferente? Ela não ficou nem um pouco preocupada em saber onde e como a filha está. Só se preocupou com a casa em que mora!

— Ela, realmente, é um horror, mas Helena não fica atrás. É uma traidora!

— Ainda não acredito nisso, mas já que Helena não está aqui, o que pretende fazer?

— Estive pensando que o único lugar em que ela deve estar é na casa da amiga, Débora, que esteve em casa. Vamos até lá.

— Agora?

— Claro que é agora, Carlos. Preciso encontrar Helena.

— O que pretende fazer quando a encontrar? Se ela fugiu, não vai querer voltar e você não pode obrigá-la.

— Não quero que ela volte, Carlos.

— Não estou entendendo você, Olavo! Se não quer que ela volte, por que a está procurando?

— Não quero Helena, quero minha filha!

— Sabe que Helena não vai abrir mão da filha. Também acho que, se você acredita que Narinha não é sua filha, está usando a menina somente para atingir Helena.

— Pode ser que sim, não sei, mas ela fugiu, não fugiu? Agora vai ter que responder pelo seu ato!

— Como, sendo espancada novamente?

— Não penso em fazer isso, mas, se for necessário, posso até fazer!

— Não acredito que você possa ser tão insensível. Nem mesmo depois de tudo que vimos que aconteceu com Giuseppe e Beatrice, ainda insiste em ser violento!

— O que aconteceu com eles não tem nada a ver com a nossa vida.

— Pois eu acho que tem muito a ver, Olavo. Bem, agora, o que pretende fazer?

—. Estive pensando, Helena não tem muitas amigas.

— Isso também se deve a sua proibição. Por que nunca deixou que ela tivesse amigas?

— Isso não vem ao caso. A única amiga que tem é Débora, irmã do tal de Rafael, provavelmente pai da Narinha. Ela deve ter ido para lá e nós vamos também.

— Está dizendo que vai procurar Helena na casa dele?
— Por que não? Ela deve estar lá!
— Tudo bem, mas, antes, vamos almoçar. Estou com muita fome e, se ela estiver lá vai ficar, pelo menos até terminarmos de comer.
— Embora eu não esteja com um pingo de fome, acho que você tem razão. Vamos a um restaurante e, depois, vamos até lá. Preciso encontrar Helena, ainda hoje!

Encontraram um restaurante e entraram.

Conhecendo a verdade

Enquanto isso acontecia, na casa de Helena Odila e Genaro terminaram de comer a comida que Eunice havia preparado. Ele levantou-se e disse:

— Obrigada pelo almoço, Eunice. Estava muito bom.
— Fiz só arroz, feijão, salada e fritei batatas.
— Mas garanto que fez com amor, Eunice.
— Isso é verdade, dona Odila.
— Bem, agora vou descansar um pouco.
— Vá, Genaro. Eu, enquanto espero os meninos voltarem, vou ficar aqui conversando com Eunice. Quero saber da vida dela e da sua mãe.

Odila ajudou Eunice a retirar os pratos da mesa e, juntas, foram para a cozinha. Odila sentou-se e Eunice começou a lavar a louça.

— Eunice, não consigo acreditar que Helena tenha traído o meu filho. Ela sempre me pareceu uma moça muito boa, carinhosa com ele e com Narinha.
— Ela é uma pessoa assim como a senhora está falando, dona Odila.

— Ele tem o resultado do exame, Eunice. Por isso não entendo, se ela é essa pessoa boa que sempre julguei ser, então por que ela abandonou meu filho?

— Não sei o motivo, só sei que ela sempre gostou muito do seu filho e da Narinha também.

— Você sabe de alguma coisa que eu não sei, Eunice?

Eunice ficou com vontade de contar tudo o que havia acontecido, mas resolveu se calar. Ia dizer que não, quando o telefone tocou. Odila foi em direção ao telefone, dizendo:

— Deixe que eu atendo, Eunice, deve ser Olavo dando notícias.

Pegou o telefone:

— Alô!

— Bom dia, podia falar com Olavo?

— Ele não está. Sou a mãe dele, quer deixar algum recado?

— Por favor, diga a ele que Hortência telefonou e que preciso falar com ele, com urgência.

— Hortência? Está bem, eu dou o recado.

Colocou o telefone de volta ao gancho, olhou para Eunice e perguntou:

— Você conhece essa moça, Eunice?

Eunice sentiu um calor subir por todo seu corpo e, levada pela raiva, respondeu:

— O senhor Olavo acusa dona Helena de traidora, mas essa moça liga quase todos os dias perguntando por ele.

— Quem é ela, Eunice?

— Eu não queria falar, porque sou só uma empregada da casa. Sei que posso perder o meu emprego, o que me faria muita falta, mas não suporto ver tanta injustiça para com dona Helena. Essa moça é namorada dele.

— Namorada?

— Sim. Ela telefona quase todos os dias.

— Aqui para a casa dele?

— Telefona...

— Helena sabe disso?

— Já atendeu muitas vezes e essa moça não faz questão alguma de disfarçar. Já a vi chorando mais de uma vez por causa dessa moça.

— Isso não pode ser verdade! Não foi assim que eduquei meu filho! Tenho de encontrar Helena. Preciso conversar com ela para que me conte tudo o que está acontecendo! Você sabe onde ela está, Eunice?

— Sei, sim senhora.

— Onde ela está?

Eunice tirou do bolso do avental um papel e entregou para Odila, que leu:

> *Eunice, estou pedindo que venha para cá. Preciso que esteja aqui para quando Olavo voltar. Não suporto mais tanta humilhação e sofrimento físico. Meu coração e meu corpo não suportam mais tanta dor. Estou pegando minha boneca e indo para aquela casa que sempre me recebeu desde criança. Lá, sei que vou ter momentos de tranquilidade, sem medo para repensar minha vida e descobrir como posso continuar. Por favor, não conte a Olavo onde estou. Sei que, eventualmente, ele vai me encontrar, mas preciso que demore o tempo necessário para que eu possa me organizar. Obrigada, minha amiga, pelos momentos de conforto e consolo que me proporcionou e, também, pelo chá que tantas vezes curou minhas costas.*

Ao terminar de ler o papel, Odila estremeceu e, raivosa, perguntou:

— Vai me contar tudo, Eunice!

— Está bem, dona Odila. Vou contar.

Eunice contou, em detalhes, tudo o que presenciou na casa de Helena desde o dia em que começou a trabalhar lá. Quando terminou, Odila estava atônita e muito brava:

— Custa-me acreditar que isso seja verdade, Eunice! Olavo jamais poderia ter feito uma coisa como essa!

— Ele disse que dona Helena o traiu!

— Mesmo que isso fosse verdade, coisa que não acredito, ele que a tivesse abandonado, mas nunca poderia machucá-la dessa maneira! Nunca!

Odila, lembrando-se do que tinha lido no caderno de Beatrice, perguntou:

— Helena falou sobre um chá que a ajudou. Que chá é esse, Eunice?

— Sempre que ele a feria nas costas, eu fazia um chá e limpava suas feridas. Esse chá amortece e faz com que a dor seja menor.

— Onde aprendeu a fazer esse chá?

— Como eu disse, meu marido me batia e machucava meu corpo. Diferente do senhor Olavo, ele batia em todos os lugares. Uma noite, após me bater e sair de casa, olhei para o espelho e vi que meu rosto e meus olhos estavam inchados e doendo muito. De repente, pensei em preparar um chá para fazer compressa. Fui para cozinha e peguei os ingredientes, fiz o chá, molhei um pano e fiquei deitada com ele sobre o meu rosto. Aos poucos, a dor foi passando e, no dia seguinte, não ficou inchado nem vermelho. Daquele dia em diante, passei a usar sempre. Quando dona Helena foi espancada pela primeira vez, usei o chá. Ela gostou e eu passei a fazer compressas sempre que ele batia nela.

— Meu Deus do céu, Eunice. Não pode ser...

— Não estou entendendo, dona Odila, o que não pode ser?

— A avó Justina usava esse chá para curar os machucados da minha mãe sempre que seu marido a machucava.

— A avó Justina? Não sei nada sobre ela. Quando minha mãe foi para Portugal, era muito pequena e não se lembra dela.

— Pois eu me lembro muito bem. Estou estudando uma doutrina que nos diz que existe reencarnação e que temos sempre ao nosso lado espíritos amigos nos ajudando em todos os momentos. Levando para o lado da doutrina, podemos pensar que ou você é a reencarnação da avó Justina ou ela está sempre ao seu lado.

— Também estou estudando essa doutrina e já falei sobre ela com dona Helena, mas será que isso pode ser verdade, dona Odila? Será que sou a reencarnação de avó Justina ou ela está sempre ao meu lado?

— Não sei, mas bem que pode ser, Eunice. Se você for a reencarnação dela, fique feliz, porque ela foi uma mulher maravilhosa!

— Não sei se é verdade, mas estou feliz. A senhora, num outro dia, poderia me contar a história dela?

— Claro que sim, Eunice, mas agora preciso conversar com Helena. Você sabe o endereço de onde ela está?

— Eu não conheço, mas o Juarez sabe. Ele levou a dona Helena e Narinha para lá.

— Juarez também sabe de tudo o que Olavo fez?

— Sabe e sempre sentiu muita pena dela. Depois de deixá-la na casa da amiga, ele foi me buscar. Ele também prometeu que não contaria ao senhor Olavo onde ela estava.

— Está bem, enquanto eu escrevo um bilhete para Genaro dizendo aonde fomos, você, por favor, chame Juarez e diga que vamos até onde Helena está.

— Nós? Eu também vou?

— Claro que vai, Eunice! Você, além de fazer parte da família, é, também, a melhor amiga de Helena.

Ao mesmo tempo que ficou surpresa, Eunice ficou feliz e disse, rindo:

— Está bem, senhora! Vou chamar Juarez.

— Vá e pare de me chamar de dona, sou sua tia!

— Vou me acostumar, pode ter certeza!

Odila sorriu e foi escrever o bilhete.

Atitude jamais pensada

Odila escreveu o bilhete e saiu da casa. Juarez e Eunice já estavam esperando por ela. Juarez abriu a porta traseira do carro e Odila e Eunice entraram. Ele também entrou, deu a partida no carro e saíram.

Na casa de Débora, ela, sua mãe e Helena, enquanto lavavam a louça do almoço, conversavam. Clélia perguntou:

— Será que Olavo vem procurar você aqui, Helena?

— Acho que sim, dona Clélia. Ele é muito orgulhoso e não vai admitir ter sido abandonado.

— Como ele pode saber que você está aqui?

— Ele vai deduzir. Nunca permitiu que eu tivesse amigas e sabe que você, Débora, esteve lá em casa. Ele usou a sua visita e o vestido que me deu como desculpa para me bater novamente.

— Desculpe-me, Helena, se eu soubesse que isso ia acontecer, jamais teria visitado você e lhe dado aquele vestido. Nunca imaginei que algo assim podia estar acontecendo.

— Não se preocupe com isso. Se não fosse você ou vestido, ele teria encontrado outro motivo. Sente prazer em me bater e humilhar. Preciso aproveitar este momento para me desculpar pela maneira como reagi ao ver que você havia descoberto tudo. Agora, acho que você entende que aquela reação foi devido à vergonha que senti.

— Confesso que fiquei confusa e irritada. Também, você há de convir que, para mim, foi um choque ver as suas costas. Elas estão horríveis, Helena. Porém, ninguém melhor do que eu para entender o que é sentir vergonha. Você imaginou como fiquei quando Paulo me abandonou, poucos dias antes do casamento, com tudo preparado e os convites enviados? Eu havia preparado o casamento dos meus sonhos e, de repente, ele se transformou em um pesadelo. Foi por isso que pedi, lá na empresa, que me mandassem trabalhar no exterior. Senti tanta vergonha que quis ir para bem longe de qualquer pessoa que me conhecia. Estou feliz com o meu trabalho. Gosto de Roma, mas, sempre que venho aqui para o Brasil, sinto uma vontade imensa de ficar e não voltar mais para Roma.

— Foi muito triste o que aconteceu. Quando recebi a notícia, imaginei como você devia estar se sentindo, mas não tive coragem de telefonar, por isso, preciso pedir perdão.

— Não precisa pedir perdão, Helena. Ainda bem que não telefonou nem foi me visitar. Eu não queria conversar com ninguém. Estava perdida, com raiva e muita vergonha.

— Lembro-me muito bem daquela época. No dia em que você foi a minha casa nos convidar para ser sua madrinha, fiquei feliz. Quando ele chegou, à noite, contei e ele me machucou. Disse que eu precisava encontrar uma desculpa, claro, sem que o comprometesse para dizer a você que nós não podíamos ser seus padrinhos. Disse, também, que eu não iria ao casamento. Fiquei triste e com muita raiva, mas ele sempre me ameaçou. Se eu dissesse a alguém o que estava acontecendo, ele me tiraria Narinha e isso eu não podia aceitar, ficar sem a minha filha.

— Confesso que fiquei muito mal, mas, hoje, agradeço a Deus por ter acontecido antes do casamento, pior seria se tivesse acontecido depois de eu estar casada. É claro que tenho dificuldade em acreditar em outro homem, mas, como diz minha mãe, quando chegar o certo, eu vou saber, acreditar e ser feliz.

— Tem razão, Helena, foi melhor ter acontecido antes do casamento.
Clélia, nervosa, disse:

— Você disse que ele a ameaçou de tirar sua filha? Isso não é verdade, Helena! Os filhos ficam sempre com as mães! Por que não me procurou? Eu teria dado uma solução, uma orientação.

— A vergonha, dona Clélia, a vergonha...

— Não precisava sentir vergonha de mim, Helena. Conheço você desde criança. Deveria saber que podia contar comigo.

— Para ser bem sincera, esse foi apenas um dos motivos. Na realidade, fui covarde. Sempre quis me casar com um homem rico, sempre sonhei com uma vida rica, com todo conforto. Por isso, nunca quis estudar e me preparar, como você fez, Débora. Consegui muito mais do que um dia sonhei e, covarde, fiquei com medo de perder tudo. Sou uma covarde. Acho que nasci assim...

— Pode ter sido covarde, mas, hoje, reagiu e vai ficar bem.

— Espero que sim, mas ainda sinto medo. Olavo, apesar de ser violento comigo, não nos deixa faltar coisa alguma. Vivo em uma casa maravilhosa, tenho até motorista, minha filha frequenta uma boa escola. Tenho muito mais do que aquilo com que sonhei e, às vezes, tenho medo de perder tudo isso.

— Bem, Helena, essa escolha só pode ser sua. Você deve saber o quanto está disposta a pagar pela sua liberdade. Só posso dizer que, aqui, nesta casa, embora simples, você vai poder ficar quanto tempo quiser e precisar. Daqui a alguns dias, Débora vai embora e Rafael não mora aqui há muito tempo. Moro sozinha, portanto você e sua filha podem ficar aqui o tempo que precisar ou quiser.

— Sei disso, dona Clélia. Confesso que, sempre que pensei em sair de casa, nunca pensei na senhora. Foi preciso Eunice, minha empregada, fazer com que eu me lembrasse.

Débora interferiu:

— Eu a conheci no dia em que estive na sua casa e, quando saí, ela me disse que você precisava de ajuda.

— Ela é uma grande amiga. A única que esteve ao meu lado nos piores momentos da minha vida e foi ela quem curou, com seu chá maravilhoso, as minhas feridas. Naquele dia que você foi lá, Débora, olhei algumas fotografias, entre elas, uma em que estávamos eu, você e o Rafa. Eu estava carregando aquela boneca de plástico que você me deu no dia do meu aniversário. Lembra-se disso?

— Sim, claro que lembro. Minha mãe não tinha dinheiro para comprar uma mais bonita.

— Pois eu a achava linda. Naquele dia, lembrei-me de que, quando meu pai batia na minha mãe, eu e minha boneca fugíamos sempre para a sua casa, dona Clélia. Eunice entrou no meu quarto e viu que eu olhava para uma fotografia. Eu contei sobre vocês e sobre a boneca. Ela, então, me disse:

— *Por que a senhora não pega a sua boneca e vai embora para a casa da sua amiga? Tenho certeza de que, mais uma vez, será bem recebida.*

— Confesso que suas palavras ficaram martelando na minha cabeça. No dia em que eu estava no parque, e ao ver todas aquelas pessoas felizes, lembrei-me do que ela disse e pensei:

Por que não?

— Foi naquele momento que resolvi vir para cá. Peguei minha boneca e não olhei para trás. Apenas dei um passo para a minha liberdade. Quando saí de casa não tinha certeza de que a senhora ia me amparar, mas precisava me arriscar.

— Fez bem em vir para cá. Aqui, você está segura.

— Você sabe o motivo de ele ser tão violento?

— Não sei. Só posso dizer que não é por sua criação. Ele foi criado em uma casa com muito carinho. Seus pais se dão muito bem. Quem os vê juntos percebe que eles se amam. Acho que, assim como nasci covarde, ele já nasceu violento.

— Pode ter razão, Helena. Sigo a doutrina espírita e nela aprendi que já vivemos muitas vidas e ainda viveremos outras tantas até conseguirmos, um dia, chegar à perfeição. Nela, aprendi também que a cada vida tentamos corrigir as nossas fraquezas. Talvez, sim, você tenha de vencer a sua fraqueza no sentido de ser covarde e ele conseguir vencer a sua violência.

— Eunice me falou qualquer coisa a respeito dessa doutrina, mas confesso que na época não estava em condições de aceitar ou me interessar por nada que não fosse a violência como estava sendo tratada.

— Isso acontece muito, Helena. Quando somos ou vemos alguém ser violentado ou quando assistimos as mazelas do mundo, chegamos até a pensar quer Deus não existe, mas, a partir do momento em que vamos tomando conhecimento da doutrina, vamos descobrindo que tudo sempre tem uma razão, que as coisas não acontecem por acaso.

— A senhora aprendeu isso lendo livros?

— Sim e revendo a minha vida e a de algumas pessoas e frequentado uma casa espirita. Talvez, você e Olavo renasceram juntos para poderem se perdoar e vencer suas fraquezas.

— Vendo por esse lado, até que pode ser verdade. Gostaria de conhecer essa doutrina.

— Aqui aqui tem os livros que quiser e eu para conversamos, além de todo tempo que precisar para conhecer a doutrina. Basta querer.

Helena ia dizer alguma coisa, quando a campainha tocou. Ela começou a tremer e, gaguejando, disse:

— É ele! O que vou fazer? Preciso esconder Narinha! Ele vai querer levá-la embora!

Demonstrando uma calma que não sentia, Clélia falou:

— Acalme-se, Helena. Tem certeza de que não quer, mesmo, mais esse homem?

— Tenho certeza, dona Clélia. Preciso me libertar dele.

— Sendo assim, sente-se no sofá da sala e não fale coisa alguma. Deixe que eu falo com ele. Aqui, na minha casa, ele não vai fazer nada contra você. Estou aqui e, se for preciso, chamo a polícia.

Olhou para Débora, que também estava assustada:

— Pegue Narinha, que está assistindo ao desenho na sala. Vá com ela até os fundos do quintal. Invente uma brincadeira e não deixe, de maneira alguma, que ela entre na casa. Não quero que ela assista ao que vai se passar aqui.

A campainha voltou a tocar.

— Vá logo, Débora!

Débora, apressada, foi até a sala e voltou trazendo Narinha pela mão:

— Vamos lá para os fundos, Narinha. Lá tem um quarto onde guardei algumas bonecas e brinquedos que eram meus e de meu irmão.

A menina, sem imaginar o que estava acontecendo, rindo, saiu com Débora pela porta dos fundos. Após ver que Débora saiu e que Helena, embora tremendo, estava sentada, olhando para a porta, abriu-a, pronta para não deixar Olavo entrar, pois sua intenção era a de conversar com ele fora da casa. Entretanto, viu o carro que havia trazido Helena. Assim que Clélia saiu, Helena puxou a cortina e deixou só um pedacinho de onde podia ver a rua.

Clélia caminhou até o portão:

— Pois não?

— Desculpe, senhora, meu nome é Odila e sou a mãe de Olavo. Esta é Eunice, a empregada da casa de Helena. Viemos até aqui para conversar com Helena. Ela está aqui, não está?

Antes que Clélia respondesse, Helena saiu pela porta;

— Dono Odila! O que a senhora está fazendo aqui?

Ao ver Helena, Odila sorriu, abriu os braços. Helena correu para abraçá-la:

— Vim ver você, Helena!

— Olavo telefonou para a senhora?

— Não, ele não telefonou. Se eu acreditasse, diria que foi uma coincidência, mas como não acredito, só posso dizer que foi intervenção divina.

— Não estou entendendo...

— Coisas da doutrina que estou estudando, mas isso não importa, podemos entrar?

Helena olhou para Clélia, que disse:

— Claro que sim! Fico feliz em receber vocês em minha casa!

Entraram e Clélia apontou um sofá onde Odila e Helena sentaram-se. Eunice ficou de pé.

— Sente-se aí, Eunice! Você é da família!

Helena não entendeu e olhou para Eunice, que disse:

— Desculpe, dona Helena, mas não resisti a tanta injustiça e contei tudo para dona Odila. Ela quis vir conversar com a senhora.

— Fez muito bem em me contar, Eunice! Jamais imaginei que Olavo pudesse estar se comportando de forma tão cruel! Esse não foi o filho que eu e o pai dele criamos, mas quem mais errou nesta história foi você, Helena.

— Eu, por quê?

— Por não ter me contado o que estava acontecendo. Eu teria conversado com Olavo e vocês se acertariam ou teriam se separado há muito tempo. Mulher alguma pode nem deve ser espancada ou humilhada por um homem.

— Eu não podia, ele ameaçava me tirar Narinha.

— Você não pensou, nem por um minuto, que eu nunca permitiria isso? Embora ela não seja minha neta, eu a amo como se fosse.

Helena olhou para Clélia e Eunice, depois para Odila e perguntou:

— O que a senhora está dizendo? Disse que Narinha não é sua neta?

— Não vim aqui para falar sobre isso, Helena. Essa conversa podemos deixar para depois que tudo estiver mais calmo.

— Precisamos conversar, sim, dona Odila. Não sei o que está dizendo! Claro que Narinha é sua neta! É filha de Olavo!

— Ele diz que não é.

— Está mentindo, dona Odila! Não sei com qual intenção, mas ele está mentindo!

— Ele sempre foi violento assim?

— Não, só começou a me tratar mal quando soube que eu estava grávida. Durante a gravidez, foram apenas palavras, mas, depois que ela nasceu, ele se transformou em um homem violento. Além de me humilhar, começou a me machucar.

— Você nunca tentou saber o motivo que o levou a se modificar?

— Claro que sim, cansei de perguntar, mas ele só respondia: *Você sabe, não entendo por que está perguntando.*

— Sempre que eu perguntava, ele me machucava mais. Com o tempo, para não dar motivo, deixei de perguntar.

— Não estou julgando ou condenando você. Só quero o seu bem-estar e o de Narinha também.

— Não fiz coisa alguma para ser julgada ou condenada! A senhora precisa acreditar em mim! Narinha é filha de Olavo!

— Está bem, já que insiste. Olavo fez um exame e nesse exame está escrito que ele é estéril; portanto, não pode ser pai de Narinha e de nenhuma outra criança.

Clélia olhou para Helena, que se levantou e gritou;

— Não pode ser, nunca estive com outro homem que não fosse ele! Narinha é sua filha!

— Ele tem o resultado, Helena...

Helena ia falar, quando a porta se abriu e, por ela, entrou Rafael:

Ao ver todas lá, parou de falar e ficou olhando para a mãe, que disse:

— Rafael, esta senhora é a sogra de Helena e esta moça trabalha na casa dela.

— Desculpe-me, senhora, não sabia que o carro que está aí na frente era o seu. — disse, constrangido pela situação.

— Você é o irmão de Débora?

— Sou.

— Olavo insiste em dizer que você é o pai de Narinha.

— O quê? O que a senhora está dizendo, quem é Narinha?

— É minha filha, Rafa. Está havendo uma confusão terrível, nem sei por que o seu nome entrou nessa história.

— Eu não sei o que está acontecendo, mas não tenho nada a ver com esta história. Nem conheço a sua filha!

Clélia disse:

— Desculpe-me, dona Odila, mas, se seu filho disse isso, ele está enganado. Meu filho e Helena se conhecem desde crianças, chegaram a namorar, mas, depois que ela se casou, nunca mais se viram.

— Não sou eu quem falou, foi meu filho. Ele está muito confuso e em uma situação como essa se faz muita especulação e se diz muita asneira. Pela reação do seu filho e de Helena, percebo que ele não tem nada a ver com isso e nem é o pai de Narinha.

— Não sou mesmo! Não sabia que o seu marido batia em você, Helena, só fiquei sabendo quando Débora me contou. Quer saber? Fiquei muito feliz! Você queria dinheiro e desejava morar em uma boa casa? Pois bem, conseguiu! Quase destruiu minha vida! Traiu seu marido? Era somente isso que se poderia esperar de uma mulher como você! Agora, se me dão licença, eu vou embora, sou apenas um professorzinho de matemática, mas preciso preparar minha lição para amanhã!

Estava saindo, quando Clélia falou:

— Espere, meu filho! Não precisa ir embora! Podemos conversar!

— Desculpe-me, mamãe, mas não estou com cabeça para conversar. Passei aqui somente para dar um beijo na senhora e na Débora. Preciso mesmo preparar a lição que vou passar, amanhã, para meus alunos.

Nervoso, saiu da casa.

Clélia, desconsertada pela atitude do filho, tentou se desculpar:

— Desculpe-me, novamente, dona Odila. Não sei o que aconteceu, ele não é assim.

— Sei disso, dona Clélia. Ele tem motivos para ficar tão nervoso.

Voltou os olhos para Helena e continuou:

— Está claro que esse moço não é o pai de Narinha, Helena. Só você pode nos esclarecer. Quem é o pai dela?

— Eu não sei, dona Odila! Posso morrer dizendo isso! Não entendo por que Olavo inventou uma coisa como essa! Isso tudo é uma loucura! Não pode estar acontecendo...

— Não devia, mas está acontecendo. Já disse a você que não importa quem seja o pai dela, para mim continuará sendo minha neta. Pode nos contar, garanto que tanto você como ela ficarão bem. Disse, também, que não estou aqui para julgar ou condenar você. Só preciso saber da verdade, nada além disso. Se fosse há alguns dias, mesmo tendo uma doutrina que nos ensina a não julgar, eu teria julgado você, mas após relembrar a história da minha mãe, e de saber tudo o que Olavo fez com você, sinto que não tenho esse direito.

— Já disse mil vezes! Eu não sei, nunca estive com outro homem nem em pensamento...

— Sinto muito, Helena, se continuar negando não vou poder ajudar você. Acho que está na hora de irmos embora, Eunice.

— Ela está dizendo a verdade, dona Odila! Ela nunca traiu o senhor Olavo...

— Queria acreditar nisso, mas existe um exame médico, Eunice...

Helena, ainda chorando muito, se calou.

— Desculpe por ter dito para a senhora pegar sua boneca e ir embora sem olhar para trás, dona Helena. Não imaginei que isso poderia acontecer. Quero dizer que acredito na senhora. Vivi muito tempo ao seu lado e sei que é uma pessoa maravilhosa.

Ao ouvi aquilo, Helena secou os olhos e, olhando nos olhos de Eunice, falou:

— Não, Eunice, não se arrependa. Eu preciso agradecer a você por aquelas palavras que disse. No dia em que você me falou aquilo, eu comecei a pensar em me libertar e a deixar para trás toda a vida que estava vivendo até agora. Não sei o que vai acontecer, mas, seja o que for, eu vou seguir em frente e ninguém vai me impedir.

A campainha tocou. Clélia afastou a cortina e falou:

— Helena, é o seu marido. Quer ir para os fundos ficar com Débora? Eu e dona Odila podemos conversar com e ele.

— Não, dona Clélia. Obrigada, mas vou ficar aqui e ver o que ele quer. Quero saber por que ele inventou uma mentira como essa! Não tenho mais medo dele nem de ninguém. Quero cuidar da minha vida e da minha filha! Pode deixar que entre!

Odila levantou-se, abriu a porta:

— Entre, Olavo. Estávamos esperando por você.

Enquanto entrava, foi dizendo:

— O que a senhora está fazendo aqui, mamãe?

— Vim conversar com Helena.

— Não devia ter feito isso, mamãe! Este assunto é meu!

— Deixou de ser no momento em que você agiu como um canalha. Agora entre e se comporte. Está em uma casa que não é a sua.

— Canalha, eu? Foi ela quem me traiu!

— Isso não é desculpa para o que você fez.

Sem dar atenção ao que a mãe dizia, Olavo entrou na casa e foi direto para onde Helena estava. Gritando, disse:

— Como você se atreveu a sair de casa levando minha filha?

Helena olhou em seus olhos e respondeu:

— Sua filha! Você disse a todos que ela não é sua filha!

Ao ouvir aquilo, ele, tomado de muita raiva, fechou as mãos e partiu para cima dela, que permaneceu no lugar. Carlos se colocou na frente para impedir que ele a agredisse:

— Pare com isso, Olavo! Vocês precisam conversar como adultos!

Helena afastou Carlos e colocou-se diante de Olavo:

— Não se preocupe, Carlos, é assim mesmo que ele sempre faz. Não conversa, apenas machuca!

Para surpresa de todos, Helena desabotoou a blusa e a tirou e, virando-se de costas, disse:

— Vou facilitar para você, Olavo, pode começar a me machucar!

Odila, Clélia e Carlos, ao verem as costas dela, ficaram apavorados. Odila partiu para cima de Olavo e, com muita raiva, segurando-o pelos braços, gritou:

— Como pode fazer uma coisa horrível como essa, Olavo? Você está louco?

— Ela me traiu, mamãe! O que a senhora queria que eu fizesse, que a beijasse?

— Não, queria que você fosse homem e a abandonasse, mas nunca que fizesse isso. Você é um monstro!

Helena, que já tinha colocado a blusa, sem chorar, disse:

— Nunca mais você nem ninguém vai me machucar, Olavo! Eu me submeti a isso por não entender o que estava acontecendo com você e porque eu achava que o amava, mas agora tudo isso terminou! Não sou uma boneca sem vontade! Sou um ser humano e mereço respeito! Você vai embora daqui e nunca mais retorne. Vou procurar um advogado para saber quais são os meus direitos!

Ainda com raiva, ele disse:

— Pode procurar os seus direitos, Helena, mas garanto que não vai ficar com a minha filha! Vou fazer com que não fique com nada do que é meu, nem com Narinha!

— Você diz que ela não é sua filha. Não a ama. Só está querendo usá-la contra mim, mas não vou permitir. Ela é sua filha, nunca estive com outro homem!

— Eu tenho o resultado de um exame que diz o contrário!

— Pois esse exame deve estar errado! Mas isso não tem mais importância! Agora, saia daqui e não volte nunca mais!

— Não vou sem a minha filha! Nunca vou dar paz a você! Ela pode não ser minha filha, mas é sua e por isso não vai ficar com ela!

— Está dizendo que não ama minha filha e que só quer ficar com ela para me atingir?

— Isso mesmo! O que você fez não tem perdão. Por isso, quero que volte para casa para que continue ao meu lado, como sempre foi!

— Demorou para eu entender que sou uma pessoa, não uma boneca, e que tenho o direito de viver da maneira como eu quero. Nada fará com que eu volte a viver com você!

— Então, vai ficar sem a sua filha!

— Não sei se isso vai acontecer. Quem vai decidir será um juiz! — voltou-se para Odila e, chorando, falou:

— Dona Odila, sei que, apesar de tudo, a senhora gosta da minha filha e que nunca fará mal a ela. Narinha tem seus traços e até o seu cabelo, pois o meu e o da minha família são lisos, muito lisos. Quero pedir que, por favor, fique com Narinha até que tudo isso se resolva. Não posso voltar a viver com seu filho, porque, como a senhora disse, ele é um monstro.

— Você está me dando sua filha?

— Não! Estou pedindo que cuide dela pelo tempo que for preciso! Vou lutar por ela de todas as maneiras que puder, mas nunca mais voltarei a viver ao lado do seu filho, nem que para isso eu tenha de entregar minha filha, definitivamente, para a senhora...

— Sabe bem o que está dizendo, Helena?

Ainda chorando, Helena respondeu:

— Sei, dona Odila. Essa é a única solução. Não vou permitir que Olavo a use para me atingir. Ela é uma criança e não pode nem merece passar por tudo isso. Não quero que ela sofra, mas também não suporto sofrer mais. Faça isso porque, pode ter certeza, ela é sua neta...

— Está bem, Helena. Pode ficar tranquila que sua filha vai ficar protegida de tudo isso. Hoje mesmo ela vai comigo para Porto Alegre e só vai voltar quando tudo estiver resolvido. Quanto a você, Olavo, não se atreva a me impedir nem vá me visitar. Neste momento, estou muito triste por você e procurando descobrir onde errei na sua educação. Vamos embora.

— Só queria pedir um favor, dona Odila.

— Pode falar, Helena.

— Não quero que Narinha sequer desconfie do que está acontecendo. Por isso, se a senhora concordar, vou dizer a ela que eu e seu pai vamos fazer uma viagem e que ela vai ficar com a senhora até voltarmos. Posso contar com a senhora?

— Claro que pode, Helena! Também não quero que ela se envolva! Ela é uma criança. Onde ela está?

— Quando a senhora chegou, achei que fosse Olavo, e minha amiga está brincando com ela em um quartinho que tem nos fundos do quintal. Não quis que ela presenciasse a nossa conversa. Sabia que não ia ser fácil.

— Deixe que eu vou chamar Débora e a menina.

— Obrigada, dona Clélia.

Clélia apenas sorriu para Helena e saiu. Voltou logo depois, acompanhada por Débora e Narinha que, assim que viu o pai e Odila, correu para ele e abraçou-se em suas pernas. Ele, distante, apenas passou a mão na sua cabeça e a afastou. Odila ajoelhou-se, abriu os braços e falou:

— Narinha, venha até aqui e dê um abraço bem forte na vovó.

A menina correu para ela e a abraçou com muita força. Odila, por cima da cabeça dela, olhou para Olavo com um olhar fulminante e disse:

— Narinha, a mamãe tem algo importante para conversar com você.

Helena se aproximou, também se abaixou e, abraçando a filha, esforçando-se para não chorar, falou:

— Narinha, eu e o papai precisamos fazer uma viagem e, como vai demorar um pouco, você vai ficar com a vovó. Ela vai cuidar de você e fazer um bolo que é uma delicia!

— Eu vou para a casa dela?

— Vai, sim, minha filha.

— Lá tem cachorro?

— Tem, Narinha, uma cachorrinha linda que gosta de brincar com crianças e vai ficar feliz quando conhecer você.

Narinha olhou para Odila e, rindo, disse:

— Então eu vou. Mamãe, a senhora vai demorar muito para voltar?

— Não, meu amor. Assim que voltar, vou buscar você.

Helena e Odila levantaram-se. Odila abraçou Helena e disse ao seu ouvido:

— Helena, aprendi que não devemos julgar, mesmo porque, se você fez alguma coisa, já pagou com juros. Espero que encontre o seu caminho e que seja feliz. Não se preocupe, vou cuidar muito bem da sua filha.

— Obrigada por tudo, dona Odila, sei que vai cuidar muito bem da minha filha e não se esqueça de que ela é, sim, sua neta.

— Isso não tem importância. Amo essa menina, sendo ou não minha neta.

Olavo, ao sentir-se excluído da conversa e não acreditando que Helena havia tomado aquela atitude, disse:

— Vamos embora, Carlos! Nada mais temos a fazer aqui.

Dizendo isso, saiu sem se despedir. Carlos apertou a mão de Clélia e Débora. Quando chegou perto de Helena, também apertando sua mão, disse:

— Até um dia, Helena. Vou fazer o que for possível para demover essa ideia de Olavo de querer ficar com sua filha.

— Obrigada, Carlos. Você sempre foi um grande amigo.

— Titia, preciso ir com Olavo. Ele não me parece bem.

— Vá, meu filho. Ele merece não estar bem. Espero vocês na casa dele. Temos muito o que conversar.

Carlos saiu da casa, entrou no carro, onde Olavo o esperava, e foram embora.

Odila despediu-se de Clélia e de Débora. Eunice abraçou Helena, despediu-se de Clélia e de Débora e foram embora.

Antes de saírem, Helena abraçou a filha e as acompanhou até o carro que saiu e ela, com lágrimas nos olhos, ficou olhando-o desaparecer.

Atitude esclarecedora

No carro, Olavo estava nervoso e batendo com a mão sobre o volante, gritou:

— Não entendo como isso pode estar acontecendo!

— Não entende o que, Olavo?

— Helena me traiu e todos ficaram do lado dela como se fosse a vítima! Como pode ser isso, Carlos?

Carlos, que até agora estava tentando se manter calmo, não suportou e, também gritando, respondeu:

— Sou eu quem não acredita ou entende o que fez! O que você fez é crime, Olavo! Eu sabia que você maltratava Helena mas, somente quando vi as costas dela, foi que percebi o que você fez! O que fez com ela foi um horror, uma tortura! É crime e você devia estar preso!

— Até você, Carlos, está contra mim?

— O que queria que eu fizesse? Você está parecendo o Giuseppe, acho até que está pior do que ele! Desculpe-me, mas não tenho como ficar do seu lado!

— Está querendo dizer que aceita a teoria louca da minha mãe, a de que existe reencarnação?

— Estou, Olavo! Sua mãe pode ter razão! Não pode ser só coincidência, você agiu como ele ou até pior do que

Giuseppe! Você usou a mesma tática dele: feriu Helena só nas costas como ele fazia!

— Assim como ele, eu usei a única maneira de tratar uma traidora! Ele teve sua razão e eu tenho a minha!

— Ele, como você e todos os que agem assim, estão errados, Olavo! Ninguém tem o direito de torturar, de humilhar outra pessoa!

— Foi ela quem me humilhou ao me apresentar a sua filha como sendo minha! Ela me traiu, Carlos! Será que ninguém vê isso?

— Todos nós ficamos abismados com essa sua revelação, mas, mesmo assim, você não tinha o direito de fazer o que fez! O máximo que poderia ter feito era tê-la abandonado!

— Para que ela ficasse com seu amante? Eu nunca faria isso nem farei! Ela vai ficar ao meu lado, querendo ou não!

— Ela deixou bem claro que nunca mais vai voltar para viver ao seu lado!

— Disse isso por estar diante de pessoas que ela percebeu estarem do seu lado, mas, quando se vir sozinha, sem dinheiro, vai repensar e ver que, apesar de tudo, sempre teve a boa vida.

— Boa vida, Olavo? Você acha que ser humilhada e torturada seja uma boa vida?

— Você viu o que o namoradinho dela disse? Ela o abandonou para se casar comigo por eu ser rico. Ela queria ter uma boa vida!

— Ela pode ter se casado com você por esse motivo, mas, hoje, ela não quer mais!

— Não acredito nisso, mas, se ela continuar com essa ideia maluca, vai ficar sem a filha! Vou fazer tudo o que puder para que a menina fique sob minha tutela!

— Se fizer isso, eu, que sempre fui seu amigo, vou deixar de ser, Olavo! Nunca mais, em minha vida, vou conversar com você! Isso que está pretendendo é abominável! Você não gosta da menina! Posso até afirmar que tem ódio!

— Sinto perder sua amizade, mas não vou mudar a minha maneira de ser só para manter sua amizade! No momento em que você, mesmo sabendo que fui traído, fica contra mim, considero que você não é meu amigo!

— Já que você pensa assim, nada mais me resta a fazer. Estamos chegando à sua casa e prometi à titia que ia esperar por ela. É isso que vou fazer. Quanto a você, vendo que não vai mudar de ideia, nunca mais vou conversar com você!

— Você é quem sabe!

Ficaram em silêncio até chegarem à frente da casa de Olavo. Carlos desceu rapidamente e entrou na casa.

O carro em que Odila, Eunice e Narinha estavam chegou e parou atrás do de Olavo, que ainda estava sentado ao volante. Odila desceu e, com voz firme, perguntou:

— Ainda está aí dentro do carro, Olavo?

Olavo olhou para a mãe com o rosto crispado e respondeu:

— Estou aqui pensando em como as pessoas não respeitam o que sentimos.

— Acho muito bom que esteja pensando em tudo o que aconteceu. Agora, vamos entrar. Precisamos conversar.

— Não temos mais o que conversar, mamãe. Já dissemos tudo o que precisava ser dito.

— Não, Olavo. Ainda temos muito o que conversar. Enquanto estava vindo para cá, estive pensando em algumas coisas. Por isso, quero que entre agora.

Vamos!

A contragosto, Olavo saiu do carro e entrou em casa. Genaro estava sentado em um sofá ao lado de Carlos. Assim que entraram, os dois se levantaram e Genaro perguntou:

— Carlos estava me contando que vocês encontraram Helena. Como ela está? Descobriram por que ela foi embora?

Odila colocou o dedo sobre os lábios e fez um sinal para que ele parasse de falar. Depois, olhou para Eunice e disse:

— Eunice, prepare um lanche para Narinha e depois vá brincar com ela no quintal ou no quarto, por favor.

Eunice entendeu e, pegando a menina pela mão, falou:

— Vamos, Narinha. Sei que está com fome, também estou. Hoje, fiz um bolo muito gostoso.

A menina, sem conseguir entender o que estava acontecendo, sorrindo, seguiu Eunice.

Assim que elas saíram, Genaro, nervoso, levantou-se e perguntou:

— O que aconteceu? Por que vocês estão tão sérios e por que Narinha está aqui em casa?

— Acalme-se, Genaro. Vou contar o que aconteceu. Garanto que, assim como eu e Carlos, também vai ficar nervoso. Volte a se sentar.

Genaro sentou-se e ficou olhando para Odila, que começou a contar tudo o que havia acontecido. Terminou, dizendo:

— Como pode ver, meu velho, nosso filho se transformou em um monstro...

Genaro voltou a se levantar e, com muita raiva e vergonha, gritou:

— Como pode fazer isso, Olavo? Como maltratar sua mulher dessa maneira?

Olavo, mais nervoso do que já estava, também gritando, respondeu:

— Não consigo acreditar que ninguém está levando em conta que ela me traiu, e não foi só a mim, foi a todos nós! O que queria que eu fizesse, papai, que desse a ela uma flor?

— Não, o máximo que poderia ter feito era tê-la abandonado, mas nunca fazer o que fez! Está errado, Olavo, será que você não consegue aceitar que errou?

Ao ver que pai e filho estavam brigando, Odila se colocou no meio dos dois e, calma, falou:

— Não adianta ficarmos brigando. Agora que sabemos tudo o que aconteceu, precisamos discutir e encontrar uma solução. Precisamos pensar em Narinha que nada tem a ver com tudo o que os adultos fizeram.

— Narinha está bem, mamãe! Helena desistiu dela!

— Não, Olavo. Ela não desistiu de Narinha, ela desistiu de você. Ela não aguenta mais ser maltratada e humilhada por você. A atitude dela fez com que eu pensasse. Embora estivesse nervosa por tudo que estava acontecendo, nem por um minuto ela admitiu ter traído você, meu filho. Ela chamou a minha atenção para que eu olhasse bem para Narinha e visse como ela tem os traços da nossa família. Ela tem os cabelos crespos como os nossos. Os cabelos de Helena e de sua mãe são lisos, muito lisos. Ela tem, sim, os nossos traços e até parece muito com você, Genaro. Acho que você, Olavo, é, sim, o pai de Narinha.

— Como pode dizer isso, mamãe? A senhora não viu o resultado do exame?

— Alguns exames são trocados no laboratório, Olavo! Muitos médicos pedem para que eles sejam repetidos. Não sei por que, mas Helena me convenceu. Para que não exista dúvida alguma, acho que você deveria fazer outro exame.

— O que a senhora está dizendo? Eu, fazer outro exame, me submeter a outra humilhação? Nunca! A senhora entendeu? Nunca!

— Sua mãe tem razão, Olavo! Helena também me convenceu! Esse exame pode estar errado! Não custa fazer novamente...

— Como pode dizer isso, Carlos? Ela me traiu, por que será que ninguém aceita isso?

— Isso eu entendi, só não entendo por que você se recusa a fazer outro exame! Com um segundo resultado, não vai restar mais dúvida alguma!

Olavo ia falar, quando o telefone tocou. Odila atendeu. Do outro lado da linha, uma voz de mulher falou:

— Preciso conversar com Olavo. Ele está?

Odila reconheceu a voz e, muito nervosa, respondeu:

— Ele está, sim, moça, só que não vai conversar com você!

— Quem é a senhora para me dizer isso? Deve ser a empregada da casa, Vou pedir a Olavo que a dispense!

— Ele pode até me dispensar, mas esta é a casa dele, da sua mulher e da sua filha! Por favor, nunca mais telefone para cá. Procure se encontrar ou falar com ele em outro lugar! Respeite esta casa que é de família!

Assim que terminou de falar, Odila bateu o telefone.

Olavo tentou dizer alguma coisa, mas Odila, olhando em seus olhos, disse:

— Olavo, não sei o que vai acontecer, só sei que você nunca poderia ter permitido que uma das suas mulheres telefonasse para sua casa! Isso não se faz! Vim para ficar alguns dias, mas, agora, depois de tudo, vou ficar bem mais do que imaginei. Se essa mulher ou qualquer outra telefonar, sinto muito, mas vou ter de ser malcriada! Agora, querendo ou não, você vai refazer esse exame, não por você nem por Helena, mas por Narinha! Ela merece isso. Eu a amo e vou continuar amando, mesmo que não seja minha neta, mas precisamos ter certeza!

— Eu não vou fazer exame algum! Já fiz e já tenho a minha resposta!

Genaro se levantou e, nervoso, disse:

— Você vai fazer, sim! Amanhã, bem cedo, eu e você vamos ao laboratório! Sou seu pai, sempre me orgulhei muito de você, mas agora estou decepcionado! Sua mãe e Carlos acreditaram em Helena, por isso você precisa nos tirar essa dúvida!

— Podemos ir ao laboratório do André. Ele é nosso amigo e poderá nos dar o resultado amanhã mesmo!

— Tem razão, Carlos! É isso o que precisa fazer, Olavo! Quanto antes tivermos o resultado, melhor!

— Está bem, mamãe, embora saiba que em nada vai adiantar, mas, para que não haja dúvida alguma, vou refazer esse exame!

— Que bom, meu filho, que entendeu a importância de fazer isso. Agora, vamos terminar com este assunto e trazer Narinha de volta. Ela gosta de ficar ao nosso lado. Como eu disse, ela não tem nada a ver com os erros dos adultos!

— Está bem, mamãe, vamos fazer isso.

Sorrindo, Odila saiu da sala e foi buscar Narinha.

Eunice e Odila entraram na sala, segurando Narinha pela mão. Assim que entraram, a menina se soltou, correu para Olavo e, como sempre fazia, abraçou-se às suas pernas. Para surpresa não só de

Eunice, mas de todos, Olavo se ajoelhou e abraçou a menina e, depois, beijou sua testa. A menina, que também não estava acostumada com aquilo, abraçou-o bem forte e só o largou quando Eunice fez com que se soltasse dele.

Depois que se afastou da menina, Olavo saiu da sala em silêncio e foi para seu quarto. Entrou e fechou a porta. Deitou-se na cama e, com os olhos para o teto, ficou pensando:

Não posso negar que até a mim Helena surpreendeu. Ela está disposta a perder tudo o que tem, até a filha, para não voltar a viver ao meu lado. Embora não queira aceitar, quando as pessoas começaram a me condenar, percebi a crueldade que usei contra ela. Hoje, quando mamãe me falou que Narinha tem nossos traços, olhando bem para ela, preciso concordar. Será que o resultado do exame estava errado? Agora, preciso tirar essa dúvida. Amanhã bem cedo vou ao laboratório do André.

Segunda chance

Assim que todos saíram da casa de Clélia, Helena começou a chorar com muita força, sem conseguir evitar os soluços que partiam do fundo do seu coração. Enquanto chorava, dizia:

— Acabei de perder a minha filha! Olavo tem muito dinheiro e vai conseguir ficar com ela...

— Não diga isso, Helena, ela é sua filha e nenhum juiz deste mundo vai tirar esse direito que é seu! Ainda há mais: Olavo diz não ser o pai dela. Precisamos encontrar um advogado que vai nos ajudar! Tenha fé em Deus. Ele, somente Ele, é quem sabe de tudo.

— Não sei, dona Clélia. Neste momento, estou arrependida de ter entregado a minha filha...

— Acalme-se, minha filha. Precisamos conversar. Precisamos saber se essa história de que Olavo não é o pai de Narinha é verdadeira.

— Não sei como ele conseguiu inventar isso, dona Clélia. Nunca estive com outro homem. Algumas vezes, depois de tanto sofrimento, até pensei em procurar Rafael, mas nunca fiz isso. Apesar de tudo o que ele me fez, sempre fui uma esposa sincera. A única coisa de que me culpo é a de, verdadeiramente, ter me casado iludida por tudo o que ele podia me proporcionar e, durante todo o tempo em que estive ao lado dele, sempre pensei que, se me separasse, poderia perder tudo o que consegui com este casamento, uma boa casa, carro com motorista e essas coisas que, com o tempo, percebi que de nada valiam. Eu sempre fui muito infeliz. Agora decidi que paguei um preço muito alto e, apesar de tudo, não quero mais pagar.

— Você não quer, mesmo, voltar para ele?

— Não, Débora, não quero. Não sei como vou continuar a minha vida. Como você sabe, não tenho profissão nem terminei meus estudos, mas estou disposta a fazer qualquer trabalho para poder seguir em frente. Sei que não vai ser fácil, mas esse vai ser o preço que preciso pagar pela minha liberdade.

— Estive pensando, Helena. Embora goste de trabalhar em Roma, sinto falta da minha terra, do meu povo sempre alegre. Aqui, tenho minha mãe, meu irmão e, agora, você e Narinha. Fui embora daqui pelo que aconteceu com Paulo e por estar envergonhada, mas, agora, sinto que tudo passou, que o tempo é o melhor conselheiro. Vou conversar na empresa e pedir para que me tragam de volta. Quando isso acontecer, talvez eu arrume um emprego para você lá na empresa. Não vai ser um cargo alto, mas alguma coisa com a qual você possa se sustentar.

— Vai fazer isso por mim, Débora?

— Vou. Não sei se vou conseguir, mas vou tentar. Todos nós temos o direito de ter uma segunda chance. Fazendo isso, vai dar uma segunda chance não só a você, mas a mim também. Acho que, para mim, também chegou a hora de esquecer o passado e recomeçar. Sinto que ainda vou ser feliz.

— Estou feliz por ver você assim, minha filha. Finalmente, você entendeu que algumas coisas acontecem na nossa vida por uma razão. E, que, na maioria das vezes, embora não entendamos nem aceitemos, era o melhor que podia nos acontecer. Vocês duas precisam recomeçar e eu estou aqui para ajudar no que for possível. Você, Helena, pode ficar morando comigo pelo tempo que quiser e precisar. Sei que sua filha vai voltar para os seus braços e ela, também, vai ser bem recebida.

— A senhora vai receber a mim e à minha boneca, como fazia quando eu era criança?

Débora e a mãe riram. Clélia disse:

— Claro que sim, Helena! Você e sua boneca sempre serão bem vindas! Agora, pare de chorar e vamos tomar um lanche. Quanto ao Olavo, vamos entregar nas mãos de Deus e aceitar o que e como vier.

Embora com os olhos cheios de lágrimas, Helena sorriu e as três foram para a cozinha preparar o lanche.

Olavo não dormiu bem. A todo instante acordava, pensando em Helena e em tudo o que havia acontecido naquela tarde. Não conseguia se esquecer do olhar que ela lhe lançou quando pediu a Odila que cuidasse de sua filha. Pela manhã, levantou-se e foi para a sala de jantar, onde, todos os dias, era servido o café. Assim que entrou, viu que seus pais já estavam lá. Antes de sentar-se, beijou os pais e Narinha, que também tomava café. Tentando demonstrar uma alegria que não sentia, rindo, disse:

— Bom dia! Dormiram bem?

— Dormimos, mais ou menos. Estamos preocupados com você.

— Pois não precisam se preocupar. Conseguiram colocar uma dúvida na minha cabeça. Por isso, resolvi que, para que toda dúvida desapareça, mesmo sabendo que não vai adiantar, vou refazer o exame. Agora, logo depois de tomar café, estou indo para o laboratório. Resolvi que também preciso tirar minha dúvida para saber, com certeza, que atitude tomar.

— Estou pronto para ir com você.

— Não precisa, papai. Vou lá e depois preciso ir para o escritório.

— Qual é o problema? Vou com você até o escritório. Quero ver como estão as coisas por lá.

— Está bem, entendi. Não estão acreditando que vou mesmo fazer o exame, não é?

— Bem, Olavo, você não pode negar que nos deixou preocupados com sua teimosia.

— Sei disso, mamãe, mas pensei bem e acho que este é o melhor caminho a seguir. Só assim, livre de qualquer dúvida, poderei tomar a decisão certa.

Juarez pediu licença e entrou na casa.

— Está na hora de levar Narinha para a escola.

— Vou com você, Juarez. Quero me despedir dela em frente à escola. Acho que você vai gostar, não vai, Narinha?

— Vou gostar muito! Mamãe sempre vai comigo!

— Então, vamos?

Narinha beijou o pai, depois Genaro e, feliz, saiu de mãos dadas com Odila e Juarez. Enquanto ela saía, Genaro disse:

— Ela parece ser da nossa família, não parece, Olavo?

— Não sei, papai!

— Vamos tirar essa dúvida, meu filho.

Calado, Olavo foi em direção à porta. Genaro, também calado, o acompanhou.

Entraram no carro e Olavo saiu dirigindo. Quinze minutos depois, Olavo estacionou o carro em frente ao laboratório. Desceram do carro e, assim que entraram, foram encaminhados a uma das salas. André, ao vê-los, levantou-se e, estendendo a mão, surpreso, perguntou:

— Olavo! O que está fazendo aqui?

Antes que Olavo respondesse, André olhou para Genaro e perguntou:

— O senhor não está doente, está, senhor Genaro?

— Não, André. Vire essa boca para lá...

— Estamos aqui por minha causa, André.

— Você? O que aconteceu?

— Preciso fazer um espermograma.

— Você? Por que, já não tem uma filha?

— André, você é meu amigo, mas não quero entrar em detalhes, só preciso fazer esse exame e ter o resultado o mais rápido possível. Pode ser?

— Claro que sim, Olavo, e desculpe a minha curiosidade.
— Não tem problema. Podemos fazer agora?
— Sim.
— Tocou o interfone e logo depois uma moça entrou e acompanhou Olavo.

Genaro ficou conversando com André e perguntou por seu pai, já que eram amigos há muito tempo. Algum tempo depois, Olavo entrou na sala:

— Está feito, André. Quando posso pegar o resultado?
— Daqui a alguns dias.
— Não posso esperar, André. Tenho urgência. Foi por isso que vim até aqui. Acredito que, por ser meu amigo, pode apressar o resultado.

Está bem. Vou passar seu exame na frente dos outros e talvez hoje à tarde ou amanhã cedo já possa ter o resultado.

Olavo e o pai saíram e foram para o escritório. Assim que chegaram, encontraram Carlos que, ansioso, perguntou:

— Então, foram ao laboratório?

Olavo, mais calmo, rindo, respondeu:

— Fomos, Carlos. Mesmo que eu não quisesse ir, quando acordei, meu pai já estava de plantão me esperando. Fiz o exame e André disse que vai fazer o possível para ter o resultado hoje à tarde.

— Ainda bem que decidiu, Olavo. Estou feliz por você.
— Bem, vejo que vocês têm muito o que conversar. Vou andar pela empresa e ver o nosso mostruário. Quero ver os modelos que estão produzindo.

— Faça isso, papai. Eu e Carlos precisamos trabalhar.

Genaro saiu. Olavo pediu à secretária que servisse um café para eles. Ela saiu e, logo depois, voltou com uma bandeja. Serviu o café para ambos e saiu novamente.

— Olavo, suponhamos que o exame seja diferente do outro e Helena esteja falando a verdade. O que pretende fazer?

— Nada, Carlos, porque o exame vai ter a mesma resposta. Ela me traiu!

— Está bem. Aceito que ainda duvide, mas, e se der positivo? Se ficar provado que você pode ser o pai de Narinha, o que vai fazer? Vai pedir perdão para Helena?

— Pedir perdão? Quem, eu? Nem pensar! Ela acabou com a minha vida!

— Ela acabou com a sua vida ou você acabou com a dela?

— Vamos deixar para discutirmos isso depois que o resultado chegar.

— Ainda pretende tirar Narinha dela?

— Claro que sim! Eu não tirei, ela não quis mais a filha!

— Como pode dizer isso, Olavo? Claro que ela quer a filha, ela só não quer mais você!

— Ela diz isso porque ainda não se deu conta de que vai ficar sem dinheiro, morando de favor e, além do mais, sem a filha!

— Você não pode estar dizendo a verdade, Olavo! Não pode ser tão cruel!

— Bem, como já disse, vamos voltar a esse assunto quando o resultado chegar. O André disse que vai mandar alguém trazer aqui. Agora, precisamos trabalhar. Os vendedores estão esperando por você e eu preciso fazer algumas compras.

— Tem razão, Olavo. Estou indo.

Voltaram ao trabalho. Olavo ficou o tempo todo olhando para o relógio. Ao meio-dia, Genaro e Carlos entraram em seu escritório e os três foram almoçar, mas evitaram falar sobre o assunto. Estavam tensos, mas preferiram fingir que estava tudo bem e conversaram sobre os projetos da empresa.

Após o almoço, Genaro, rindo, disse:

— Bem, agora vou para casa. Está na hora de descansar este corpo cansado.

Olavo e Carlos riram:

— Seu corpo, desde que eu me conheço por gente, sempre foi cansado, papai. Sua soneca após o almoço é sagrada.

Genaro e Carlos também riram. Depois de se despedir, antes de ir embora, disse:

— Estou indo, mas assim que o resultado chegar, telefone imediatamente. Eu e sua mãe estamos angustiados.

— Pode ir tranquilo, papai. Eu telefono assim que souber o resultado.

Genaro foi embora. Carlos e Olavo voltaram para a empresa.

A tarde se arrastou. Parecia que o relógio havia parado. Olavo estava distraído, quando o telefone tocou. Era Hortência que, nervosa, disse:

— Ainda bem que consegui encontrar você, Olavo! Estou telefonando desde sexta-feira e sua mulher disse que você não estava lá. Ela insinuou que você devia estar com uma terceira. Foi isso que aconteceu, Olavo? Você arrumou outra?

— Você telefonou para minha casa e falou com minha mulher?

— Telefonei e falei com a sua mulher. Não sei por que está tão nervoso. Você sempre disse que eu poderia telefonar para sua casa sempre que quisesse.

— Esqueça tudo o que eu disse! De hoje em diante, você está proibida de telefonar para minha casa!

— Por que está gritando comigo? O que aconteceu? Quem é aquela mulher malcriada que me atendeu?

— Desculpe-me, Hortência, mas hoje não estou bem. Sei que durante muito tempo eu iludi você, mas agora tudo precisa mudar.

— Como mudar? O que aconteceu?

— Nada aconteceu, somente estive repensando a minha vida e cheguei à conclusão de que, durante muito tempo, estive errado.

— Está dizendo que não quer mais nada comigo?

— Não, estou dizendo que preciso de um tempo para reavaliar a minha vida! Somente isso!

— Não estou entendendo o que está dizendo, Olavo!

— Estou dizendo para me deixar em paz! Entendeu agora, Hortência?

— Não pode fazer isso! Estou há muito tempo ao seu lado, para ser jogada fora agora que você arrumou outra! Perdi muito tempo com você, Olavo!

Irritado, Olavo disse:

— Você soube cobrar muito bem pelo tempo em que estivemos juntos! Conseguiu carro, apartamento, muitas joias, além de dinheiro, muito dinheiro! Não devo coisa alguma a você, Hortência!

— Pode me abandonar, mas não vou devolver nada do que me deu!

— Não quero nada de volta. Como eu disse, você recebeu pelo seu trabalho! Pode ficar com tudo, só me deixe em paz!

Antes que ela conseguisse dizer alguma coisa e para terminar com a discussão, Olavo desligou o telefone. Depois, pegou as chaves do carro e saiu da sala. Do lado de fora, pegou seu carro e saiu dirigindo sem destino.

Hortência, surpresa, ficou olhando para o telefone em sua mão. Estava em estado de choque, pois jamais imaginou que algo como aquilo pudesse acontecer. Depois de alguns minutos, colocou o telefone no gancho, foi até a cozinha e tomou um pouco de água. Não conseguia esquecer as palavras de Olavo.

Voltou novamente para a sala e olhou para o telefone. Sua vontade era de gritar, de xingar alguém e até de falar um palavrão. Pegou o telefone, discou um número. Do outro lado da linha, Celina atendeu:

— Alô!

— Celina! Sou eu!

— O que aconteceu, Hortência? Você está nervosa?

Quase chorando, Hortência contou o que Olavo havia dito e terminou dizendo:

— Não sei o que fazer, Celina! Não posso perder Olavo!

— Acalme-se. Deve ter havido um mal-entendido, mas convenhamos que você sempre soube que ela era casado.

— Claro que eu sabia, mas ele sempre disse que não era feliz no casamento. Quer saber, acho que a mulher dele tem razão. Ele encontrou outra.

— Como você sabe que ela pensa isso?

— Quando eu telefonei para a casa dela perguntando por ele, ela disse que, se ele não estava comigo nem com ela, devia estar com outra.

— Verdade? Você telefonou para a casa dele?

— Sempre telefono! Ele nunca proibiu e muitas vezes me atendeu. Não entendo por que, de repente, não quer que eu telefone mais.

— Você nunca se preocupou em saber o que a mulher dele sente, quando telefona? Você nunca imaginou que ela pode sofrer?

— Não! Eu sempre quis e ainda quero que Olavo se separe dela!

— Como pode ver, isso não aconteceu. Ele ainda está com ela e você, que nunca se preocupou com os sentimentos dela, está sozinha.

— Celina! Você é minha amiga ou é dela?

— Claro que sou sua amiga e por isso mesmo estou sendo sincera. Nunca devemos fazer com os outros aquilo que não queremos que nos façam. Ser amiga é mostrar os erros e elogiar as qualidades.

— De onde tirou essa ideia? Amigos precisam estar sempre do nosso lado.

— Para ser sincera, até pouco tempo, também pensava assim, mas, depois de estudar uma doutrina espírita, comecei a compreender que precisamos nos preocupar não só conosco, mas, principalmente, com as outras pessoas também.

— Credo! Nunca ouvi você dizer essas coisas!

— Sempre é hora de começar.

— Está bem, mas, agora, acho que ainda não é a minha hora!

— Está certa. Mas o que sentiu quando ele disse que havia pagado pelo tempo que ficou com ele? Entendeu do que ele a chamou?

Hortência sentou-se no sofá, pensou um pouco, depois respondeu:

— Entendi, Celina! Claro que entendi, na hora estava chocada e não dei atenção, mas agora, pensando bem, ele foi bem cruel. Como ele pôde dizer uma coisa como aquela? Logo a mim, que tenho me dedicado tanto tempo somente a ele? Agora estou vendo que perdi um tempo enorme com ele!

— Isso é verdade. Durante o tempo em que esteve com ele, fechou seus olhos e o seu coração para qualquer outro amor. Talvez outro amor tenha aparecido e tentado se aproximar e você não percebeu nem deu chance.

— É verdade. Realmente, perdi muito tempo. O pior é que não sei como vou conseguir viver sem ele.

— Vai continuar vivendo, sim! Pode ter certeza de que, agora que está livre, vai ser realmente feliz.

— Quero muito isso, mas quero também que ele volte me pedindo perdão para que eu possa dizer um não bem grande! Eu o odeio tanto que quero que ele se rasteje pedindo para que eu volte!

Celina começou a rir:

— Se isso acontecer, você vai voltar rapidinho!

— Nunca! Você ouviu, nunca!

— Espero que você, para seu bem, consiga se afastar dele.

— Vou conseguir, mas, para ser sincera, você não pode ficar me crucificando, porque também está há muito tempo esperando por Carlos, que não parece querer algo sério com você.

— Desde que comecei a estudar essa doutrina de que lhe falei, comecei a pensar justamente sobre isso, Hortência. Se formos comparar, estou igual a você. Também estou perdendo um tempo precioso esperando por Carlos que, definitivamente, nunca me amou. Sabe de uma coisa, amiga? Acho que está na hora de mudarmos o rumo da nossa história.

— Você está certa, vamos mudar o nosso rumo! Agora, vou tomar um banho para renovar minhas energias e esperar o dia em que Olavo voltará a me procurar para me pedir perdão. Esse vai ser o melhor dia da minha vida!

Celina sorriu:

— Faça isso, Hortência. Amanhã, vai ser outro dia.

Revelação

Olavo, ansioso, enquanto dirigia, pensava:

Embora não tenha concordado com Carlos nem comigo próprio, não posso negar que, enquanto mamãe lia os diários Beatrice, eu me senti o próprio Giuseppe. Percebi que algumas das atitudes dele eram iguais às minhas. Será que essa história de reencarnação é verdadeira? Mamãe acredita e Carlos comprou a ideia. Não sei. Preciso pensar mais a respeito. O que está me deixando quase louco é essa dúvida que mamãe levantou. Será que o exame está errado? Se estiver, o que vou fazer? Não posso chegar perto de Helena e pedir perdão, pois ela, com certeza, nunca vai me perdoar. Se ela realmente não me traiu, fui muito cruel e fiz com que sofresse muito.

Dirigiu por mais algum tempo e resolveu:

Não aguento mais, preciso ter logo esse resultado. Não vou esperar. Vou para o laboratório ver se está pronto e, se não estiver, vou ficar ali esperando.

Acelerou o carro e em poucos minutos estava estacionando em frente ao laboratório. Desceu do carro. Tremendo, entrou e foi recebido pela recepcionista que, assim que o viu, falou:

— Boa tarde, senhor Olavo. O doutor André acabou de sair para ir a sua empresa.

— Ele foi até lá?

— Foi. Também estranhei, mas ele fez questão de ir pessoalmente. Não deixou que o motorista fosse levar o resultado do exame.

— Está bem, vou até lá.

Intrigado e apressado, Olavo voltou ao estacionamento, entrou no carro e saiu em disparada. Enquanto dirigia, pensou:

Por que será que André foi levar, pessoalmente, o resultado do exame?

Entrou correndo na empresa e, ao passar pela recepcionista, perguntou:

— O doutor André chegou?

— Sim. Ele está na sala do doutor Carlos.

Sem parar, ele foi, apressado, para a sala de Carlos. Assim que entrou, parou na porta. Carlos e André estavam rindo. André, quando viu Olavo, veio ao seu encontro:

— Olavo! Que bom que chegou. Eu e Carlos estávamos conversando enquanto você não chegava.

Olavo entrou na sala e, sentando-se, perguntou;

— Por que você veio até aqui, André?

— Fiquei tão feliz quando vi o resultado que quis vir pessoalmente para ver a sua felicidade, Olavo!

Olavo, tremendo e com a voz pausada, perguntou:

— Qual foi o resultado, André?

— Pode ficar feliz, Olavo! Você pode ter quantos filhos quiser!

Olavo, que estava em pé, cambaleou e, se não fosse Carlos, teria caído.

Com a ajuda de Carlos, sentou-se. André, sem saber e entender o que estava acontecendo, curioso, perguntou:

— Não estou entendendo, Olavo. Pensei que ia ficar feliz...

Carlos, percebendo a situação de Olavo, disse:

— Ele está emocionado, André. Achou que nunca mais ia poder ter filhos.

— Por que pensou isso, Olavo? Tem uma filha linda, que parece muito com você!

Carlos respondeu rapidamente:

— Você não sabe, André, mas ele teve uma infeção grave e achou que isso poderia ter interferido na sua vida. Eu e o médico dissemos que não havia problema algum, mas ele não quis acreditar. Por isso está tão feliz que não consegue nem falar, não é, Olavo?

Somente aí Olavo conseguiu pensar no momento que estava vivendo. Tentando sorrir, respondeu:

— Foi isso o que aconteceu, André. Eu estava muito preocupado.

— Pois não precisa ficar mais. Você está muito bem e, como eu disse, pode ter quantos filhos quiser.

— Obrigado por ter trazido o resultado, André. Estou muito feliz, mesmo. Queria fazer mais uma pergunta.

— Pode perguntar. O que é?

— Alguns exames podem apresentar um resultado errado?

— É difícil, mas às vezes acontece. Uma distração de algum funcionário pode trocar os nomes.

— Está dizendo que, quando isso acontece, alguém que está sadio acha que está doente e outro que está doente acha que está sadio?

— Normalmente, quando o resultado não é o desejado, o paciente sempre repete o exame.

— Isso é uma loucura, André! Já imaginou que transtorno pode causar na vida de uma pessoa um resultado errado?

— Claro que imagino, Olavo. Por isso mesmo oriento bem meus funcionários para que isso não aconteça.

— Mas pode acontecer!

— Sim, o erro humano, embora não seja esperado, pode acontecer. Agora, preciso voltar para o laboratório. Quando tiver outro filho, não se esqueça de me avisar.

— Não vou esquecer, André.

Abraçaram-se. Assim que André saiu, Olavo, com o papel na mão, olhando para Carlos, perguntou:

— O que vou fazer, Carlos?

— Estou me fazendo essa pergunta, desde que André chegou e me falou sobre o resultado. Eu não queria dizer isso, mas você sabe a resposta, Olavo.

Olavo, que estava sentado, levantou-se e, batendo com força uma das mãos na parede, quase gritou:

— Não posso fazer isso, Carlos! Não posso!

— Pode e precisa fazer, Olavo! Helena merece que você peça perdão pelo tempo que a fez sofrer injustamente.

— Não, não vou fazer isso! Preciso fazer outro exame em outro laboratório, Carlos!

— Para que isso, Olavo? Sabe que Narinha é sua filha! Basta olhar para ela com outros olhos. Ela é toda a nossa família, não tem nada de Helena! Não adianta, vai ter de pedir perdão e tomara que ela perdoe você.

— Não posso, não posso, não posso!

— Está bem, faça como quiser. Precisamos telefonar para seus pais. Eles, assim como nós, estão ansiosos para saber o resultado.

— Não vou contar, Carlos! Quando souberem do resultado, vão me fazer pedir perdão a Helena e não posso fazer isso! Tenho vergonha.

— Não entendo você, Olavo! Nunca teve vergonha de fazer aquelas atrocidades com Helena e vem dizer que tem vergonha de reconhecer seu erro, de pedir perdão?

— Você é meu amigo e precisa ficar do meu lado, me ajudar...

— Desculpe-me, mas não posso ficar do seu lado, ainda mais depois que titia leu aqueles cadernos e nos mostrou o que você fazia com Beatrice!

— O que você está falando, Carlos? Está maluco! O que eu tenho a ver com Giuseppe?

— Tem tudo a ver, Olavo, e você sabe disso! Estou acreditando que reencarnação existe e vou procurar estudar para ver como funciona!

Olavo, nervoso, começou a rir:

— Está dizendo que sou Giuseppe? Então, você deve ser Domingos!

— Para ser sincero, acho que sou, sim!

— Como pode dizer isso, Carlos?

— Já que estamos falando sobre isso, vou confessar a você que sempre amei Helena! Quando vocês se casaram, meu coração sangrou e nunca mais me interessei por outra mulher! Sempre quis e ainda quero somente a ela!

Olavo sentou-se:

— O que está dizendo? Você gosta da Helena?

— Sim! Sempre gostei!

Olavo voltou a se levantar e caminhou em direção a Carlos que, sentado, levantou-se também e se preparou para enfrentar Olavo. Iam se agarrar, quando a porta se abriu e, por ela, entraram Odila e Genaro. Ao perceberem que eles estavam brigando, correram para eles. Enquanto Genaro se colocou no meio dos dois, Odila gritou:

— Parem com isso! O que está acontecendo aqui? Nunca vi vocês brigarem!

Após se separarem, Olavo, muito nervoso, gritou:

— Ele é um traidor, mamãe! Acabou de me dizer que sempre amou Helena!

Odila se espantou:

— Isso é verdade, Carlos?

Carlos não conseguiu responder. Quem o fez foi Olavo:

— Ele está fora de si, mamãe! Acabou de dizer que sou a reencarnação de Giuseppe e ele, de Domingos. Pode ser uma coisa como essa?

Odila, ainda mais espantada, perguntou:

— Como chegou a essa conclusão, Carlos?

Carlos, após perceber que no calor da discussão havia falado mais do que devia, respirou fundo e respondeu:

— Enquanto a senhora lia a história de Giuseppe e de Beatrice, eu, que sabia o que Olavo fazia e como agia em relação à Helena, fui pensando na coincidência dos fatos. Olavo usou dos mesmos métodos de Giuseppe, castigava Helena da mesma maneira que Giuseppe fazia com Beatrice.

— Você sempre soube o que Olavo fazia?

— Infelizmente, sim, tia.

— Por que nunca falou comigo ou com Genaro? Como pôde ser conivente com uma atitude como essa?

— Sempre conversei muito com Olavo, tia. Eu não sabia o motivo de ele agir assim, nunca me contou. Ele é, ou era, meu amigo. Por isso, não podia trair essa amizade.

— Mas pôde me trair amando a minha mulher, não é?

— Isso também é verdade, Carlos?

— É verdade, titia. Eu me apaixonei por ela no momento em que Olavo me apresentou, ainda quando eram noivos. Entretanto, ela nunca soube disso, pois nunca falei com ela e esse respeito.

— Por que falou hoje?

— Fiquei irritado com Olavo.

— Por quê?

Olavo olhou para Carlos e fez com a cabeça que não. Odila percebeu:

— O que não quer que ele diga, Olavo?

Olavo ficou constrangido e não respondeu.

Odila voltou-se para Carlos:

— Agora não é hora de esconder coisa alguma, Carlos. O que aconteceu para que você ficasse irritado com Olavo?

Olavo, sabendo que a mãe não ia desistir de saber o que havia acontecido, olhando para Carlos, disse:

— Pode contar, Carlos, não há como esconder.

— Está bem, Olavo. Vou contar. Fiquei irritado, titia, porque, apesar de ter o resultado do exame, Olavo disse que não ia pedir perdão à Helena.

— O que está dizendo, Carlos? Vocês sabem o resultado? Foi positivo?

— Isso mesmo, titia. Segundo o resultado, Olavo pode ter quantos filhos quiser.

— Eu sabia! Sentia que Narinha era minha neta de verdade! Você não quer pedir perdão à Helena, Olavo?

— Não posso, mamãe! É muito humilhante!

Odila ficou irritada:

— Humilhante? Como pode falar em humilhação depois de tudo o que fez com ela? Ela, sim, foi humilhada, maltratada e tudo de desagradável que você possa pensar ou imaginar! Já parou para pensar na humilhação que ela sentiu, quando as mulheres telefonavam para sua casa procurando por você? Não, Olavo! Você não imagina o que seja humilhação! Por isso, vamos, agora mesmo, conversar com Helena, e você vai, sim, pedir perdão!

— Não vou, mamãe. A senhora não pode me obrigar a isso. Sou adulto e posso decidir a minha vida!

Realmente, não posso obrigar você, mas eu e seu pai podemos e vamos, agora mesmo, conversar com ela. Fique sabendo que você não vai fazer com que ela volte, se continuar a agir como está agindo.

— Eu não quero Helena de volta!

— Tem razão. A vida é sua e, por isso, pode fazer o que quiser com ela. Entretanto, eu, seu pai e Carlos, se quiser ir também, vamos conversar com Helena.

Dizendo isso, ela se encaminhou para a porta, no que foi seguida por Genaro e Carlos.

Após saírem, Olavo ficou olhando para a porta que Genaro fechou com muita força.

Recomeçando

Enquanto Helena estava sentada em um sofá com os olhos presos no televisor, tentando ver um programa sem conseguir prestar atenção no que era dito, Débora e a mãe estavam na cozinha preparando o jantar. Débora, preocupada, disse:

— Ela está muito quieta, mamãe. O que será que pretende fazer daqui para frente? Será que vai mesmo entregar Narinha para Olavo?

— Helena está em um momento de decisão, Débora, e sempre que isso acontece na nossa vida é muito triste.

— Estranhei a facilidade com que ela entregou a filha. A senhora não acha que ela deveria ter resistido, lutado para ficar com a menina?

— Não sabemos o que passa pela cabeça de uma pessoa, quando se vê acuada e não consegue perceber o seu caminho. Para ela, deixar a filha com dona Odila, que me parece ser uma boa mulher, foi melhor do que permitir que a menina fosse levada por Olavo, que ela sabe ser violento.

— Acha que ele teria coragem de fazer alguma coisa contra a menina?

— Não sei, Débora, mas Helena parece achar que sim.

— A senhora acreditou nessa história de que ele não é o pai da menina? Será que Helena traiu, mesmo, o marido?

— Não sei, embora, para mim, seja difícil acreditar nisso. Helena praticamente foi criada na nossa casa. Conhecemos sua mãe e sabemos que ela seria capaz de fazer qualquer coisa para ter dinheiro, mas Helena, apesar de ter sido ambiciosa e querer uma vida de rica, sempre foi uma boa moça e não faria nada para perder tudo o que conseguiu.

— Isso é verdade, mas ele tem o resultado do exame. Contra isso é difícil lutar.

— É verdade, mas, para nós, isso não deve importar. Eu a considero como se fosse minha filha e ficarei ao lado dela aconteça o que acontecer, como faria com você e com o Rafa. Vamos esperar para ver o que vai acontecer. Deus está sempre no comando das nossas vidas e somente Ele sabe o que é melhor para cada um de nós.

— A senhora acredita mesmo nisso, mamãe?

— Sim, por isso não podemos julgar, apenas esperar.

— Está certo, mamãe. Vou até a sala conversar com ela e tentar animá-la.

— Faça isso, minha filha. Helena está precisando de apoio.

Débora estava entrando na sala, quando ouviu o toque da campainha. Olhou pela janela e falou para Helena que olhava, curiosa, para ela:

— É dona Odila, Carlos e um senhor que, se me lembro bem do dia do seu casamento, parece ser o seu sogro.

— Meu sogro está aqui?

Sem responder, Débora abriu a porta. Sorrindo, caminhou até o portão e o abriu para que eles pudessem entrar.

— Boa tarde, Débora, precisamos conversar com Helena.

— Boa tarde, dona Odila. Entrem, por favor.

Helena, assim que a campainha soou, levantou-se e, paralisada, ficou olhando para a porta. Embora não estivesse chorando, seus olhos estavam inchados e vermelhos. Assim que eles, acompanhados por Débora, entraram, Odila abriu os braços e caminhou na sua direção:

— Venha cá, minha filha, e me dê um abraço.

Confusa e ao mesmo tempo feliz, Helena se abraçou a ela e recomeçou a chorar.

— Pare de chorar, Helena, você já sofreu e chorou muito.

— Odila tem razão, minha filha. Estamos aqui para garantir que você não sofra e não chore nunca mais.

Ao ouvir aquilo, Helena se afastou de Odila e se abraçou a Genaro, que a recebeu com carinho.

Débora e Clélia olhavam a tudo aquilo sem entenderem o que estava acontecendo.

Depois dos abraços, Odila falou:

— Estamos aqui para dizer que você pode ter sua filha de volta no momento em que quiser e que Olavo nunca mais vai fazer você sofrer. Tudo de ruim na sua vida terminou.

— Não estou entendendo. O que aconteceu, dona Odila?

— Olavo refez o exame e este provou que Narinha é filha dele e que você nunca o traiu.

Ao ouvir aquilo, Débora e a mãe se olharam e, sorrindo, abraçaram-se.

Helena parou de chorar e, olhando firme para Odila e Genaro, disse:

— Isso não é surpresa para mim. Sempre soube que Narinha é filha de Olavo, pois nunca o traí. De qualquer maneira, fico feliz por essa dúvida haver desaparecido.

— Nunca duvidamos disso, Helena. Estamos aqui para dizer que, apesar disso, infelizmente, Olavo, envergonhado, disse que não tem coragem de pedir perdão por tudo o que fez você sofrer.

— Não me admiro disso, dona Odila. Ele jamais reconhecerá o seu erro, mas isso não tem mais importância. Estou feliz em saber que estou livre dessa calúnia que ele inventou. Estou feliz, também, por poder ir buscar minha filha, sabendo que nada mais poderá nos separar. Onde ela está?

— Está na sua casa com Eunice. Está bem. Não imagina o que está acontecendo.

— Obrigada por proteger Narinha, dona Odila. Vamos agora mesmo buscar a minha filha.

— Buscar sua filha? Não, Helena, viemos aqui buscar você para que volte para sua casa e para sua filha!

Helena olhou para Débora e Clélia. Sorrindo, disse:

— Desculpe-me, dona Odila, mas não quero voltar para aquela casa. Durante muito tempo, meu sonho era ter uma casa como aquela, mas os anos em que vivi ali foram os mais infelizes da minha vida. Não quero mais voltar a sofrer.

— Não vai sofrer mais, como eu disse. Aquela é sua casa e, se for preciso, faço com que Olavo se mude para outro lugar.

— Obrigada, dona Odila, mas não quero. Aprendi que, se quisermos ser felizes, não podemos entregar nossa felicidade nas mãos de outra pessoa. Precisamos, nós mesmos, buscá-la e encontrá-la. Quero e preciso ser outra pessoa, mudar as minhas prioridades e, hoje, minha prioridade é encontrar um trabalho e viver tranquila ao lado da minha filha.

— Trabalhar? Sabe que não precisa disso, Helena! Pode continuar vivendo como sempre viveu!

— Obrigada, dona Odila, mas, depois de tanto tempo, resolvi descobrir o quanto posso fazer por mim mesma e pela minha filha. Sei que no começo vai ser difícil, por isso, se a senhora quiser pagar a escola de Narinha, que é muito boa, eu agradeço, mas, para mim, não quero mais nada que venha de Olavo.

— Tem certeza disso?

— Sim, toda a certeza do mundo. Vou encontrar um trabalho, retomar meus estudos, que eu nunca devia ter abandonado, e recomeçar, mas de uma maneira diferente, sendo livre para escolher a minha vida.

Odila voltou a abraçar Helena e, com lágrimas nos olhos, disse:

— Está bem, minha filha. Sei que não precisa fazer isso, mas, ao mesmo tempo, estou orgulhosa de você. Vou fazer tudo o que puder para ajudar você a encontrar seu caminho e espero que seja feliz.

— Obrigada, dona Odila. Sei que posso contar com a senhora. Agora, pode me dar uma carona para que eu possa buscar Narinha?

— Claro que sim, minha filha! Vamos!

Antes de sair, Helena olhou para Débora e sua mãe e perguntou:

— Posso ficar aqui com minha filha até encontrar um trabalho e conseguir me mudar?

Clélia abriu os braços e respondeu:

— Claro que sim, minha filha! Eu já havia dito que podia ficar e, agora, depois de sua decisão, só posso repetir a minha oferta. Como fazia quando era criança, você e sua boneca sempre serão bem-vindas na minha casa.

— Obrigada, dona Clélia! Estou indo buscar a minha boneca.

Abraçou Clélia e Débora e, olhando para Odila, disse:

— Agora, podemos ir, dona Odila.

Antes de sair, Odila, olhando para Clélia, emocionada, falou:

— Obrigada pelo que está fazendo por Helena e por minha neta, se precisar de alguma coisa basta me avisar.

— Fique tranquila, dona Odila. Elas vão ficar bem e sou eu quem precisa agradecer a senhora por ser tão generosa.

Clélia abriu a porta e eles saíram.

Odila foi a primeira que saiu. Helena saiu logo atrás. Para surpresa delas, viram Olavo sentado dentro do carro. Assim que as viu, ele saiu do carro. Odila, confusa, perguntou:

— Olavo, você disse que não queria ver Helena. O que está fazendo aqui?

— Pensei bem e cheguei à conclusão de que precisamos conversar, Helena.

Helena, assim que o viu, começou a tremer. Respirou fundo e disse:

— Não temos o que conversar, Olavo. Tudo está resolvido. Estou indo buscar a minha filha.

— Nossa filha, Helena!

— Minha filha, Olavo! Ela sempre foi só minha filha!

— Agora sei que sou o pai dela.

— Precisou de um papel para que isso acontecesse. Ela é minha e estou indo buscá-la.

Odila interferiu:

— Acho que vocês deviam conversar sozinhos.

— Tem razão, mamãe. Helena, por favor, entre no carro. Precisamos conversar.

Helena, percebendo que ele não ia embora sem falar com ela, disse:

— Está bem, embora eu ache que não é necessário, mas já que insiste, vamos conversar.

Começou a caminhar em direção ao carro. Clélia, assustada, falou:

— Não vá, Helena! Sabe que ele é violento e perigoso!

Helena se voltou e, olhando para ela, disse:

— Não se preocupe, dona Clélia. Tudo de mal que ele podia me fazer já fez. Não tenho mais medo dele.

— Pode ir, minha filha. Sei que Olavo não vai se atrever a machucar você. Precisam conversar e, quem sabe, pelo bem de vocês e, principalmente, de Narinha, consigam se acertar e recomeçar.

Sem nada dizer, Helena acenou com a mão e entrou no carro.

Assim que ela entrou, Olavo imediatamente ligou o carro, acelerou e saiu.

Quando o carro saiu, os outros ficaram olhando até ele desaparecer na esquina. Clélia e Débora estavam preocupadas.

— Meu Deus do céu, será que ele não vai machucar Helena?

— Fique tranquila, dona Clélia. Olavo está arrependido de tudo o que fez. Ele só pretende que ela perdoe a ele e que possam seguir, juntos.

Carlos, que até aí havia ficado calado, disse:

— Ele disse que não ia pedir perdão, titia. Também estou preocupado.

— Vamos ter fé. Diante de tudo o que aconteceu, não podemos nos desesperar nem ficar imaginando o que vai acontecer. Espero, do fundo do meu coração, que eles se entendam para que possam continuar criando Narinha e, quem, sabe, ter outros filhos.

— A senhora tem razão, dona Odila. Só nos resta esperar.

— Sendo assim, vamos embora e rezar para que tudo dê certo.

Dizendo isso, dirigiram-se para o carro, ao lado do qual estava Juarez. Ele abriu a porta para que todos entrassem.

Assim que o carro saiu, Débora e a mãe entraram em casa. Débora estava preocupada:

— Para onde será que ele vai levar Helena, mamãe?

— Não sei. Apesar de tudo o que a mãe dele disse, temo a reação de Olavo. Ele não é confiável.

— Também estou preocupada, mas Helena está diferente. Acredito que ela, agora, sabe bem o que quer.

— Tomara que saiba, pois, no final, a vida é dela e só ela pode decidir o que quer e o preço que está disposta a pagar. Vamos terminar o jantar?

Débora sorriu e, juntas, foram para a cozinha.

No carro, Odila disse:

— Olavo disse algo que me deixou preocupada, Carlos. Você, realmente, acha que é a reencarnação de Domingos?

— Não sei, titia. Não conheço coisa alguma dessa doutrina que a senhora diz estar estudando, mas, depois de tudo o que ouvi a respeito da história de Giuseppe e Beatrice, encontro muitas coincidências. Olavo agiu sempre da mesma maneira que Giuseppe. Helena, assim como Beatrice, aguentou calada toda aquela violência. Quanto a mim, assim como Domingos, sempre amei Helena.

— Está confirmando que a ama, mesmo?

— Quando a conheci, ela estava noiva de Olavo, por isso me calei. Jamais poderia trair um amigo, quase irmão, como ele.

— Parece que tudo o que está acontecendo me leva a acreditar ainda mais na doutrina que estou aprendendo. Eunice, por tudo o que me contou, é a reencarnação de minha avó Justina. Porém, agora,

Helena pode se separar de Olavo e, assim, você ficaria livre para tentar ficar com ela.

Rindo, Carlos disse:

— Só se for na próxima encarnação, titia. Não acredito que Helena vá querer se separar de Olavo, mas, mesmo que se separe, Olavo ainda continua sendo meu amigo e eu não poderia fazer isso.

Genaro, que ouviu o que disseram, disse:

— Para mim, toda essa conversa não nos leva a nada. Se você foi ou não Domingos, nada vai adiantar. Acho que quem fomos antes, se é que existe um antes, não deve interferir na nossa vida de hoje. Precisamos viver da melhor maneira e, se houve algum erro anterior, acho que devemos tentar não repeti-lo. Se, realmente, você foi Domingos, na outra encarnação traiu Giuseppe, portanto nada mais justo de que, nesta, não o traia novamente.

— Também penso assim, titio. Mesmo que eu não tenha sido Domingos, nada poderá me levar a trair Olavo.

— Não penso assim. Acho que Olavo, assim como Giuseppe, foram cruéis e mereceram tudo o que lhes aconteceu. Portanto, Carlos, caso Helena não queira ficar com Olavo, no que dou total razão a ela, e se você quiser se aproximar, tem minha bênção. Se vocês foram, realmente, Domingos e Beatrice, acho que, nesta encarnação, merecem ser felizes.

— Percebeu o que está falando, Odila? Olavo é nosso filho. Como pode abençoar uma traição dessa contra ele?

— Claro que ele é nosso filho, Genaro, mas nem por isso podemos estar de acordo com suas atitudes. Se ele foi Giuseppe, foi mau na encarnação anterior e continuou mau nesta. Pela minha doutrina, sempre que renascemos, fazemo-lo com a intenção de repararmos nossos erros, e não voltar a praticá-los. Olavo não se redimiu, teve a chance de voltar e fazê-lo, mas não o fez. Continuou cruel como antes. Por isso, Carlos, reafirmo que, se tudo der certo entre você e Helena, dou a minha bênção.

Carlos, rindo, balançou a cabeça dizendo que não.

Olavo dirigiu, em silêncio, o carro. Quando chegou a um semáforo, virou para o lado contrário ao de sua casa. Helena ficou preocupada:

— Para onde está me levando, Olavo?

— Precisamos conversar, Helena.

— Sei disso, mas quero ir para casa e pegar minha filha.

— Não se preocupe com Narinha. Ela está bem. Eunice está cuidando dela. Para que possamos conversar, precisamos ficar em um lugar tranquilo, sem que ninguém nos interrompa.

— Acredito que não temos o que conversar. Só quero seguir minha vida ao lado da minha filha e tentar esquecer, embora ache que nunca vou conseguir, todo o sofrimento que passei a seu lado.

Olavo parou o carro em frente a um restaurante:

— Vamos descer e, enquanto comemos ou bebemos alguma coisa, poderemos conversar.

— Não estou com fome e você sabe que não bebo.

— Eu estou com fome, além do mais, um copo de vinho não faz mal a ninguém. Por favor, Helena, vamos conversar.

— Está bem, mas espero que seja breve.

Entraram no restaurante, sentaram-se em uma mesa apontada por uma moça. Assim que se sentaram, Olavo pediu uma refeição e Helena, apenas água.

Enquanto esperavam a comida, Olavo disse:

— No fim de semana, estive em Porto Alegre, na casa dos meus pais.

Ela, demonstrando um desinteresse que, na realidade, não sentia, disse:

— Pensei que estivesse em outro lugar.

— Realmente era para eu estar, mas fiquei curioso em saber a história da minha família e fui perguntar a minha mãe.

— Ela contou o que queria saber?

— Contou e, depois de conhecer a história dos meus avós, resolvi conversar com você para que recomeçássemos a nossa vida.

— Recomeçar? Por quê?

— Você pode não acreditar, mas me identifiquei com meu avô.

— Por quê? Ele fazia com sua avó o mesmo que tem feito comigo?

— Exatamente. Minha mãe tem toda a história escrita em dois cadernos. Minha avó escreveu em italiano, mas vou mandar traduzir para que você possa ler.

— Não estou entendendo essa sua conversa, Olavo. O que quer de mim?

— Você acredita em reencarnação?

— O quê?

— Reencarnação.

— Eunice me falou qualquer coisa a respeito, mas não tinha condições de dar atenção a isso. Hoje, dona Clélia também me falou da doutrina espírita, mas não disse muito. Disse que vai me dar alguns livros para que eu possa ler e estudar, mas confesso que não fiquei interessada. Não estou com cabeça para ler, muito menos para estudar. Por que está me fazendo essa pergunta?

— Enquanto mamãe lia a história, senti-me o próprio Giuseppe e você era Beatrice. Se a reencarnação realmente existir, acho que fomos eles.

Helena começou a rir:

— Que loucura é essa, Olavo? Eu, sua avó, e você, seu avô?

— A princípio, quando comecei a perceber a semelhança, também pensei que fosse loucura, mas, depois, pensando bem, acho que até pode ser verdade. Foi por isso que voltei com a intenção de mudar a nossa vida, mas, quando cheguei, você não estava em casa.

— Eu me cansei de tudo e de você, Olavo. Não vejo como poderemos recomeçar. Ainda mais agora, depois que descobri que você sempre julgou que eu o havia traído. Como pode pensar algo assim de mim?

— Reconheço que agi mal. Mas você queria, depois do resultado do exame, que eu pensasse o quê?

— Penso que, se realmente gostasse de mim, teria me contado a respeito do exame. Se tivesse feito isso, muita dor teria sido evitada.

— É verdade, mas vamos voltar à reencarnação. Por causa da história, descobrimos que Eunice é filha da Dorinha, a filha de Domingos e Conceição.

— Eunice? A cada palavra que você diz, me parece mais loucura, Olavo!

— Por isso é que precisamos estudar e ver como acontece a reencarnação.

— Como acontece? Você está mesmo acreditando nisso?

— Estou, Helena. Vamos esquecer tudo o que passou. Vamos recomeçar, e prometo que você nunca mais vai ter motivo para se queixar de mim. Vou fazer de você uma mulher muito feliz.

— Não acredito em você, Olavo. Só não está aceitando que eu o tenha abandonado, mas abandonei e não tem volta. Não quero mais ter a vida que você me deu. Preciso provar a mim mesma que posso viver e sobreviver sem você. Quero um emprego para que eu possa me sustentar. Quero estudar e conseguir tudo o que desejo, inclusive a minha felicidade, por mim mesma, sem depender de alguém.

— Você pode fazer isso, Helena. Pode trabalhar na empresa para poder ter tempo de estudar. Faço o que você quiser para que volte para casa. Vamos, juntos, estudar essa doutrina que minha mãe, Eunice e dona Clélia já estudam. Vamos entender o que aconteceu conosco. Preciso que você me dê outra chance.

— Desculpe-me, Olavo, mas não acredito em você. Vou pegar minha filha e continuar morando com dona Clélia. Quero recomeçar a minha vida. Só quero que você permita que Juarez continue levando Narinha à escola. Vamos fazer de conta que estamos namorando. Vou ler os livros que dona Clélia vai me emprestar. Se quiser, podemos até frequentar algum lugar que não sei onde é, acho que um centro espírita, e vamos estudar. Com o passar do tempo, se você me provar que está dizendo a verdade, poderemos até tentar, mas, hoje, não.

Olavo, percebendo que ela não ia mudar de ideia, disse:

— Está bem, se você quer que seja assim, estou de acordo e garanto que não precisa morar com dona Clélia. Hoje mesmo, vou sair de casa. Ela é sua e deve ficar lá até o dia em que eu possa voltar.

— Desculpe-me, Olavo, mas não quero. Sofri muito naquela casa e, com isso, aprendi que não importa em que casa moramos, se é grande ou pequena, se é pobre ou rica, o que importa é como nos sentimos nela. Posso garantir a você que me sinto muito bem na casa de dona Clélia.

— Está bem. Vamos fazer como você quiser. Sei que não tenho o direito de exigir qualquer coisa de você, mas vou provar que estou sendo sincero.

— Espero que sim, mas não acredito.

A comida chegou e Olavo começou a comer. Helena ficou ao seu lado, pensando em tudo o que ele havia dito.

Quando Olavo terminou de comer, foram até a casa. Assim que chegaram, foram recebidos por Odila, Genaro e Eunice. Odila, feliz, se aproximou e perguntou:

— Voltou para casa, Helena?

— Não, dona Odila.

Olhou para Eunice, piscou um olho e continuou:

— Vim buscar a minha boneca. Vou para a casa de Débora e de sua mãe. Falando nisso, obrigada, Eunice, por ter cuidado de mim durante todo esse tempo.

Odila sorriu:

— Ela sempre cuidou de você, Helena. É uma amiga de muito tempo.

— Preciso agradecer à senhora, dona Odila, por ter me dado apoio, quando tudo estava contra mim.

Odila olhou para Olavo e disse:

— Não fiz nada além da minha obrigação. Precisamos tomar cuidado com nosso julgamento. Ele pode condenar um inocente.

Olavo abaixou a cabeça. Genaro não conseguiu dizer coisa alguma, apenas abraçou Helena.

Depois das despedidas, Helena pegou Narinha e Olavo as levou para a casa de Clélia. Tanto ela como Débora estavam ansiosas e curiosas para saber o que ela havia decidido.

Sorrindo, Helena entrou. Vendo que elas estavam ansiosas, disse:

— Eu e minha boneca voltamos para a segurança da sua casa, dona Clélia. Podemos ficar?

Clélia abriu os braços e, sorrindo, abraçou Helena:

— Claro que sim, minha filha!

Débora, chorando de emoção, também se abraçou a elas duas. Helena, muito emocionada, disse:

— Obrigada, Débora, por ter ido me visitar, pois foi naquele dia que eu comecei a mudar e a ter coragem para abandonar tudo.

Débora, muito emocionada, não conseguiu falar. Apenas abraçou a amiga com muita força.

Clélia, sorrindo, disse:

— Não fique admirada, Helena, pois, se soubesse o que hoje sei, não se admiraria. Débora foi encaminhada por seus amigos espirituais.

— Olavo falou a respeito dessa doutrina que a senhora, Eunice e dona Odila estão seguindo. Preciso saber mais a respeito dela.

— Chegou sua hora, Helena. Aqui você tem tudo o que precisa para entender. Pode, também, se quiser, me acompanhar até a casa espírita que frequento. Garanto que vai se sentir muito bem.

— Vou ler e ir com a senhora a essa casa. Sinto que estou no caminho certo. Quero recomeçar minha vida sem olhar para trás.

Clélia olhou para Débora e sorriram. Clélia disse:

— É assim que se fala, minha menina!

Epílogo

Tomas e Maria Tereza, que ficaram o tempo todo ao lado deles, sorriram. Tomas perguntou:

— O que vai acontecer agora, Maria Tereza?

— Não sabemos, Tomas. Sabe que tudo vai depender do livre-arbítrio de cada um e nele não podemos interferir. Helena, depois de várias encarnações, conseguiu reagir e se libertar. Olavo está tendo a chance de resgatar seus atos de violência e ser um homem bom. Se ele conseguir, Helena voltará para ele e poderão seguir, juntos, o resto da jornada. Débora vai continuar seu trabalho, mas, agora, livre da lembrança de Paulo. Vai encontrar Leonardo, que está ansioso procurando por ela.

— Com Domingos, o que vai acontecer? Ele, novamente perdeu Beatrice...

— Outra vez, ele vai ter de ficar longe dela. Apesar de tudo, está se redimindo por ter traído Giuseppe, mas foi ele, antes de renascer, quem escolheu que fosse assim. Vai se casar com Celina, ou melhor, com Conceição, que ainda está esperando pelo seu amor. Rafael encontrou Angélica. Mesmo ainda não sabendo, ela é o amor de muitas encarnações. Hortência, há muitas encarnações, tem agido da mesma maneira. Sempre quis depender de um homem para ter as coisas que queria e sempre foi feliz com isso. Ela tem a chance de se modificar e de encontrar um caminho saudável, mas somente ela pode decidir isso. Só falta sabermos qual vai ser a decisão de Eunice em relação a sua vida e isso vai acontecer agora. Maria Rita e Maria Cecília nasceram filhas de Eunice para terem uma segunda chance.

Assim que Olavo e Helena saíram. Odila perguntou:

— Eunice, quer me contar o que aconteceu com você e com sua mãe?

— Posso contar.

Eunice contou tudo o que havia acontecido em sua vida e terminou, dizendo:

— Foi isso o que aconteceu.

Enquanto Eunice falava, Odila pensou:

Será que as duas filhas dela são Maria Cecilia e Maria Rita? Bem que pode ser. Na outra encarnação, elas tiveram tudo e, mesmo perdendo a boa vida, não mudaram a maneira de ser.

Assim que Eunice terminou de falar, ela disse:

— Não conversei com Olavo sobre o que ele e Helena decidiram, mas eu e Genaro resolvemos que, enquanto Helena não voltar para cá, vamos nos mudar e só sairemos no dia em em que ela voltar. Se quiser, vocês podem vir morar aqui para vivermos como uma família. Quando Helena voltar, se voltar, você poderá escolher se quer continuar aqui. Se não quiser, vamos comprar uma casa para você e sua mãe aqui perto.

Eunice não entendeu bem o que ela havia dito e perguntou:

— A senhora quer que eu venha morar aqui?

— Foi o que eu disse.

— A senhora não precisa fazer isso. Eu e minha mãe, embora não tenhamos uma vida rica, vivemos bem, dentro das nossas possibilidades.

— Sei disso, mas antes que recuse, quero dizer algo. Domingos, meu pai, foi um dos fundadores da empresa. Chego até a dizer que, se não fosse por ele, ela nem teria existido. Quando sua mãe se casou e foi para Portugal, perdemos contato com ela e com minha irmã, Dorinha. Portanto, o que estamos fazendo é devolver aquilo a que vocês têm direito, pois sua mãe é herdeira dele. Portanto, não estamos fazendo favor algum.

Eunice ficou parada, olhando, sem saber o que dizer. Depois de algum tempo, começou a rir:

— Do que está rindo, Eunice?

— Desculpe, dona Odila, é que, desde que fugi da minha casa com as minhas filhas, sempre fiquei com medo de que meu marido me achasse e, por ter muito dinheiro, pudesse me tirar as meninas. De repente, sem que eu espere, a senhora faz uma revelação como essa! Agora, ele pode vir quando quiser, porque não tenho mais medo. Agora, tenho condições de lutar pelas minhas filhas.

Odila e Genaro também riram. Odila disse:

— Helena disse que você segue a doutrina, portanto não sei o porquê de tanta surpresa! Devia saber que nunca estamos sós e que, a qualquer momento, a ajuda que merecemos pode chegar. Na minha opinião, você foi muito boa como dona Justina e continuou sendo como Eunice. Só podia ter essa recompensa. Agora, vamos até sua casa, eu quero rever minha irmã e dar essa notícia a ela!

— Ela vai ficar muito feliz! Embora não se lembrasse da senhora, sabia da sua existência, pois sua mãe sempre falava a respeito da família. A surpresa dela vai ser maior do que a minha.

— Vamos até lá.

Saíram. Odila olhou para a casa onde Juarez morava com a esposa, fez um sinal com a mão e, assim que ele se aproximou, ela disse:

— Vamos até a casa de Eunice, Juarez. Você sabe onde é, não sabe?

Intrigado, Juarez respondeu:

— Sei, dona Odila.

Ao mesmo tempo em que falava, abriu a porta para que eles entrassem.

Assim que o carro saiu, Tomas perguntou:

— E agora, Maria Tereza, o que vai acontecer?

— Agora, as coisas estão em seus lugares. Depende do livre-arbítrio de cada um como vai continuar. Nosso trabalho terminou. Agora, podemos voltar para casa e, se precisarem, voltaremos.

Fim